Theologische Wissenschaft

Sammelwerk für Studium und Beruf

Herausgegeben von

Carl Andresen †   Otto Kaiser
Werner Jetter   Eduard Lohse
Wilfried Joest   Adolf Martin Ritter

Band 4

Eduard Lohse

Die Entstehung des Neuen Testaments

Fünfte, durchgesehene und ergänzte Auflage

Verlag W. Kohlhammer
Stuttgart Berlin Köln

CIP-Titelaufnahme der Deutschen Bibliothek

Lohse, Eduard:
Die Entstehung des Neuen Testaments / Eduard Lohse. –
5., durchges. und erg. Aufl. –
Stuttgart, Berlin, Köln : Kohlhammer, 1991
  (Theologische Wissenschaft ; Bd. 4)
  ISBN 3-17-011355-0
NE: GT

Fünfte, durchgesehene und ergänzte Auflage 1991

© 1972 W. Kohlhammer GmbH
Stuttgart Berlin Köln
Verlagsort: Stuttgart
Gesamtherstellung: W. Kohlhammer
Druckerei GmbH + Co. Stuttgart
Printed in Germany

Inhalt

VORWORT

Dieses Studienbuch möchte eine handliche Übersicht der Entstehung des Kanons, der einzelnen Schriften sowie des Textes des Neuen Testaments bieten und damit ausführen, was zum Grundwissen in der Disziplin zu rechnen ist, die meist Einleitung in das Neue Testament genannt wird. Der Stoff ist wiederholt in Vorlesungen, Seminaren und Kolloquien mit Studenten durchgearbeitet worden, die mancherlei förderliche Anregungen zur Gestaltung beigetragen haben.

Zu der hier gegebenen Darstellung ist zu bemerken, daß die Bedeutung der formgeschichtlichen Untersuchung neutestamentlicher Texte für das Verständnis der Entstehung des urchristlichen Schrifttums durchgehend beachtet wurde. Um auf knappem Raum die Entstehung des Neuen Testaments darstellen zu können, mußte Wichtiges von weniger Wichtigem unterschieden werden. Dabei ging das Bemühen dahin, die Auswahl so zu treffen, daß die Hauptprobleme hervorgehoben werden, um daran die Methode historisch-kritischer Arbeitsweise zu verdeutlichen. In der Auseinandersetzung mit der Sekundärliteratur, die nach dem Abkürzungsverzeichnis der RGG[3] zitiert ist, wurde Wert darauf gelegt, grundlegende Untersuchungen zu würdigen, darüber hinaus aber auch auf markante Gegenpositionen zu verweisen und vor allem die neueste Diskussion, die noch nicht Eingang in andere Lehrbücher gefunden hat, zu berücksichtigen.

Herr Dr. P. von der Osten-Sacken/Göttingen hat mit Rat und Kritik die Fertigstellung des Manuskripts gefördert, Herr Professor Dr. O. Kaiser/Marburg und Herr Pastor A. Baumann/Hannover haben die Korrekturen mitgelesen. Dafür sei ihnen herzlich gedankt.

VORWORT ZUR 5. AUFLAGE

Wie zu den vorangegangenen Auflagen sind erneut kleinere Berichtigungen sowie verschiedene Ergänzungen vorgenommen worden, um das Buch auf den neuesten Stand der Diskussion zu bringen. Die Literaturangaben sind durchgehend überarbeitet und um neueste Veröffentlichungen vermehrt worden.

§ 1 Die Aufgabe

W. G. KÜMMEL, Einleitung in das NT als theologische Aufgabe (1959), in: Heilsgeschehen und Geschichte, 1965, 340–350.

a. Von der Entstehung des NT wird herkömmlicherweise in der Disziplin der ntlichen *Einleitung* gehandelt. Darunter wird nicht eine Einführung verstanden, die die allgemeinen und besonderen Voraussetzungen darstellt, unter denen die Schriften des NT zu verstehen sind. Der Begriff der Einleitung ist vielmehr so gefaßt, daß in der allgemeinen Einleitung die Entstehung des ntlichen Kanons und in der speziellen Einleitung die Abfassung der einzelnen Schriften zu erörtern ist. Wer waren die Verfasser der Evangelien und der Briefe? Wo sind ihre Adressaten zu suchen? Welche Veranlassung hat zu ihrer Abfassung geführt? Zur Beantwortung dieser Fragen sind zunächst die Hinweise zusammenzustellen, die sich innerhalb der Schriften des NT selbst finden, und kritisch zu sichten. Ferner sind die Angaben der altkirchlichen Tradition zu prüfen. Zwar hat die alte Kirche nur solche Schriften in den Kanon aufgenommen, von denen man annahm, sie seien von einem Apostel verfaßt worden. Aber diese Ansichten, die sich in der alten Kirche durchsetzten, müssen mit den Mitteln historisch-kritischer Forschung untersucht werden. Zur ntlichen Einleitung gehören schließlich Textgeschichte und Textkritik. Sind die Schriften des NT unversehrt erhalten, oder haben sie Zusätze oder Abstriche erfahren? Wie kann aus der Vielfalt überlieferter Handschriften die Gestalt des Textes wiedergewonnen werden, die möglichst genau dem entspricht, was die Verfasser der ntlichen Zeugnisse niedergeschrieben haben?
Die Aufgabe der Einleitung in das NT ist also sowohl von der Exegese unterschieden, die die Auslegung der ntlichen Schriften im einzelnen vorzunehmen hat, als auch von der Theologie des NT, die die in den Schriften des NT enthaltene Theologie herauszuarbeiten hat. Die Grenzen zwischen den Disziplinen sind freilich vielfach nicht scharf zu ziehen. So hat z. B. die formgeschichtliche Erklärung der Evangelien unmittelbare Auswirkungen für das Verständnis der Theologie der Gemeinde und der Evangelisten. Die Auslegung des vierten Evangeliums wird unterschiedlich aussehen, je nachdem, ob man den Apostel Johannes als seinen Verfasser ansieht oder nicht. Und das Bild der paulinischen Theologie wird erheblich verändert, wenn man die Ansicht vertritt, auch die Pastoralbriefe seien auf den Apostel selbst zurückzuführen.
Die genannten Beispiele zeigen, daß die Frage nach der Entstehung des NT nur mit den Mitteln der Geschichtsforschung beantwortet werden kann. Dieser Aufgabe kommt theologische Bedeutung zu, weil Gegenstand der Untersuchung die 27 Schriften des NT sind, die den Kanon der christlichen Kirche bilden. Während die Darstellung einer urchristlichen Literaturgeschichte auch das frühchristliche Schrifttum in die Betrachtung einbezieht, das nicht in den Kanon aufgenommen wurde, konzentriert sich die Einleitung in das NT auf das ntliche Schrifttum. Gottes Wort ist uns durch das Wort von Menschen gesagt. Darum ist der Theologe gehalten, sich mit Hilfe historischer Untersuchung gewissenhaft um das sachgerechte Verständnis des Wortes der ersten Zeugen zu bemühen, die die kirchengründende Predigt ausgerichtet haben.
b. In der alten Kirche und im Mittelalter gab es noch keine historische Forschung. Zwar wurden einzelne Angaben über Verfasser, Adressaten und Zweck der biblischen Bücher überliefert – so im sog. Kanon Muratori (s. S. 14 f.), den Evangelien-

prologen (s. S. 86. 95) und bei den Kirchenvätern –, aber erst durch den Humanismus wurde zu philologischen und historischen Studien angeregt. Hatte die starre Inspirationslehre, wie sie von der altprotestantischen Orthodoxie vertreten wurde, historischen Fragestellungen keinen Raum gelassen, so weckte die Aufklärung ein bis dahin unbekanntes Interesse an der Historie.

Die *Geschichte* der ntlichen Einleitungswissenschaft beginnt mit den Untersuchungen des katholischen Gelehrten Richard SIMON. Sein dreibändiges Werk »Histoire critique du NT« (1689–93) rief lebhaften Widerspruch hervor, zwang aber auch seine Kritiker, sich auf die historische Arbeit einzulassen. Auf evangelischer Seite wurde die erste bedeutende Darstellung von Johann David MICHAELIS geschrieben, dessen Buch »Einleitung in die göttlichen Schriften des Neuen Bundes« (1750) in den späteren Auflagen immer größere Selbständigkeit gegenüber dem Ansatz von SIMON gewann. In den folgenden Jahrzehnten bahnten SEMLER, DE WETTE, EICHHORN, SCHLEIERMACHER u. a. der historischen Erforschung der Schriften des NT den Weg zu breiterer Anerkennung. Im 19. Jahrhundert standen die Arbeiten von Ferdinand Christian BAUR im Mittelpunkt der Auseinandersetzungen. BAUR suchte die Geschichte des Urchristentums nach dem Schema der Hegelschen Geschichtsphilosophie zu begreifen. Auf die Thesis, die durch das Judenchristentum der Urapostel gegeben war, folgte als Antithesis das gesetzesfreie Heidenchristentum paulinischer Prägung. Die Synthesis wurde in einer vermittelnden Bewegung, wie sie die Evangelien und die Apostelgeschichte widerspiegeln, gewonnen und fand ihren krönenden Abschluß im Joh.-Ev. Indem jede ntliche Schrift daraufhin untersucht wurde, wo sie in diesem Ablauf der urchristlichen Geschichte anzusetzen sei, wurde nach der in der einzelnen Schrift enthaltenen Tendenz in der Entwicklung von der Thesis über die Antithesis zur Synthesis gefragt, d. h. es wurde sog. Tendenzkritik geübt. Wurde damit der historischen Arbeit am NT ein starker Impuls verliehen, so war doch das Schema, nach dem die Entstehung der ntlichen Bücher erklärt werden sollte, zu starr. Denn unmöglich läßt sich jede urchristliche Schrift vom Gegensatz zwischen Juden- und Heidenchristentum her verstehen. Daher wurde BAURS Sicht an vielen Punkten korrigiert; es blieb jedoch die Einsicht, daß jede ntliche Schrift daraufhin zu untersuchen ist, welchen Ort sie in der Geschichte des Urchristentums hat.

Um die Jahrhundertwende wurden mehrere bedeutende Darstellungen der Entstehung des NT veröffentlicht. H. J. HOLTZMANNs Lehrbuch der historisch-kritischen Einleitung in das NT (1885, ³1892) zeichnet sich durch besonnene Kritik aus, Th. ZAHNS umfangreiches Werk (1897–1899) bietet eine Fülle von Material, das weithin apologetischer Argumentation dient. Konservativ geprägt sind F. BARTHS (1908, ⁴·⁵1921) und P. FEINES (1913, ¹¹1950 FEINE-BEHM) Einleitungen in das NT. Zu ihnen bildet A. JÜLICHERS Lehrbuch (1894,⁷ JÜLICHER-FASCHER 1931) das kritische Gegenstück. Die katholische Forschung beteiligte sich an der Diskussion durch die Werke von J. SICKENBERGER (1916, ⁵·⁶1939), H. J. VOGELS (1925), M. MEINERTZ (1933, ²⁽⁵⁾1950) und K. Th. SCHÄFER (1938, ²1952).

Während W. MICHAELIS (1946, ³1961) von evangelischer Seite eine Darstellung vorlegte, die die traditionellen Meinungen zu verteidigen sucht, zeigte A. WIKENHAUSER (1953, ⁴1961), wie die katholische Bibelwissenschaft kritische Fragestellungen anerkennt und in dem Rahmen aufnimmt, der ihr vor dem II. Vatikanischen Konzil gesetzt war. Eine völlige Neubearbeitung des Buches von WIKENHAUSER nahm J. SCHMID vor und erweiterte es zu einem umfangreichen Nachschlagewerk (1972). Die wissenschaftliche Diskussion der Zeit nach dem Zweiten Weltkrieg hat in zwei Büchern ihren Niederschlag gefunden: W. MARXSENS Einleitung in das NT (1963,

⁴1978) enthält eine Einführung, die die theologische Bedeutung der Einleitungswissenschaft an ausgewählten Beispielen aufzeigt. W. G. KÜMMELS gründliche Neugestaltung des Werkes von FEINE-BEHM arbeitet dagegen die gelehrte Auseinandersetzung vollständig auf und bietet ein hervorragendes Hilfsmittel zur Orientierung über die gegenwärtig verhandelten Probleme, in dem reiche Information stets mit behutsam wägendem Urteil verbunden ist (als 12. Aufl. von FEINE-BEHM 1963 erschienen; ²¹1988).

Ph. VIELHAUER hat in seiner Geschichte der urchristlichen Literatur (1975) nicht nur die vorliterarische urchristliche Überlieferung und die Entstehung der schriftlichen Dokumente behandelt, die in den neutestamentlichen Kanon Eingang gefunden haben, sondern er bespricht in seiner Darstellung, die durch große methodische Sorgfalt ausgezeichnet ist, auch die urchristlichen Apokryphen und die Schriften der apostolischen Väter. H.-M. SCHENKE und K. M. FISCHER haben gemeinsam eine Einleitung in die Schriften des Neuen Testaments verfaßt, deren erster Teil den Briefen des Paulus und Schriften des Paulinismus gewidmet ist und in einem abschließenden Ausblick das Weiterwirken des Paulus und die Pflege seines Erbes durch die Paulusschule betrachtet (1978). Der zweite Band handelt von den Evangelien und den übrigen Schriften des NT (1979). Eine knapp gefaßte Übersicht aus dem Blick katholischer Exegese hat zuletzt F. J. SCHIERSE in seiner Einleitung in das NT (1978, ⁴1987) vorgelegt. In seiner umfangreichen Einführung in das NT stellt H. KÖSTER nicht nur die hellenistische und jüdische Umwelt des Urchristentums dar, sondern er handelt auch von der Entstehung der ntlichen Schriften (1980).

In der Ergänzungsreihe des Neuen Testaments Deutsch hat E. SCHWEIZER eine Theologische Einleitung in das NT (1989) veröffentlicht, die sich an einen weiteren Leserkreis wendet. Eine kurze Übersicht über die Entstehung der ntlichen Schriften bietet G. STRECKER, in: Grundkurs Theologie 2, G. STRECKER/J. MAIER, Neues Testament, Antikes Judentum (1989).

H. CONZELMANN und A. LINDEMANN haben ein Arbeitsbuch zum NT (1975, ⁹1988) vorgelegt, das eine Übersicht über die Entstehung der ntlichen Schriften bietet und dazu eine Methodenlehre, eine Einführung in die Textkritik, einen Überblick über die Umwelt des Urchristentums, eine Skizze über Wirksamkeit und Verkündigung Jesu von Nazareth und einen Abriß der Geschichte des Urchristentums. Dabei wird dem Leser durch konkrete Arbeitsvorschläge Anleitung gegeben, sich selbständig mit den Methoden historisch-kritischer Forschung vertraut zu machen und die mit ihrer Hilfe gewonnenen Einsichten zu überprüfen. Als Arbeitsbücher zum NT liegen ferner vor: J. ROLOFF, Neues Testament (1977, ⁴1989), K. BERGER, Exegese des NT ((1977,²1984), G. STRECKER/U. SCHNELLE, Einführung in die neutestamentliche Exegese (1983, ³1989), D. LÜHRMANN, Auslegung des NT (1984, ²1987) und H. WEDER, Taschen-Tutor zum NT (³1989).

A. DIE ENTSTEHUNG DES NEUTESTAMENTLICHEN KANONS

W. G. KÜMMEL, Notwendigkeit und Grenze des ntlichen Kanons (1950), in: Heilsgeschehen und Geschichte, 1965, 230–259 – H. v. CAMPENHAUSEN, Die Entstehung der christlichen Bibel, 1968 – E. KÄSEMANN (Herausgeber), Das Neue Testament als Kanon, 1970 – K. H. OHLIG, Die theologische Begründung des neutestamentlichen Kanons in der alten Kirche, 1972.

§ 2 Die Anfänge der Kanonbildung

a. Das Wort *Kanon* bedeutet Rohr, Maßstab, Richtschnur (vgl. Gal. 6, 16), Regel, Norm. In der alten Kirche wurde es seit dem 4. Jahrhundert in der Bedeutung verwendet, daß es das Verzeichnis heiliger Schriften bezeichnete, die als solche in der Kirche in Gültigkeit stehen. Die lateinische Kirche übernahm von der griechischen den Begriff und verstand ihn im Sinne von regula. In den Schriften, die als kanonisch anerkannt wurden, fand man die göttliche Wahrheit verbindlich bezeugt. Welche Schriften haben in der alten Kirche dieses Ansehen gewonnen?

b. Als *heilige Schrift* galt für die urchristlichen Gemeinden das Alte Testament. Zwar wurde die endgültige Abgrenzung des atlichen Kanons erst Ende des 1. Jahrhunderts n. Chr. von der Synagoge vorgenommen; über das Hohelied, den Prediger Salomos und den Propheten Ezechiel wurde noch gestritten, bis man ihre Übereinstimmung mit der Thora feststellte und damit ihre Zugehörigkeit zum Kanon sicherte. Tatsächlich aber war zur Zeit Jesu und der ersten Christen der Kreis der atlichen Schriften bereits geschlossen. Das beweist auf der einen Seite der Gebrauch des AT in den Texten der Gemeinde von Qumran, auf der anderen Seite die Verwendung des AT durch die erste Christenheit, die es meist als ἡ γραφή oder αἱ γραφαί (1. Kor. 15, 3–5) anführt oder a parte potiori als ὁ νόμος zitiert. Alle drei Teile des AT sind Lk. 24, 44 genannt: πάντα τὰ γεγραμμένα ἐν τῷ νόμῳ Μωϋσέως καὶ τοῖς προφήταις καὶ ψαλμοῖς.

Im Unterschied zum Judentum liest die christliche Gemeinde das AT nicht als Gesetz, sondern als Zeugnis von Christus, der das Ende des Gesetzes ist (Röm. 10, 4); denn durch die Erfüllung der Verheißungen ist die eigentliche Bedeutung der Thora freigelegt und damit das Gesetz wahrhaft aufgerichtet worden (Röm. 3, 31). Die Schrift wird daher von Christus her und auf Christus hin gelesen und gilt sowohl für die judenchristliche als auch für die heidenchristliche Gemeinde unbestritten als Wort Gottes. Sätze des AT werden im sog. Schriftbeweis verwendet oder in die Paränese der Gemeinde aufgenommen. Dieses Verständnis des AT mußte die Christenheit gegen den Einspruch der Synagoge verteidigen, um das Christusgeschehen als die Erfüllung der Schriften zu begründen.

c. Das *Evangelium* vom gekreuzigten und auferstandenen Christus hat zum Inhalt, »was Gott zuvor verheißen hat durch die Propheten in heiligen Schriften« (Röm. 1, 2). Alle Teile der Schrift werden im Licht der frohen Botschaft betrachtet. In den Psalmen redet Christus, die Worte der Propheten beschreiben sein Werk, und der Pentateuch zeigt am Beispiel Abrahams, was Glaube an den Gott bedeutet, der die Toten auferweckt. Das Evangelium bietet daher für die christliche Gemeinde den Schlüssel, mit dem sie den Reichtum der Schrift auftut und dessen Gehalt sie in der Verkündigung ihres Herrn erschließt.

d. Dieses Schriftverständnis ist vom Bekenntnis zu Jesus als dem Herrn geleitet. Worte des *Kyrios* werden überliefert und weisen die Gemeinde an, wie sie strittige Fragen zu entscheiden hat. So wird das Problem, ob die verstorbenen Christen gegenüber denen benachteiligt sind, die bei der bald erwarteten Parusie noch am Leben sein werden, mit einem λόγος κυρίου entschieden (1. Thess. 4, 13–18). Zur Frage von Ehe und Ehescheidung gibt ein Herrenwort gültige Weisung (1. Kor. 7, 10), ebenso hinsichtlich der Verpflichtung der Gemeinde, für den Unterhalt der Prediger des Evangeliums zu sorgen (1. Kor. 9, 14). Was der Kyrios in der Nacht, in der er verraten wurde, angeordnet hat, bestimmt die Feier des Abendmahls in der Gemeinde (1. Kor. 11, 23–25). Wo kein Wort Jesu überliefert ist, bemerkt Paulus ausdrücklich: λέγω ἐγώ, οὐχ ὁ κύριος (1. Kor. 7, 12).

e. Bevollmächtigter Bote des Kyrios ist der *Apostel*, der für sich in Anspruch nimmt: δοκῶ δὲ κἀγὼ πνεῦμα θεοῦ ἔχειν (1. Kor. 7, 40). Er spricht in der Vollmacht des Geistes als ἀπόστολος Ἰησοῦ Χριστοῦ. Das Wort des Apostels muß zwar gegen mancherlei Einsprüche durchgesetzt werden, findet aber doch allgemeine Anerkennung in den Gemeinden. Daher werden seine Briefe aufbewahrt, im Gottesdienst verlesen und anderen weitergereicht. Wie im AT Gesetz und Propheten nebeneinanderstehen, so für die christliche Gemeinde der Herr und der Apostel. Ihr Wort hat für sie verpflichtende Kraft.

f. Die urchristlichen Schriften, die zunächst als Gelegenheitsliteratur entstanden, wurden schon sehr früh zu *Sammlungen* zusammengefaßt. So wurden Briefe des Apostels von einer Gemeinde zur anderen weitergereicht (Kol. 4, 16), Abschriften angefertigt und zusammengestellt. Solche Sammlungen wird es sicherlich in den Zentren der paulinischen Mission, in Korinth und Ephesus, gegeben haben. Wenn im 2. Jahrhundert der Verfasser des 2. Petr. von »allen Briefen unseres geliebten Bruders Paulus« spricht (3, 15 f.), so setzt er voraus, daß es eine Sammlung paulinischer Briefe gibt. Ignatius von Antiochien zitiert aus den meisten der Paulusbriefe, ebenso wenig später der Bischof Polykarp von Smyrna.

Die Evangelien, die an verschiedenen Stellen des Römischen Reiches entstanden sind, haben alsbald weite Verbreitung in der Kirche erfahren. Das Papyrusfragment $\mathfrak{p}^{52}$ (s. S. 114 f.) bezeugt, daß das Joh.-Ev. um 125 bereits in Ägypten bekannt war. Mitte des 2. Jahrhunderts kennt der Verf. des sekundären Markusschlusses (s. S. 84) alle vier Evangelien und stellt aus ihren Angaben eine Harmonie der Ostergeschichten zusammen (Mk. 16, 9–20). Jesusworte, die bei den apostolischen Vätern durchweg aus der ihnen überkommenen mündlichen Tradition zitiert werden (s. H. KÖSTER, Synoptische Überlieferung bei den apostolischen Vätern, 1957), werden gelegentlich als γραφή eingeführt (Barn. 4, 14; 2 Clem. 2, 4). Was der Herr gesagt hat, gilt wie ein Wort der heiligen Schrift. Justin berichtet Mitte des 2. Jahrhunderts, daß »die Erinnerungen der Apostel« im Gottesdienst ebenso verlesen werden wie die Schriften der Propheten (Apol. I 66, 3; 67, 3). Zwar fehlt noch eine zusammenfassende Bezeichnung der urchristlichen Schriften, die wie die Bücher des AT im Gottesdienst gebraucht werden, aber Evangelien und Apostelbriefe stehen bereits gleichrangig neben Gesetz und Propheten. Während die Rabbinen sich anschickten, die mündliche Tradition der Gesetzesauslegung in den Traktaten der Mischna zu sammeln und dadurch das normative Verständnis der Thora festzulegen, stellte die christliche Gemeinde die Schriften zusammen, aus denen sie für sie gültige Auslegung der Schrift als Christuszeugnis vernahm. So bildeten sich schon in früher Zeit die Ansätze zur Sammlung eines ntlichen Kanons heraus, der Evangelien und Briefe der Apostel nebeneinander enthielt.

g. Um die Mitte des 2. Jahrhunderts verwarf *Marcion* das AT, weil der Gott des AT als Demiurg nur Weltschöpfer, aber nicht Vater Jesu Christi sei. An die Stelle eines atlichen Kanons setzte er für seine Gemeinden einen neuen Kanon heiliger Schriften, der aus einem von jüdischen Stücken gereinigten Lk.-Ev. und aus zehn paulinischen Briefen (ohne Pastoralbriefe) bestand. Durch die Aufstellung dieses neuen Kanons nötigte Marcion die Großkirche dazu, ihrerseits verbindlich festzulegen, welchen urchristlichen Schriften sie kanonisches Ansehen zuerkannte. Man wird zwar schwerlich sagen können, Idee und Wirklichkeit einer christlichen Bibel seien von Marcion geschaffen worden und die Kirche, die sich von ihm abgrenzte, sei seinem Vorbild gefolgt (so v. CAMPENHAUSEN); denn tatsächlich waren deutliche Ansätze zur Bildung eines ntlichen Kanons schon vor Marcion vorhanden. Sicherlich hat aber Marcions Kanon die bereits angelaufene Entwicklung innerhalb der Großkirche energisch vorangetrieben, so daß gegen Ende des 2. Jahrhunderts der ntliche Kanon in seinen Grundzügen festlag.

§ 3   Der neutestamentliche Kanon um 200 n. Chr.

Um die Wende vom 2. zum 3. Jahrhundert ist die Ausbildung eines ntlichen Kanons bereits zu bestimmten Ergebnissen gelangt, die an verschiedenen Stellen der alten Kirche abgelesen werden können und ein im wesentlichen übereinstimmendes Bild aufweisen.

a. *Irenäus,* der aus Kleinasien stammte und später in Südfrankreich wirkte, kennt und benutzt alle 4 Evangelien so selbstverständlich, daß er über die Vierzahl als gegebene Größe philosophiert und die 4 Tiergestalten von Ez. 1, 10 und Apk. 4, 7 mit den 4 Evangelisten in Verbindung bringt. Darüber hinaus verwendet er die Apg. sowie alle Paulusbriefe (außer Phm.), von den katholischen Briefen 1. Petr., 1., 2. Joh. Es fehlen: 2. Petr., 3. Joh., Jud., Jak. und Hebr.; dagegen ist die Apk. bekannt. Offen ist also noch die Festlegung der katholischen Briefe.

b. *Tertullian* bezeugt für den Westen 22 ntliche Schriften: 4 Evangelien, Apg., 13 Paulusbriefe, ferner 1. Petr., 1. Joh., Jud. und Apk. Der Hebr. wird Barnabas zugeschrieben und nicht zum Kanon gezählt.

c. *Clemens von Alexandria* führt in seinem umfangreichen Schrifttum alle 4 Evangelien an, dazu 14 Paulusbriefe (einschließlich Hebr.) sowie 1. Petr., 1., 2. Joh. und Jud. Die Grenze des Kanons ist jedoch nicht scharf gezogen. Denn einerseits gesteht er auch heidnischen Autoren zu, kraft ihnen widerfahrener Inspiration geschrieben zu haben; andererseits bezieht er sich auch auf weitere urchristliche Schriften wie die Petrusapokalypse, den Barnabas- und 1. Clemensbrief, die Didache und den Hirten des Hermas, ferner die apokryphen Evangelien der Hebräer und der Ägypter, obwohl ihnen nicht derselbe Rang zuerkannt wird wie den 4 Evangelien.

d. Der *Kanon Muratori* ist der wichtigste Zeuge für den ntlichen Kanon um 200. Die Schrift, die nach dem Namen des Mailänder Bibliothekars benannt wurde, der sie 1740 entdeckte, stammt aus dem Ende des 2. Jahrhunderts und bietet ein Kanonverzeichnis der römischen Gemeinde. Der erhaltene Text setzt mit den letzten Worten über Mk. ein; der Anfang, der zweifellos von Mt. handelte, ist weggebrochen. Es wird nicht nur die Reihenfolge der Schriften aufgezählt, sondern auch in wenigen Worten von ihrer Entstehung und ihrer Bedeutung gehandelt. Das Joh.-Ev. wird ausdrücklich auf den Apostel Johannes zurückgeführt, Mk. und Lk. dagegen auf Apostelschüler (Mk. = Hermeneut des Petrus, Lk. = Reisebegleiter des Paulus). Auf die Apg. folgen 13 Paulusbriefe: 1. und 2. Kor., Eph., Phil., Kol., Gal., 1. und 2. Thess., Röm. sind an 7 Gemeinden gerichtet, entsprechend den 7 Sendschreiben von Apk. 2–3. Nach den Gemeindebriefen werden Phm., Tit., 1., 2. Tim. genannt. Ein Brief an die Laodizener befindet sich im Umlauf, gilt jedoch als »auf des Paulus Namen gefälscht für die Sekte des Marcion, und anderes mehr, was nicht in die katholische Kirche aufgenommen werden kann. Denn Galle mit Honig zu mischen, geht nicht an«. Am Ende werden Jud. und 2 Joh.briefe erwähnt, neben der Apk. Joh. die Apk. des Petrus, weil sie Apostel zu Verfassern haben. Der Hirt des Hermas aber, »der erst vor kurzem zu unserer Zeit in der Stadt Rom verfaßt worden ist«, soll gelesen werden, »aber öffentlich in der Kirche dem Volk verlesen werden kann er weder unter den Propheten, deren Zahl abgeschlossen ist, noch unter den Aposteln am Ende der Zeiten«. So sucht das Verzeichnis in möglichster Vollständigkeit alle ntlichen Schriften aufzuführen und die Grenze des Kanons deutlich zu markieren.

4 Evangelien, Apg., 13 Paulusbriefe und einige katholische Briefe sind allgemein als Schriften des NT anerkannt. Als Kriterium wird – wie der Kanon Muratori deutlich zeigt – die apostolische Verfasserschaft geltend gemacht, doch nicht zu eng gefaßt, da auch die Evangelien, die von Apostelschülern geschrieben wurden, anerkannt sind. Neben dem Gesichtspunkt der apostolischen Abfassung kennt die alte Kirche auch die Frage nach inhaltlichen Kriterien, wie das Urteil des Bischofs Serapion von Antiochia (um 200) zeigt. In einer seiner Gemeinden wurde das ihm unbekannte Petrusevangelium im Gottesdienst gebraucht. Bei einer genaueren Prüfung dieser Schrift stellte er deren gnostisch-doketischen Gehalt fest und schrieb, »daß zwar das meiste mit der wahren Lehre unseres Erlösers übereinstimmt, manches aber auch davon abweicht«. Daraus folgt für ihn, daß diese Schrift fälschlich unter dem Namen Petrus umläuft. »Denn wir wissen, daß uns solche Schriften nicht überliefert sind.« (Euseb, H. E. VI, 12) Die Behauptung, eine Schrift gehe auf einen Apostel zurück, reicht also nicht aus, um ihr kanonisches Ansehen zu sichern. Erst nach inhaltlicher Prüfung kann ihre Geltung anerkannt werden. Auf diese Weise sucht die Kirche das urchristliche Zeugnis von späterem Schrifttum zu scheiden. Um 200 steht daher der Kanon des NT in seinen wichtigsten Teilen – Evangelien, Apg. und Apostelbriefe – fest. Umstritten sind noch im Westen der Hebr., im Osten die Apk. sowie allgemein die Bestimmung der katholischen Briefe. Das Problem, ob auch der 2. Petr., 2., 3. Joh., Jud. und Jak. zum Kanon zu zählen sind, wurde im 3. und 4. Jahrhundert eingehend verhandelt und schließlich positiv entschieden.

§ 4 Der Abschluß des neutestamentlichen Kanons

a. In der *griechischen Kirche* kannte Origenes ähnlich wie Clemens von Alexandria noch nicht eine endgültig fixierte Grenze zwischen kanonischen und nichtkanonischen Büchern. Er traf jedoch eine Unterscheidung, indem er die Schriften in folgende Gruppen einteilte: 1. ἀναντίρρητα oder ὁμολογούμενα, die allgemein in kirchlichem Gebrauch stehen: 4 Evangelien, 13 Paulusbriefe, 1. Petr., 1. Joh., Apg. und Apk.; 2. ἀμφιβαλλόμενα, die umstritten sind: 2. Petr., 2., 3. Joh., Hebr., Jak. und Jud.; 3. ψευδῆ, d. h. Bücher, die als Fälschungen abgelehnt werden und daher als häretische Machwerke gelten: Ägypter-, Thomas-, Basilides- und Matthiasevangelium.

Diese Klassifizierung wurde dann im 4. Jahrhundert von Euseb neu gefaßt: 1. ὁμολογούμενα sind die Schriften, über deren Beurteilung Übereinstimmung herrscht: 4 Evangelien, Apg., 14 Paulusbriefe (einschließlich Hebr.), 1. Joh., 1. Petr., zu denen von manchen noch die Apk. hinzugerechnet wurde; 2. ἀντιλεγόμενα sind die Bücher, die auf Widerspruch stoßen. Dabei werden zwei Untergruppen gebildet: a. Antilegomena, die jedoch bei den meisten Christen anerkannt sind (γνώριμα): Jak., Jud., 2. Petr., 2., 3. Joh.; b. Antilegomena, die als unecht anzusehen sind (νόθα): die Paulusakten, der Hirt des Hermas, die Petrusapokalypse, der Barnabasbrief und die Didache; von manchen, denen Euseb zuneigt, wird auch die Apk. zu dieser Gruppe gezählt. 3. Als häretische Schriften, die zu verwerfen sind, werden die apokryphen Evangelien bezeichnet.

War zur Zeit des Euseb noch nicht das letzte Wort über die Abgrenzung des Kanons gesprochen, so wurde schließlich die Entscheidung durch Synoden und Bischöfe der alten Kirche getroffen. 367 n. Chr. zählte der Bischof Athanasius von Alexandria in seinem Osterfestbrief die 27 Schriften des ntlichen Kanons auf: Mt., Mk., Lk., Joh. – diese Reihe galt nach damaligem Urteil als chronologische Folge –, Apg., dann die katholischen Briefe: Jak., 1., 2. Petr., 1.–3. Joh. (in dieser Reihenfolge nach Gal. 2, 9: Jakobus, Kephas und Johannes), Jud.; dann die Paulusbriefe, zu denen auch der Hebr. gerechnet wurde, der am Ende der Gemeindebriefe steht; die Apk. am Schluß. Athanasius war während der Zeiten dieser Verbannung aus Alexandria wiederholt im Westen gewesen und hatte hier die Hochschätzung der Apk. kennengelernt. Dennoch stand die Apk. im Osten weiterhin an Bedeutung hinter den anderen Schriften zurück und gewann erst im Mittelalter unbestrittene Geltung. Am Ende der Aufzählung heißt es: »Dieses sind die Quellen des Heils, auf daß der Dürstende sich an den in ihnen enthaltenen Worten übergenug labe. In ihnen allein wird die Lehre der Frömmigkeit verkündigt. Niemand soll ihnen etwas hinzufügen oder etwas von ihnen fortnehmen.«

b. In der *lateinischen Kirche* vollzog sich im 3. und 4. Jahrhundert in der Abgrenzung des Kanons eine immer stärkere Annäherung an den Osten, von dem man insbesondere den Hebr. und die Abgrenzung der katholischen Briefe übernahm. Ende des 4. Jahrhunderts wurde mit der griechischen Kirche volle Übereinstimmung in der Anerkennung der 27 kanonischen Schriften hergestellt und durch die Synoden von Hippo Regius (393) und Karthago (397) ausdrücklich bestätigt.

c. In der *syrischen Kirche* herrschte zunächst die Evangelienharmonie (Diatessaron) des Tatian im gottesdienstlichen Gebrauch vor (s. S. 148 f.). Erst im 5. Jahrhundert setzte der Bischof Rabbula von Edessa durch, daß die Evangelien der Getrennten benutzt und das Diatessaron verdrängt wurde (s. S. 149). Neben der Apg. und 14 Paulusbriefen kannte die syrische Kirche nur 3 katholische Briefe (Jak., 1. Petr., 1. Joh.) und daher nur 22 kanonische Schriften. In späterer Zeit konnten jedoch allmählich auch 2. Petr., 2., 3. Joh., Jud. und Apk. kirchliches Ansehen gewinnen (so in den Übersetzungen des Philoxenus von Mabug 508 und des Thomas von Charkel 616 [s. S. 149]), doch standen sie in der Wertschätzung hinter den anderen Schriften zurück.

d. Wie die mittelalterliche Kirche blieben auch die *Reformatoren* bei dem ntlichen Kanon von 27 Schriften. Nachdem bereits von Humanisten die apostolische Verfasserschaft einiger Schriften – besonders bei einigen katholischen Briefen – in Zweifel gezogen worden war, nahm Luther eine von inhaltlichen Kriterien geleitete Unterscheidung vor. In der Vorrede zum Jakobusbrief in der Septemberbibel von 1522 schreibt er, der rechte Prüfstein zur Beurteilung aller Bücher sei darin zu sehen, ob sie Christus treiben oder nicht. »Was Christus nicht lehrt, das ist nicht apostolisch, wenn's gleich Petrus oder Paulus lehrt; wiederum was Christus predigt, das ist apostolisch, wenn's gleich Judas, Hannas, Pilatus oder Herodes täte.« Von daher ergibt sich ein kritisches Urteil: über den Jak. als eine strohene Epistel, weil sie die Werke so stark herausstreicht; über den Hebr., weil er die Möglichkeit einer zweiten Buße verweigere; über den Jud., weil er neben dem

2. Petr. überflüssig sei; und über die Apk., weil sie nicht rechte apostolische Art an sich habe und mit Gesichten umgehe, statt mit klaren und dürren Worten zu weissagen. Luther setzte diese Schriften an das Ende der ntlichen Bücher und gab dadurch zu erkennen, daß er sie niedriger als die übrigen Schriften einstufte.

Gegen die Kritik der Humanisten und Reformatoren stellte das Tridentinische Konzil 1546 fest, alle 27 Schriften des NT seien in gleicher Weise kanonisch. Einen Unterschied in ihrer Bewertung ließ man nicht zu; der Hebr. wurde als Paulusbrief gezählt.

e. Die Frage nach dem *Kanon im Kanon* bleibt gestellt. Die Abgrenzung des ntlichen Kanons ist in der alten Kirche erst in einem langen Prozeß gewonnen und durch Entscheid von Synoden und Bischöfen zum Abschluß gebracht worden. Dabei hat die alte Kirche in der Ausscheidung des apokryphen Schrifttums ein durchaus gutes Urteil bewiesen. Bei der Festlegung des Kanons hatte man die ältesten Schriften, die man auf Apostel meinte zurückführen zu können, zusammengestellt und darauf geachtet, ob ihr Inhalt als Zeugnis des Evangeliums gelten kann. Damit war das entscheidende Kriterium zur Abgrenzung des ntlichen Kanons gewonnen. Denn das NT bezeugt die kirchengründende Predigt der ersten Christenheit. Deren Gültigkeit hängt freilich nicht davon ab, ob die einzelnen Schriften einen Apostel zum Verfasser haben oder nicht. Sondern die 27 Schriften des NT sind kritisch daraufhin zu befragen, wie in ihnen das Kerygma bezeugt und entfaltet wird. Luthers Hinweis auf »das, was Christum treibet« behält daher als Frage nach dem Kanon im Kanon sein volles Recht.

B. DIE ENTSTEHUNG DER NEUTESTAMENTLICHEN SCHRIFTEN

I. Formen und Gattungen urchristlicher Verkündigung und Lehre

K. Berger, Formgeschichte des NT, 1984.

Ehe es in der ersten Christenheit zur Abfasung literarischer Dokumente kam, wurde das Evangelium von Jesus Christus mündlich weitergereicht, der Glaube öffentlich bekannt, Gottesdienst gehalten und die Gemeinde unterwiesen, wie sie ihr Leben im Gehorsam gegen den Kyrios führen soll. Dabei wurden bestimmte Formen ausgebildet, in denen Verkündigung und Lehre der Gemeinde ausgesagt wurden. Sie sind freilich nicht unmittelbar überliefert, sondern müssen aus schriftlichen Zeugnissen, in denen auf mündliche Tradition Bezug genommen wird, erschlossen werden. Vor allem aus den paulinischen Briefen, die die ältesten christlichen Schriftstücke sind, kann die mündliche Verkündigung und Lehre der ersten Christenheit rekonstruiert werden. Bisweilen bezieht sich Paulus ausdrücklich auf Überlieferung (1. Kor. 11, 23; 15, 3), an anderen Stellen führt er ohne nähere Kennzeichnung ihm vorgegebene Wendungen oder Sätze an.

Um urchristliche Überlieferung aus dem Kontext herausheben zu können, bedarf es methodisch gesicherter Kriterien: 1. Oft sind im weiteren Zusammenhang Hinweise enthalten, die auf Übernahme von Tradition aufmerksam machen, so in einleitenden Bemerkungen (1. Kor. 11, 23; 15, 3) oder Angaben über den Inhalt des Glaubens (Röm. 4, 24 f.) bzw. des Bekenntnisses (Röm. 10, 9 f.). 2. Das zitierte Stück beginnt meist mit einem deutlich erkennbaren Einsatz: ὅτι (1. Kor. 15, 3; 1. Petr. 2, 21; 3, 18) oder ὅς (Phil. 2, 6; 1. Tim. 3, 16). 3. Vielfach ist das tradierte Stück in einem festen Aufbau gestaltet: Parallelismus membrorum (1. Kor. 15, 3–5; Röm. 4, 25) oder strophische Gliederung (Phil. 2, 6–11; Kol. 1, 15–20). Auffallende Häufung von Relativsätzen (Phil. 2, 6–11) oder Partizipialstil (Röm. 1, 3 f.) deuten auf geprägte Wendungen hin. 4. Die Terminologie des Zitats hebt sich deutlich von dem sonst üblichen Sprachgebrauch des Autors ab (s. unten zu 1. Kor. 15, 3–5; Phil. 2, 6–11). In den tradierten Stücken fehlt oft die Verwendung des Artikels (Röm. 1, 3 f.). 5. Häufig hat der Verfasser des Briefes das übernommene Stück an der einen oder anderen Stelle seinerseits interpretiert, indem er einen ihm besonders wichtigen Begriff mit Betonung eingefügt hat (so Röm. 3, 25: διὰ πίστεως; Phil. 2, 8: θανάτου δὲ σταυροῦ). 6. Bestimmte Aussagen der Zitate – vorwiegend christologischen Inhalts – kehren an anderen Stellen des NT gleichfalls als formelhafte Wendungen wieder, wie z. B. die Erwähnung der Davidssohnschaft Christi (Röm. 1, 3 f.; 2. Tim. 2, 8), der Ausdruck ὤφθη = »er erschien« (1. Kor. 15, 5; 1. Tim. 3, 16) oder das Schema von Erniedrigung und Erhöhung Christi (Phil. 2, 6–11; 1. Tim. 3, 16). 7. Schließlich ist ein Zitat auch daran erkennbar, daß es oft nicht voll in den Kontext integriert ist. So wird 1. Kor. 15 nur die Aussage von der Auferstehung, nicht auch die vom Tod Christi (1. Kor. 15, 3–5) ausgewertet. An das überlieferte Stück schließt sich vielfach eine auslegende Anwendung an: 1. Kor. 15, 6 ff. wird der Hinweis auf die Auferstehung Christi verstärkt, Kol. 1, 21–23 wird an den Hymnus von 1, 15–20 eine applicatio angefügt, die Zuspruch und Anspruch der Versöhnung entfaltet.

O. Cullmann, Die ersten christlichen Glaubensbekenntnisse, ³1954 – H. Conzelmann, Was glaubte die älteste Christenheit? (1955), in: Theologie als Schriftauslegung, 1974, 106–119 – W. Kramer, Christos, Kyrios, Gottessohn, 1963 – K. Wengst, Christologische Formeln und Lieder des Urchristentums, ²1974.

a. In der *Predigt* wurde der gekreuzigte und auferstandene Christus als der Herr verkündigt. Eine ausgeführte urchristliche Predigt ist nicht erhalten. Doch kann aus den ntlichen Briefen auf verschiedene Formen der Verkündigung zurückgeschlossen werden; denn lebendige Rede der Predigt hat an vielen Stellen den Stil der urchristlichen Briefe bestimmt. Der 1. Kor. gibt sich ausdrücklich als schriftlich aufgezeichnete Unterweisung der Gemeinde zu erkennen, die im Gottesdienst verlesen werden soll (16, 19–24). Und der Hebr. wird als λόγος τῆς παρακλήσεως bezeichnet (13, 22), durch den die Gemeinde getröstet und ermahnt wird. Schriftauslegung, Entfaltung des Kerygmas, Beantwortung offener Fragen, sittliche Belehrung und Einprägung katechismusartig zusammengefaßter Lehrstoffe wurden in der Predigt dargeboten. Dabei schloß man sich an jüdische Formen der Schriftinterpretation, die Predigtweise der hellenistischen Synagoge und den Stil der kynisch-stoischen Diatribe an, in der Wanderprediger sittliche Unterweisung vortrugen. Die in der Apg. wiedergegebenen Reden (2, 14–39; 3, 12–26; 4, 9–12; 5, 30–32; 10, 34–43; 13, 16–41; 14, 15–17; 17, 22–31) sind nach einem festen Schema aufgebaut, in dem Kreuz und Auferstehung Christi als Erfüllung der atlichen Verheißungen beschrieben werden und an die Hörer die Aufforderung zur Umkehr gerichtet wird. Dabei ist zwar urchristliche Tradition verwendet, diese aber vom Verf. der Apg. ausgestaltet worden, so daß ein unmittelbarer Rückschluß von den Reden der Apg. auf urchristliche Predigten nicht möglich ist.
Eine knappe Zusammenfassung urchristlicher Missionspredigt liegt 1. Thess. 1, 9 f. vor.

Die Begrifflichkeit dieser beiden Verse erweist den vorpaulinischen Ursprung der Formulierung (s. G. Friedrich, Ein Tauflied hellenistischer Judenchristen, ThZ 21 [1965] 502–516): ἐπιστρέφειν steht nur hier bei Paulus und wird in der urchristlichen Missionspredigt als terminus technicus für die Bekehrung verwendet (Apg. 9, 35; 11, 21; 14, 15 u. ö.); δουλεύειν wird mit τῷ θεῷ verbunden, von Paulus dagegen sonst mit τῷ κυρίῳ bzw. Χριστῷ (Röm. 12, 11; 14, 18; 16, 18); Gott wird atlich-jüdischer Redeweise entsprechend als ζῶν und ἀληθινός bezeichnet; ἀναμένειν ist Hapaxlegomenon im NT; ἐκ τῶν οὐρανῶν findet sich nur hier bei Paulus, der an allen anderen Stellen den Singular οὐρανός gebraucht (1. Thess. 4, 16; 1. Kor. 15, 47 u. ö.); das Partizip ῥυόμενος kehrt bei Paulus nur noch in dem Zitat von Ps. 14, 7 in Röm. 11, 26 wieder; die Wendung ἐκ τῆς ὀργῆς τῆς ἐρχομένης hat im Corpus Paulinum keine Parallele.

Die urchristliche Verkündigung knüpft an die hellenistisch-jüdische Missionspredigt an, die zur Abkehr von den nichtigen Götzen und zur Hinwendung zum allein wahren Gott auffordert. Sie fügt die eschatologische Aussage hinzu, daß die Christen die Parusie des Gottessohnes erwarten, den Gott von den Toten auferweckt hat und der als unser Retter vor dem kommenden Zorngericht erscheinen wird. Wer diese Predigt annimmt, bekennt, daß Jesus von den Toten auferstanden ist und uns am Jüngsten Tage retten wird.
b. Auf das Kerygma, das das Evangelium von Gottes Tat in Kreuz und Auferstehung Christi verkündigt, antwortet die *Homologie* derer, die diese Botschaft im Glauben angenommen haben. Das Bekenntnis ist öffentliche Aussage des Glau-

bens (Röm. 10, 9: Parallelität von ὁμολογεῖν / πιστεύειν; Mk. 8, 38 Par.; Mt. 10, 33 f. par. Lk. 12, 8 f.; Joh. 1, 20; Bekennen ist das Gegenteil von verleugnen, bzw. sich schämen, Röm. 1, 16). Im Bekenntnis wird ausgerufen: Dieser Jesus, von dem die Verkündigung Zeugnis gibt, ist mein, ist unser Herr. Im Gottesdienst wird der Ruf laut: κύριος ᾿Ιησοῦς (1. Kor. 12, 3) bzw. κύριος ᾿Ιησοῦς Χριστός (Phil. 2, 11). Die gegenwärtige κυριότης des gekreuzigten und auferstandenen Herrn wird hervorgehoben im Unterschied zu sogenannten Göttern und Herren, die es sonst geben mag (1. Kor. 8, 5 f.). Dieses lapidare Bekenntnis wird als Akklamation laut – ähnlich dem Satz, mit dem jeder Jude sich zu dem Gott Israels als dem einen Gott, Schöpfer und Herrn der Welt bekennt: »Höre, Israel, dein Gott ist einer.« (Dtn. 6, 4) Dieser Ruf ist auch im urchristlichen Bekenntnis aufgenommen: Εἷς θεός (Röm. 3, 30; Gal. 3, 20; Jak. 2, 19) – das ist eben der Gott und Vater, der sich in Christus offenbart hat.

c. Indem der Glaube Jesus Christus als den Kyrios bekennt, bezieht er sich auf das Christusereignis, in dem Gott einmal und damit ein für allemal für uns gehandelt hat. Dieser Inhalt des Glaubens wird in *Glaubensformeln* ausgesagt, die meist in Partizipialwendungen, einen Relativ- oder ὅτι-Satz gefaßt sind. Die ältesten Glaubensformeln sind kurz und knapp gehalten: daß Gott Jesus von den Toten auferweckt hat (Röm. 10, 9); ὅτι ᾿Ιησοῦς ἀπέθανεν καὶ ἀνέστη (1. Thess. 4, 14); Χριστὸς ᾿Ιησοῦς ὁ ἀποθανών, μᾶλλον δὲ ἐγερθείς (Röm. 8, 34); Χριστὸς ἀπέθανεν καὶ ἀνέζησεν (Röm. 14, 9; vgl. weiter Röm. 4, 24 f.; 2. Kor. 13, 4 u. a.). Häufig wird die Glaubensformel durch ausdrückliche Erwähnung von πίστις / πιστεύειν eingeleitet.

Das urchristliche Kerygma, das im Bekenntnis aufgenommen wird, ist 1. Kor. 15, 3–5 in sorgfältig formulierten Wendungen zusammengefaßt, die Paulus als das ihm bereits überkommene Evangelium zitiert.

Zum vorpaulinischen Stück s. J. Jeremias, Die Abendmahlsworte Jesu, [4]1967, 95–97; H. Conzelmann, Zur Analyse der Bekenntnisformel 1. Kor. 15, 3–5 (1965), in: Theologie als Schriftauslegung, 1974, 131–141. In der Einleitung (V. 1 f.) wird auf die Übernahme und Weitergabe von Tradition ausdrücklich hingewiesen; παραδιδόναι / παραλαμβάνειν (V. 3) dienen als termini technici zur Einführung von Überlieferung. V. 3–5 sind im Parallelismus membrorum gehalten: Zwei ὅτι-Sätzen, die von Tod und Auferstehung Christi reden, sind zwei kürzere ὅτι-Sätze zur Unterstreichung der Aussage beigefügt: καὶ ὅτι ἐτάφη – καὶ ὅτι ὤφθη. Die Terminologie von V. 3–5 ist vorpaulinisch: Paulus redet von der Sünde in dem ihm eigenen Sprachgebrauch im Singular und versteht darunter eine kosmische Macht (Röm. 5, 12); ἐγήγερται steht nur noch 2. Tim. 2, 8 und 1. Kor. 15, 12 ff. im Rückbezug auf die Überlieferung V. 3–5; ὤφθη findet sich nur noch 1. Tim. 3, 16, δώδεκα nur hier; sonst ist von Kephas und den Aposteln die Rede, ohne ihre Zahl genau einzugrenzen. Ob die Verse 3–5 ursprünglich auf einen hebräischen bzw. aramäischen Wortlaut zurückgehen (Jeremias) oder aber von Anfang an in durch die Septuaginta geformtem Griechisch geprägt wurden (Conzelmann), ist nicht mehr sicher auszumachen. Außer Zweifel aber steht, daß eine Glaubensformel vorliegt, die auf die Jerusalemer Urgemeinde zurückzuführen ist. Auf diesen Ursprung macht Paulus selbst im Kontext aufmerksam: Die Urapostel (ἐκεῖνοι, V. 11) und er richten ein- und dieselbe Verkündigung aus, die den Glauben begründet: οὕτως κηρύσσομεν καὶ οὕτως ἐπιστεύσατε (V. 11). Ab V. 6 unterstreicht der Apostel in Fortsetzung und Anwendung des Zitats die Aussage von der Auferstehung Christi, auf die es ihm in der Auseinandersetzung mit den Leugnern der Auferstehung in Korinth ankommt.

Die beiden Aussagen von Tod und Auferstehung Christi, die im Parallelismus membrorum einander zugeordnet sind, sind auf das engste aufeinander bezogen. Weil Christus auferstanden ist, darum kann verkündigt werden, sein Tod sei »für unsere Sünden« geschehen. Ohne das Kreuz aber würde das Zeugnis von der Auferstehung nicht sachgemäß verstanden. Zur Begründung dieses Inhalts des Evangeliums wird auf die Schriften verwiesen, die die Wahrheit dieser Verkündigung bezeugen, die den Glauben begründet.

d. Der Inhalt des Glaubens wurde in *mannigfaltigen Wendungen* ausgesagt. Der auf 1. Kor. 15, 3–5 folgende Zusammenhang zeigt, daß Paulus sich keineswegs sklavisch an den Wortlaut einer »heiligen Formel« gebunden wußte, sondern vielmehr die Tradition ergänzte und dadurch interpretierte. Gebunden weiß sich der Apostel allein an den Auftrag, das Evangelium zu verkündigen (1. Kor. 9, 16 f.). Dieses Evangelium aber wird in den unterschiedlichen Formulierungen laut, die den Inhalt des Glaubens entfalten, so Röm. 4, 25 in einem kurzen Satz: ὃς παρεδόθη διὰ τὰ παραπτώματα ἡμῶν καὶ ἠγέρθη διὰ τὴν δικαίωσιν ἡμῶν. Im Kontext wurde V. 24 nur auf die Auferweckung Jesu als Inhalt des πιστεύειν hingewiesen. V. 25 werden Tod und Auferstehung Jesu in einer parallel gebauten Aussage genannt; die Erwähnung der Vielzahl von Sünden entspricht wieder urchristlichem Sprachgebrauch.

Eine andere urchristliche Glaubensformel wird von Paulus im Eingang des Römerbriefs zitiert (Röm. 1, 3 f.). Um sich der ihm persönlich unbekannten Gemeinde vorzustellen, bezieht sich Paulus auf die frohe Botschaft, wie sie überall in der Christenheit geglaubt und bekannt wird.

Das vorpaulinische Zitat läßt sich deutlich aus dem Kontext herausheben (s. E. Schweizer, Neotestamentica, 1963, 180–189; Kramer, a.a.O., 105–108; H. Zimmermann, Neutestamenltiche Methodenlehre, [7]1982, 195–203 [Lit.]; E. Linnemann, Tradition und Interpretation in Röm. 1, 3 f., EvTh 31 [1971] 264–275). Die mit περί eingeführte Überlieferung ist im Partizipialstil gehalten, läßt vor allen Substantiven den Artikel fort und ist in zwei Zeilen gegliedert: τοῦ γενομένου / τοῦ ὁρισθέντος. γίνεσθαι ἐκ steht bei Paulus nur noch Gal. 4, 4; von der Davidssohnschaft ist im Corpus Paulinum sonst außer 2. Tim. 2, 8 nicht die Rede. Der Gegensatz κατὰ σάρκα – κατὰ πνεῦμα wird bei Paulus nur hier zur Bezeichnung der irdischen und der himmlischen Sphäre verwendet, doch vgl. 1. Petr. 3, 18; 4, 6; 1. Tim. 3, 16. πνεῦμα ἁγιωσύνης ist singulär bei Paulus und deutlich als Hebraismus zu erkennen (wörtlich: Geist der Heiligkeit = heiliger Geist). ἐξ ἀναστάσεως νεκρῶν wird in den paulinischen Briefen nur an dieser Stelle von der Auferstehung Jesu gesagt. Paulinisch könnte jedoch ἐν δυνάμει sein, da der Apostel häufig den Begriff δύναμις verwendet. Dann würde Paulus betonen, daß Jesus immer schon Gottessohn war, seit der Auferstehung aber Gottessohn in δύναμις ist, d. h. als der Erhöhte herrscht.

Aus Form und Inhalt der Wendung geht hervor, daß es sich um eine judenchristliche Formulierung handelt. Der irdische Jesus war Davidssohn; seine Davidssohnschaft aber wird überhöht durch die Gottessohnschaft, zu der der Auferstandene eingesetzt ist (Ps. 2, 7). Mit der hellenistischen Gemeinde jedoch sagt Paulus, nicht erst der Auferstandene, sondern bereits der irdische Jesus (Röm. 8, 32) und der präexistente Christus (Gal. 4, 4) sei Gottes Sohn. Daher interpretiert er die Überlieferung, indem er voranstellt: περὶ τοῦ υἱοῦ αὐτοῦ und am Ende anfügt: Ἰησοῦ Χριστοῦ τοῦ κυρίου ἡμῶν. Am Anfang und am Schluß der judenchristlichen Formulierung stehen nun die beiden für die hellenistische Christenheit wichtigsten christologischen Hoheitstitel, Sohn und Herr, denen durch ihre Stellung besondere Betonung verliehen ist.

G. SCHILLE, Frühchristliche Hymnen, 1962 = ²1965 – R. DEICHGRÄBER, Gotteshymnus und Christushymnus in der frühen Christenheit, 1967 – J. T. SANDERS, The New Testament Christological Hymns, 1971.

a. Die erste Christenheit hat in *Liedern* Christus als den Herrn gepriesen (Kol. 3, 16; Eph. 5, 19) und christliche Psalmen gesungen (1. Kor. 14, 26). Solche Lieder werden ganz oder teilweise in den Briefen des NT zitiert. In der Apk. hat der Verf. nach dem Vorbild urchristlichen Singens seinerseits Hymnen formuliert, um den Lobpreis der Erlösten über die σωτηρία zu beschreiben. Wie das Bekenntnis bezieht sich das Lied auf das Christusereignis, spricht von ihm jedoch nicht in der knappen Fassung der Glaubensformel, sondern redet in ausführlicheren Wendungen von dem Geschehen, das auch als dramatischer Vorgang geschildert werden kann. Die Lieder sind meist strophisch gegliedert und in der gehobenen Rede hymnischer Prosa – nicht jedoch im Rhythmus strengen Versmaßes – gehalten.
b. Ein hervorragendes Beispiel für einen *urchristlichen Christushymnus* bietet Phil. 2, 6–11.

Der vorpaulinische Charakter des Liedes, dessen Einsatz mit ὅς in V. 6 deutlich erkennbar ist, wird durch seine Terminologie klar erwiesen (s. E. LOHMEYER, Kyrios Jesus, 1927; E. KÄSEMANN, Kritische Analyse von Phil. 2, 5–11 [1950], in: Exegetische Versuche und Besinnungen I, ⁶1970, 51–95; G. BORNKAMM, Zum Verständnis des Christushymnus Phil. 2, 6–11. Ges. Aufsätze II, ³1970, 177–187; DEICHGRÄBER, a.a.O., 118–133; R. P. MARTIN, Carmen Christi, 1967): μορφή und die Wendungen ἁρπαγμὸν ἡγεῖσθαι, ἴσα θεῷ εἶναι stehen sonst nicht bei Paulus. κενοῦν wird gelegentlich von Paulus verwendet, jedoch stets malo sensu, aktivisch nur noch 1. Kor. 9, 15; an unserer Stelle wird κενοῦν aber in einer positiven Aussage gebraucht. σχῆμα findet sich nur noch 1. Kor. 7, 31; ohne Parallelen ist δοῦλος zur Bezeichnung des Mensch-Seins; ταπεινοῦν ist auch 2. Kor. 11, 7; 12, 21 gebraucht, dort aber vom Verhältnis des Apostels zur Gemeinde (s. auch Phil. 4, 12). ὑπερυψοῦν kommt sonst bei Paulus nicht vor; χαρίζεσθαι heißt sonst bei Paulus »vergeben« (Röm. 8, 32 u. ö.); singulär ist auch τὸ ὄνομα ὑπὲρ πᾶν ὄνομα, sonst: ὄνομα τοῦ κυρίου bzw. Ἰησοῦ Χριστοῦ o. ä. (1. Kor. 1, 2. 10; 5, 4; 6, 11 u. ö.).

Das Lied ist in zwei Strophen gegliedert. V. 6–8 handeln von der Erniedrigung des präexistenten Christus, der Knechtsgestalt annahm und gehorsam war bis zum Tode. V. 9–11 ist von der Erhöhung Christi die Rede, dem Gott den Namen über alle Namen gab, so daß der ganze Kosmos ausruft: »Herr ist Jesus Christus.« In das Schema von Erniedrigung und Erhöhung aber hat Paulus durch den betonten Zusatz θανάτου δὲ σταυροῦ (V. 8 Ende) seine Theologie des Kreuzes eingefügt. Das Zitat des urchristlichen Liedes wird angeführt, um der Gemeinde zu zeigen, was es heißt, φρονεῖν ἐν Χριστῷ, im Herrschaftsbereich des Kyrios zu leben (V. 5).
c. Wie bei den Bekenntnissen so ist auch bei den Liedern der ersten Christenheit eine reiche *Vielfalt der Aussagen* zu beobachten. Kol. 1, 15–20 wird ein Hymnus zitiert, der die universale Herrschaft Christi besingt.

In diesen Versen steht eine stattliche Reihe von Begriffen, die sich im Kol. bzw. im ganzen Corpus Paulinum sonst überhaupt nicht oder aber in anderer Bedeutung finden (s. KÄSEMANN, a.a.O. I, 34–51; E. LOHSE, Die Briefe an die Kolosser und an Philemon, 1968, z. St. [Lit.]): εἰκὼν τοῦ θεοῦ dient als christologisches Prädikat nur noch in dem formelhaften Satz 2. Kor. 4, 4: ὅς ἐστιν εἰκὼν τοῦ θεοῦ; 1. Kor. 11, 7 wird vom Mann gesagt, er sei εἰκὼν καὶ δόξα θεοῦ. ὁρατός wird im NT nur an dieser Stelle, ἀόρατος selten (Röm. 1, 20; 1. Tim. 1, 17; Hebr. 11, 27), niemals aber im Gegensatz zu ὁρατός gebraucht. Von θρόνοι ist in den paulinischen Briefen sonst nirgendwo gesprochen, von κυριότης lediglich noch Eph.

1, 21. Das Intransitivum συνεστηκέναι wird sonst von Paulus nicht verwendet. In christologischem Zusammenhang sagt Paulus ἀπαρχή (1. Kor. 15, 20), niemals ἀρχή. πρωτεύειν und εἰρηνοποιεῖν sind Hapaxlegomena im NT, κατοικεῖν kehrt im Corpus Paulinum nur noch in dem auf den Hymnus bezogenen Vers Kol. 2, 9 und Eph. 3, 17 wieder, ἀποκαταλλάσσειν nur noch Eph. 2, 16. Das Blut Christi erwähnt Paulus nur im Anschluß an überlieferte urchristliche Wendungen, die vom stellvertretenden Tod Christi handeln (Röm. 3, 25; 5, 9; 1. Kor. 10, 16; 11, 25. 27; vgl. auch Eph. 1, 7; 2, 13); die Verbindung αἷμα τοῦ σταυροῦ αὐτοῦ aber ist ohne Parallele.

Sprache und Stil weisen somit den Abschnitt als hymnischen Text aus, der aus der Überlieferung übernommen wurde. In feierlicher Einleitung wird zum Lobpreis aufgefordert (V. 12–14); die Verse 15–20 sind in zwei Strophen gegliedert, die jeweils mit ὅς ἐστιν einsetzen (V. 15. 18b). Der Relativsatz führt in beiden Strophen eine christologische Hoheitsaussage ein, der jedesmal ein begründendes ὅτι folgt. V. 17 und 18a sind jeweils durch καὶ αὐτός angefügt, V. 20 durch καὶ δι' αὐτοῦ.
Der Hymnus preist Christus als den Herrn der Schöpfung und Versöhnung. Der Verf. des Kol. hat jedoch das Lied nicht unverändert übernommen, sondern es im Sinn paulinischer Theologie interpretiert. Am Ende der ersten Strophe ist der Ausdruck κεφαλὴ τοῦ σώματος ursprünglich kosmologisch verstanden; σῶμα meint den weltumspannenden Kosmos, dessen Haupt Christus ist. Durch den Zusatz τῆς ἐκκλησίας wird jedoch der Aussage ekklesiologische Bedeutung verliehen: Christus ist der Herr über den Kosmos, seine weltweite Herrschaft aber übt er gegenwärtig in der Kirche aus. V. 20 ist in seiner vorliegenden Fassung überladen: Er hat Frieden gestiftet διὰ τοῦ αἵματος τοῦ σταυροῦ αὐτοῦ δι' αὐτοῦ. Dabei geben sich die Worte διὰ τοῦ αἵματος τοῦ σταυροῦ αὐτοῦ als ein Eintrag zu erkennen, durch den der Verfasser des Briefes im Sinn paulinischer Kreuzestheologie auf Christi Kreuz als den Ort hinweist, an dem die kosmische Versöhnung begründet wurde. Im anschließenden Kontext wechselt der Stil von der Aussage (V. 15–20) zur Anrede (V. 21–23), um der Gemeinde das Wort von der Versöhnung zuzusprechen.
Als weiteres Beispiel für einen urchristlichen Hymnus sei 1. Tim. 3, 16 genannt.

An Form, Sprachgebrauch und Inhalt des Verses ist seine hymnische Prägung deutlich zu erkennen (s. E. SCHWEIZER, Erniedrigung und Erhöhung bei Jesus und seinen Nachfolgern, ²1962, 104–108; ZIMMERMANN, a.a.O., 213–214 [Lit.]; DEICHGRÄBER, a.a.O., 133–137; W. METZGER, Der Christushymnus in 1. Tim. 3, 16, Arbeiten zur Theologie 62, 1979: Die Sätze, in denen semitischem Stil entsprechend das Verbum voransteht, sind gleichförmig gebaut; dreimal werden irdische und himmlische Sphäre einander gegenübergestellt. Dabei bezeichnen σάρξ und πνεῦμα wie Röm. 1, 3 f.; 1. Petr. 3, 18; 4, 6 den irdischen bzw. himmlischen Bereich. Zu ὤφθη ist 1. Kor. 15, 5 zu vergleichen; δικαιοῦσθαι meint die Aufnahme in die himmlische Welt (vgl. Joh. 16, 8).

Die vorangestellte Einleitung weist auf das ihr folgende Zitat hin: καὶ ὁμολογουμένως μέγα ἐστὶν τὸ τῆς εὐσεβείας μυστήριον. Das Zitat selbst setzt mit ὅς ein, die Lesart θεός ist sekundär (ΟΣ wurde zu ΘΣ). Die Zeilen sind nicht chronologisch, sondern sachlich einander zugeordnet. Der Hymnus entfaltet, was die Offenbarung des Präexistenten im Fleisch bedeutet, um Christus als Offenbarer und Erlöser zu preisen.
Die Schriften des NT bieten außer den genannten weitere Beispiele urchristlicher Lieder: Eph. 1, 3–14; 5, 14; 1. Petr. 2, 22–24 (25); Hebr. 5, 7–10 u. ä. Die Christushymnen, die bei mancher Gelegenheit gesungen werden konnten, hatten ihren Sitz im Leben primär im Gottesdienst der Gemeinde, in dem »Christo quasi deo« Lieder angestimmt wurden (Plinius d. J., Ep. X 96, 7).

E. Käsemann, Liturgie im NT, RGG³ IV, 402–404 – G. Bornkamm, Das Anathema in der urchristlichen Abendmahlsliturgie, in: Das Ende des Gesetzes, ⁵1966, 123–132 – J. Jeremias, Die Abendmahlsworte Jesu, ⁴1967 – F. Hahn, Der urchristliche Gottesdienst, 1970.

a. Der *Gottesdienst,* in dem Predigt, Bekenntnis und Lied ihren festen Ort hatten, ist zunächst in freien, unterschiedlich gestalteten Formen gehalten worden. In judenchristlichen Kreisen wirkte synagogale Überlieferung weiter, wie an der Übernahme bestimmter liturgischer Wendungen zu erkennen ist: Amen (1. Kor. 14, 16), Halleluja (Apk. 19, 1.3.6) sowie fester Wendungen des Gebets (Vaterunser). In heidenchristlichen Gemeinden waren freiere Formen üblich, wie das Beispiel der enthusiastischen Züge im Gottesdienst der korinthischen Gemeinde zeigt (1. Kor. 14). Aus dem 1. Kor. geht hervor, daß sich an die Verkündigung des Wortes vielfach das Herrenmahl anschloß. Das Schreiben des Apostels endet mit liturgischen Wendungen, die die Feier der Eucharistie einleiteten. Der heilige Kuß wird zum Zeichen der gegenseitigen Vergebung ausgetauscht, die Ungläubigen werden hinausgewiesen (Anathema), und mit »Maranatha« wird der Ruf um das Kommen des Herrn angestimmt (1. Kor. 16, 22; vgl. Apk. 22, 20).

b. Die Feier des *Herrenmahls* ist durch die Überlieferung vom letzten Mahl Jesu bestimmt, nach der die Gemeinde zu verfahren hat (1. Kor. 11, 23–25; Mk. 14, 22–24 Par.). Indem die im Namen Christi versammelte Gemeinde nach seinen Worten das zerbrochene Brot ißt und aus dem Kelch trinkt und dabei den Tod des Herrn feierlich proklamiert (1. Kor. 11, 26), erfährt sie das gegenwärtige Handeln Christi, der sich für alle in den Tod dahingegeben hat und die Seinen zur endzeitlichen Bundesgemeinde zusammenschließt. Paulus versteht die Abendmahlsüberlieferung nicht als eine heilige, unveränderliche Formel, sondern interpretiert die überkommenen Sätze, indem er seinerseits den Begriff σῶμα hervorhebt (1. Kor. 11, 24; 10, 16 f.). Die Feiernden, die den für sie dahingegebenen Leib Christi empfangen, sind als Glieder am Leib Christi füreinander verantwortlich. Während Paulus/Lk. die liturgische Fassung der Abendmahlsworte bezeugen, wie sie in den Gemeinden des paulinischen Missionsgebietes gebräuchlich war, bieten Mk./Mt. einen Text, in dem nicht die Begriffe σῶμα – διαθήκη, sondern σῶμα – αἷμα einander gegenüberstehen. Im stellvertretenden Tod Christi ist die eschatologische Heilsordnung begründet, in der Vergebung der Sünden zuteil wird.

Abendmahlsüberlieferung liegt auch 1. Kor. 10, 16 f. vor, wo Paulus einen traditionellen Satz unter Hervorhebung der ekklesiologischen Bedeutung des Begriffes σῶμα interpretiert. Liturgisch geprägte Wendungen sind Röm. 3, 24–26 aufgenommen.

Das vorpaulinische Zitat beginnt mit dem Relativeinsatz ὅς in V. 25 und hebt sich durch seine Terminologie aus dem Kontext heraus (s. E. Käsemann, Zum Verständnis von Röm. 3, 24–26 [1950/51], in: Exegetische Versuche und Besinnungen I, ⁶1970, 96–100; E. Lohse, Märtyrer und Gottesknecht, ²1963, 149–154; J. Reumann, The Gospel of the Righteousness of God, Interpretation 20 [1966] 432–452): ἱλαστήριον ist singulär bei Paulus; προτίθεσθαι steht auch Röm. 1, 13, dort aber in der Bedeutung »sich vornehmen«; das αἷμα Χριστοῦ wird nur in vorgegebenen Wendungen genannt (s. S. 23); πάρεσις (= ἄφεσις) ist Hapaxlegomenon bei Paulus; ἁμάρτημα kehrt nur 1. Kor. 6, 18 wieder, der Plural entspricht urchristlichem Sprachgebrauch; von der ἀνοχή Gottes redet Paulus nur noch Röm. 2, 4.

Die von Paulus aufgenommene Tradition spricht von der Gerechtigkeit Gottes als seiner Bundestreue, die er erwiesen hat, indem er Christus als Sühnopfer öffentlich aufstellte und die Sünden vergab, die in der Zeit seiner Geduld geschehen waren. Paulus interpretiert diesen Satz, indem er διὰ πίστεως betont zwischen ἱλαστήριον und ἐν τῷ αὐτοῦ αἵματι stellt und die vorgegebene Überlieferung in V. 26 b weiterführt: Im Glauben allein wird das Heil empfangen; denn im gegenwärtigen eschatologischen Kairos erweist Gott seine Gerechtigkeit darin, daß er den rechtfertigt, der ἐκ πίστεως Ἰησοῦ lebt. Da in der urchristlichen Wendung, die Paulus zitiert, das Thema der Sündenvergebung von besonderer Bedeutung ist, hat sie wahrscheinlich ihren Sitz im Leben im Abendmahl gehabt. Es könnte jedoch auch an die Taufe gedacht werden.

c. Auf *Taufe* und *Taufgottesdienst* weisen eine Reihe liturgischer Wendungen in den Briefen des NT hin, z. B. 1. Kor. 6, 11 ἀπελούσασθε – ἡγιάσθητε – ἐδικαιώθητε ἐν τῷ ὀνόματι τοῦ κυρίου Ἰησοῦ Χριστοῦ καὶ ἐν τῷ πνεύματι τοῦ θεοῦ ἡμῶν. Die Taufe wird auf den Namen des Kyrios vollzogen, der Täufling wird dem Herrn als Eigentum übergeben. Er wird getauft εἰς Χριστόν (Röm. 6, 3) und damit in das σῶμα Χριστοῦ eingefügt (1. Kor. 12, 13). Nach der ausführlicheren Formulierung von Mt. 28, 19 wird εἰς τὸ ὄνομα τοῦ πατρὸς καὶ τοῦ υἱοῦ καὶ τοῦ ἁγίου πνεύματος getauft. In der Tauffeier wird die Homologie gesprochen: κύριος Ἰησοῦς (Röm. 10, 9) und werden Christushymnen wie die von Phil. 2, 6–11; Kol. 1, 15–20 gesungen. Durch die Taufe wird die neue Schöpfung begründet, in der fortan der Glaubende ἐν Χριστῷ lebt (2. Kor. 5, 17).

d. Wie von frommen Juden wurde auch von den ersten Christen häufig das Lob Gottes angestimmt. *Doxologien* stehen bisweilen am Anfang von Briefen: εὐλογητὸς ὁ θεὸς καὶ πατὴρ τοῦ κυρίου ἡμῶν Ἰησοῦ Χριστοῦ (2. Kor. 1, 3; Eph. 1, 3); sie finden sich aber auch mitten im Text (Röm. 1, 25; 2. Kor. 11, 31 und Röm. 9, 5; dabei muß hinter Χριστὸς κατὰ σάρκα ein trennendes Kolon stehen; die Doxologie gilt also Gott). Neben den εὐλογητός-Wendungen wird häufig auch die mit δόξα verbundene Ausdrucksweise gebraucht: αὐτῷ ἡ δόξα εἰς τοὺς αἰῶνας (Röm. 11, 36; vgl. weiter Röm. 16, 27; Gal. 1, 5; Phil. 4, 20 u. ö.). In den ältesten Texten sind diese Sätze stets auf Gott bezogen, in jüngeren auch auf Christus, so z. B. 2. Tim. 4, 18: »Der Kyrios wird mich erlösen« – ᾧ ἡ δόξα εἰς τοὺς αἰῶνας τῶν αἰώνων, ἀμήν.

Eine hymnische Doxologie liegt Lk. 2, 14 vor.

Die älteste Fassung des Textes ist nicht drei-, sondern zweigliedrig (s. C.-H. Hunzinger, Neues Licht auf Lc. 2, 14, ZNW 44 [1952/53] 85–90; ders., Ein weiterer Beleg zu Lc. 2, 14 ἄνθρωποι εὐδοκίας, ZNW 49 [1958] 129 f.; E. Vogt, Peace among Men of God's Pleasure [1953], in: K. Stendahl, The Scrolls and the NT, 1957, 114–117; R. Deichgräber, Lc. 2, 14 ἄνθρωποι εὐδοκίας, ZNW 51 [1960] 132): δόξα ἐν ὑψίστοις θεῷ / καὶ ἐπὶ γῆς εἰρήνη ἐν ἀνθρώποις εὐδοκίας.

In dem kurzen Satz stehen einander die Begriffe gegenüber: δόξα / εἰρήνη – ἐν ὑψίστοις / ἐπὶ γῆς – θεῷ / ἐν ἀνθρώποις εὐδοκίας. Wo Gott in den Höhen Ehre und Lob zuerkannt werden, da kehrt der eschatologische Friede ein bei den Menschen seines Wohlgefallens, d. h. den Gliedern der eschatologischen Heilsgemeinde, die er sich erwählt hat (vgl. die in den Qumrantexten verschiedentlich gebrauchte Wendung »Söhne des [göttlichen] Wohlgefallens«, 1QH IV 33 f.; XI 9; 1QS VIII 6).

§ 8 Paränetische Überlieferung

M. Dibelius, Der Jakobusbrief, 1921 (Dibelius–Greeven, [11]1964) – K. Weidinger, Die Haustafeln, 1928 – A. Voegtle, Die Tugend- und Lasterkataloge im NT, 1936 – S. Wib-

BING, Die Tugend- und Lasterkataloge im NT, 1959 – E. KAMLAH, Die Form der katalogischen Paränese im NT, 1964 – M. DIBELIUS–H. CONZELMANN, Die Pastoralbriefe, ⁴1966, 41 f. – E. KÄSEMANN, Grundsätzliches zur Interpretation von Römer 13, in: Exegetische Versuche und Besinnungen II, ⁶1970, 204–222 – E. LOHSE, Katechismus im Urchristentum, RGG³ III, 1179 – DERS., Die Briefe an die Kolosser und an Philemon, 1968, 220–223 – DERS., Theologische Ethik des NT, 1988 – H. ZIMMERMANN, Neutestamentliche Methodenlehre, ⁷1982, 165–169.

Paränese, d. h. Ermahnung zu rechtem Wandel, ist in aller Welt in starkem Umfang von Tradition bestimmt. So knüpft auch die erste Christenheit an überkommenes Gut an, insbesondere an atlich-jüdische Spruchweisheit und sittliche Belehrung der hellenistischen Popularphilosophie. Aus dem reichen Schatz der Erfahrung wird übernommen, was für die Unterweisung der Gemeinde als brauchbar erscheint nach dem Grundsatz: ὅσα ἐστὶν ἀληθῆ, ὅσα σεμνά, ὅσα δίκαια, ὅσα ἁγνά, ὅσα προσφιλῆ, ὅσα εὔφημα, εἴ τις ἀρετὴ καὶ εἴ τις ἔπαινος, ταῦτα λογίζεσθε (Phil. 4, 8).

a. Sog. *Tugend- und Lasterkataloge* finden sich häufig in ermahnenden Teilen der ntlichen Briefe. Taten, die zu meiden, und Aufgaben, die zu erfüllen sind, bzw. Listen von Menschen, die Böses getan haben, und Aufzählungen von Leuten, die sich recht verhalten, werden einander gegenübergestellt. Solche Reihen sind nicht ad hoc gebildet, sondern aus paränetischer Tradition aufgenommen worden. Ähnliche Kataloge waren in der kynisch-stoischen Popularphilosophie verbreitet und hatten von dort auch in die hellenistische Synagoge Eingang gefunden. Auf der anderen Seite aber kennt auch das palästinische Judentum katalogartige Reihen, die rechtes und falsches Handeln vorführen, so z. B. in der Gemeinderegel von Qumran 1 QS IV, 2–14. Die ntlichen Kataloge fußen auf dieser breiten Überlieferung: die Lasterkataloge Röm. 1, 29–31; 13, 13; 1. Kor. 5, 10 f.; 6, 9 f.; 2. Kor. 12, 20 f.; Gal. 5, 19–21; Eph. 4, 31; 5, 3–5; Kol. 3, 5. 8; 1. Tim. 1, 9 f.; 2. Tim. 3, 2–4 und die Tugendkataloge Gal. 5, 22 f.; Phil. 4, 8; Eph. 4, 2; Kol. 3, 12; 1. Tim. 4, 12; 6, 11; 2. Tim. 2, 22; 3, 10; 1. Petr. 3, 8; 2. Petr. 1, 5–7. Die aufgezählten Tugenden oder Laster bieten also keinen Bericht über die Situation der jeweiligen Gemeinde, sondern die übernommene Tradition soll katechismusartig über das belehren, was zu tun und zu meiden ist. Zur Aktualisierung der Überlieferung wird oft der eine oder andere Begriff aus dem Katalog besonders hervorgehoben. So ist z. B. Röm. 1, 29 ἀδικία betont an den Anfang gerückt in bezug auf 1, 18: Über jede ἀσέβεια und ἀδικία ergeht Gottes Gericht. 1. Kor. 6, 9 steht πόρνοι am Anfang, weil Paulus sich gegen πορνεία in der Gemeinde wendet. Und Gal. 5, 22 wird die Frucht des Geistes den Werken des Fleisches (Gal. 5, 19) gegenübergestellt unter Betonung der ἀγάπη, die die Erfüllung des Gesetzes ist (Gal. 5, 13–15).

b. In den sog. *Haustafeln* bieten die ntlichen Briefe Aufzählungen, in denen nacheinander die einzelnen Stände der Gemeinde angeredet werden: Frauen/Männer, Kinder/Väter, Sklaven/Herren. Jedem wird gesagt, was er an seinem Platz zu tun hat: Kol. 3, 18–4, 1; Eph. 5, 22–6, 9; 1. Tim. 2, 8–15; Tit. 2, 1–10; 1. Petr. 2, 13–3, 12. Die hellenistische Popularphilosophie bot Belehrungen für Menschen in verschiedenen Lebenslagen, denen ihre jeweiligen Pflichten vorgehalten wurden. Solche Unterweisung ist auch in der hellenistischen Synagoge in der Form erteilt worden, daß sittliches Verhalten als Leben nach dem Gesetz beschrieben wurde. Die christlichen Gemeinden knüpften daran an, entfalteten nun aber die Mahnungen als Weisungen, die ἐν κυρίῳ gelten. Damit war zugleich ein kritischer Maßstab gewonnen, nach dem darüber befunden wurde, welche Traditionen übernommen werden konnten bzw. wie sie zu verändern waren. Durch Darlegung paränetischen Gutes sollte veranschaulicht werden, wie der Gehorsam gegen den Kyrios im Alltag auszusehen hatte.

c. Das rechte *Verhalten in der Welt* wird in der Paränese dargestellt. Weisheitliche Traditionen, die zu Spruchreihen zusammengestellt wurden, geben reichen Erfahrungsschatz weiter. Solches Spruchgut, vermehrt um Sätze aus der Popularphilosophie und der christlichen Logientradition, die mancherlei Parallelen in der Bergpredigt hat, ist im Jak. zu katechismusartiger Ordnung zusammengefügt (s. S. 128 bis 130). Das Verhalten des Christen in der Welt mußte sich vor allem auch gegenüber den staatlichen Behörden bewähren. Davon wird 1. Petr. 2, 13–17 am Anfang einer Haustafel, Röm. 13, 1–7 in einem selbständigen Stück gesprochen (vgl. ferner Tit. 3, 1). Röm. 13 enthält keine spezifisch christliche Weisung, weder Christus noch die Liebe wird erwähnt; sondern es wird ausgeführt, was als Pflicht für jedermann gilt, der als verantwortlicher Bürger seinem Gewissen folgt und sich so verhält, daß sein Handeln öffentliche Billigung findet. Es handelt sich also um eine vorchristliche Tradition, die in die Unterweisung der Gemeinde übernommen wurde. Erst durch den weiteren Kontext erfährt diese Überlieferung ihre christliche Einordnung. Denn die gesamte Paränese des Römerbriefs steht unter der Überschrift, daß es gilt, den christlichen Gottesdienst mitten im Alltag der Welt zu vollziehen (Röm. 12, 1–2).

d. Die *Pflichtenkataloge* in den Pastoralbriefen geben an, was ein Amtsträger zu leisten hat bzw. welche Bedingungen er erfüllen muß (1. Tim. 3, 1–7; Tit. 1, 7–9: Bischöfe; 1. Tim. 5, 17–19; Tit. 1, 5 f.: Presbyter; 1. Tim. 3, 8–13: Diakone; 1. Tim. 5, 3–16: Witwen). Diese Kataloge fußen weithin auf Tradition. In ähnlichen Schemata wurden in der hellenistischen Umwelt die Eigenschaften und Aufgaben aufgezählt, die bei einem στρατηγός oder dem Inhaber eines hohen politischen oder militärischen Amtes vorhanden sein müssen. Dieses Schema ist dann in die Kirchenordnung übernommen und so modifiziert worden, daß es etwa die Anforderungen aufführte, die an die Amtsträger in den Gemeinden zu stellen waren.

e. Festere *Zusammenhänge* paränetischer Überlieferungen sind schon früh gebildet worden. Man faßte zusammen, was für Unterweisung und Belehrung der Gemeinde benutzt werden konnte. Paulus schreibt 1. Kor. 4, 17, er schicke Timotheus nach Korinth, ὅς ὑμᾶς ἀναμνήσει τὰς ὁδούς μου τὰς ἐν Χριστῷ. Die Wege zeigen, wie man wandeln soll (vgl. den jüdischen Begriff der Halaka, d. h. der Weisung über den rechten Weg nach dem Gesetz). Hebr. 6, 1 f. werden geradezu die Hauptstücke eines urchristlichen Katechismus aufgezählt, wie er in der Taufunterweisung verwendet worden ist. Er umfaßt folgende Stücke: Umkehr von toten Werken, Glaube an Gott, Lehre von Taufen, Handauflegung, Auferstehung der Toten und ewigem Gericht. In dieser Aufzählung wird sichtbar, wie man sich an das Vorbild der hellenistisch-jüdischen Heidenmission anschloß. Größere lehrhafte Zusammenhänge sind dann in den sog. Zwei-Wege-Katechismen ausgebildet worden (Barnabasbrief 18–20; Didache 1–6). Im NT liegen so umfangreiche Stücke noch nicht vor; doch wird in der Paränese vielfach auf Zusammenhänge sittlicher Belehrung, wie sie überall in den Gemeinden erteilt wurde, Bezug genommen, so 1. Thess. 4, 1–12; 5, 13—22 oder Röm. 12–13. In diesen Abschnitten werden nicht Weisungen erteilt, die durch bestimmte Vorfälle oder Anfragen der Gemeinde ausgelöst sind, sondern es wird traditionelles Gut entfaltet, um der Gemeinde zu zeigen, was ständig gilt und wie sie sich zu verhalten hat.

II. Die Abfassung der urchristlichen Briefe

§ 9 Brief und Epistel

A. DEISSMANN, Licht vom Osten, ⁴1923 – O. ROLLER, Das Formular der paulinischen Briefe, 1933 – W. DOTY, Letters in Primitive Christianity, 1973 – K. BERGER, Apostelbrief und apostolische Rede. Zum Formular frühchristlicher Briefe, ZNW 65 (1974) 190–231.

a. Der *Brief* dient dazu, bei räumlicher Trennung Verbindung und Gedankenaustausch zwischen Absender und Empfänger zu pflegen. Er entsteht jeweils aus einer bestimmten Situation und spricht in eine bestimmte Lage der Adressaten hinein. Anders verhält es sich bei einem Schriftstück, in dem die Briefform lediglich den Rahmen für eine literarische Ausführung bietet. Es ist nicht an bestimmte Empfänger gerichtet, sondern will einen Traktat einem weiteren Leserkreis nahebringen, wie z. B. die philosophischen Briefe des Cicero und des Seneca. Zur Unterscheidung vom eigentlichen Brief hat man diese Kunstform als *Epistel* bezeichnet (DEISSMANN). Zwar ist dieser Begriff nicht ganz treffend, da das Wort Epistel ja nichts anderes als Brief bedeutet; aber diese Terminologie ist dennoch weithin gebräuchlich.

Sind die ntlichen Briefe eigentliche Briefe oder Episteln, die theologische Traktate darbieten? Der Apostel Paulus nimmt in seinen Schreiben auf konkrete Gemeindeverhältnisse Bezug; so kann kein Zweifel darüber bestehen, daß es sich um wirkliche Briefe handelt. Durch ihren Inhalt ist freilich die Form des Briefes überdehnt; Bekenntnisse, Lieder, predigtartige Ausführungen, Schriftauslegung, Paränese und theologische Abhandlungen haben darin Platz. Dennoch dient der gesamte Inhalt der Briefe der unmittelbaren Belehrung der Gemeinde, für die sich der Apostel auch der Mittel antiker Rhetorik bedient (s. H. D. BETZ, The Literary Composition of Paul's Letter to the Galatians, NTS 11 [1974/75] 353–379). Ob sich unter den Deuteropaulinen und den übrigen Briefen des NT sog. Episteln finden, ist von Fall zu Fall zu prüfen. Der Jak. kommt einem Traktat recht nah; auch zum Eph., 1. Joh. und Hebr. ist zu erwägen, ob sie mehr einem Brief oder einer Epistel entsprechen. Da die authentischen Paulusbriefe aber aus einer bestimmten Lage des Apostels in eine bestimmte Lage der Gemeinde hineinsprechen, steht außer Zweifel, daß sie wirkliche Briefe sind.

b. Die *Abfassung eines Briefes* ist nicht mit der von modernen Briefen zu vergleichen. Antike Briefe waren durchweg sehr kurz gehalten; 250 Wörter und weniger standen darin, so daß das ganze Schreiben auf ein einziges Blatt aufgetragen werden konnte. Der Brief, den nach Apg. 23, 26–30 der römische Offizier Claudius Lysias an den Statthalter Felix schreibt, umfaßt nur 5 Verse. Dieser Umfang entspricht der normalen Länge eines griechischen Privatbriefes, dessen kurze Mitteilungen mit der Angabe der Namen von Absender und Empfänger sowie dem Gruß χαίρειν begonnen und mit dem Wunsch ἔρρωσο = »sei stark«, d. h. gesund, abgeschlossen wurden. Auch im Orient schrieb man durchweg kurze Briefe und leitete sie mit einem in zwei Teile zerfallenden Formular ein. Zunächst wurden der Name des Absenders und der des Empfängers angegeben. Dann folgte der Gruß in Form der Anrede: »Friede sei mit euch!« (Dan. 3, 31) Briefe wurden meist eigenhändig geschrieben, zumal Schreiber teuer bezahlt werden mußten. Ein Papyrusblatt diente als Schreibmaterial, als Tinte eine dickflüssige Tusche. Die Buchstaben wurden mit einer Rohrfeder in scriptio continua aufgetragen. Nach der Niederschrift wurde das Blatt zusammengerollt, verschnürt und versiegelt. Auf der Außenseite des Blattes wurde die Anschrift des Empfängers notiert; dann wurde der Brief einem Boten übergeben.

Wenn ein Brief wörtlich diktiert wurde, so dauerte die Abfassung entsprechend lange. Umfangreiche Schreiben wie der Röm. oder die Korintherbriefe konnten unmöglich an einem Tag diktiert werden. Neben dem wörtlichen Diktat kannte man in der Antike jedoch noch ein anderes Verfahren. Ein Schreiber notierte auf einer Wachstafel Stichworte, nach denen er dann den Brief aufsetzte. Der Schluß des Briefes wurde stets vom Absender eigenhändig aufgezeichnet, damit die Empfänger zweifelsfrei erkennen konnten, wer der Verfasser des Briefes war.

Wie hat Paulus seine Briefe abgefaßt? Röm. 16, 22 gibt der Schreiber des Briefes, Tertius, seinen Namen an, um die Gemeinde zu grüßen. Die großen Gemeindebriefe sind also von Paulus einem Schreiber diktiert worden, während er einen kurzen Brief wie den Phm. vermutlich eigenhändig geschrieben hat. Aber wie hat Paulus diktiert – wörtlich oder in Stichworten, die dann ein Helfer in fortlaufenden Text umsetzte? ROLLER hat mit Nachdruck die These vertreten, Paulus habe ein Sekretär zur Seite gestanden, der auf Grund von Stichworten die Ausarbeitung der Briefe vorgenommen habe. Zur Begründung weist ROLLER darauf hin, daß am Anfang der paulinischen Briefe sog. Mitabsender genannt werden, die Angabe von Mitabsendern aber in der antiken Briefliteratur nur selten vorkommt. Daraus folgert ROLLER, daß die genannten Mitarbeiter des Apostels an der Abfassung der Briefe beteiligt waren. Ein weiteres Argument fügt er hinzu: 5 der paulinischen Briefe sind im Gefängnis entstanden (Phil., Phm., Kol., Eph., 2. Tim.). Bei den katastrophalen Verhältnissen, wie sie in antiken Gefängnissen herrschten, habe Paulus unmöglich eigenhändig einen Brief schreiben, sondern nur einem Helfer Stichworte angeben können, nach denen dieser dann die Ausführung des Briefes übernahm. Meist habe Timotheus als Sekretär zur Verfügung gestanden, bei den Pastoralbriefen aber müsse es ein anderer gewesen sein, so daß sich von daher die sprachlichen und stilistischen Unterschiede zu den übrigen Paulusbriefen erklärten. Wie ist diese Sekretärshypothese zu beurteilen?

Da bei Kol., Eph. und 2. Tim. die paulinische Verfasserschaft strittig ist, wird man die Hinweise auf die Gefängnissituation nicht mit Sicherheit als historische Daten werten können. Ein kurzes Schreiben wie den Phm. kann Paulus auch in der Gefangenschaft eigenhändig abgefaßt haben. Zu prüfen bleibt daher der Phil., der im Gefängnis entstanden ist und am Anfang die Namen von Paulus und Timotheus anführt (1, 1). Der Inhalt des Briefes zeigt jedoch eindeutig, daß Timotheus nicht an seiner Gestaltung beteiligt war. Denn 2, 19–24 wird Timotheus mit so hohen Worten als zuverlässiger Helfer des Apostels der Gemeinde empfohlen, daß man solches Selbstlob Timotheus sicherlich nicht zuschreiben darf. Wenn sich aber an dieser Stelle zeigt, daß Timotheus an der inhaltlichen Gestaltung des Briefes nicht beteiligt war, dann folgt daraus auch für die anderen Briefe, daß für ihren Inhalt allein Paulus selbst verantwortlich ist. Er hat also die Briefe wörtlich diktiert, und ein Schreiber hat sie Satz für Satz niedergeschrieben (Röm. 16, 22). Die letzten Zeilen hat der Apostel selbst aufgezeichnet (Gal. 6, 11; 1. Kor. 16, 21). Ein Bote

hat dann den Brief der Gemeinde überbracht (Röm. 16, 1), damit er in der gottesdienstlichen Versammlung verlesen wurde.

§ 10 Authentizität und Pseudonymität

J. A. SINT, Pseudonymität im Altertum, 1960 – H. R. BALZ, Anonymität und Pseudepigraphie im Urchristentum, ZThK 66 (1969) 403–436 – W. SPEYER, Die literarische
Fälschung im heidnischen und christlichen Altertum, 1971 – N. BROX, Pseudepigraphie in
der heidnischen und jüdisch-christlichen Antike, 1977 – K. ALAND, Falsche Verfasser-
angaben? Zur Pseudonymität im frühchristlichen Schrifttum, Theol. Revue 75 (1979) 1–10 -
DERS., Noch einmal: Das Problem der Anonymität und Pseudonymität in der christlichen
Literatur der ersten beiden Jahrhunderte, in: Pietas, Festschrift für B. KÖTTING, 1980,
129–139.

a. Nur von wenigen ntlichen Schriften ist der *Name ihres Verfassers* eindeutig bekannt. Paulus stellt an den Anfang seiner Briefe mit betontem Nachdruck seinen
Namen, den er mit dem Anspruch verbindet, beauftragter Apostel des erhöhten
Herrn zu sein. Mit seinem Namen tritt er für die Wahrheit des von ihm verkündig-
ten Evangeliums ein. Wer seinen Auftrag in Zweifel zieht, greift zugleich die von
ihm gepredigte Botschaft an (Gal.). Auch der Verfasser der Apk. nennt seinen
Namen Johannes (Apk. 1, 1. 4. 9; 22, 8) (s. S. 138).

b. Neben den paulinischen Briefen und der Apk., die den Namen der Verfasser
eindeutig angeben, gibt es eine Reihe von Schriften, die *keinen Namen eines Verfassers* anführen und auch keinerlei Hinweis enthalten, aus dem auf den Autor geschlossen werden könnte, so Hebr. und 1. Joh., die traktatähnliche Ausführungen
enthalten, die synoptischen Evangelien und das Joh.-Ev. Die spätere Überlieferung
hat dagegen den Versuch unternommen, diese Schriften einem bestimmten Autor
zuzuweisen. Da als Norm der allgemeinen kirchlichen Anerkennung die apostolische Abfassung galt (s. S. 15), suchte man Namen von Aposteln oder wenigstens
von Apostelschülern anzuführen. So wurden die anonymen Schriften nachträglich
zu pseudonymen Werken gemacht – ein Vorgang, zu dem sich in der Antike zahlreiche Parallelen finden. In der griechisch-römischen Welt wurden medizinische
Texte durchweg auf Hippokrates, anonyme Reden auf Demosthenes und philoso-
phische Spekulationen geheimnisvollen Inhalts auf Pythagoras zurückgeführt. Die
atlich-jüdische Tradition schrieb weisheitliche Überlieferung dem König Salomo zu,
der als der Weise schlechthin galt, und sah als Dichter der Psalmen den König
David an.

c. Die urchristliche wie die antike Literatur kennt auch mancherlei Schriften, für
die von Anfang an ein *pseudonymer Verfassername* genannt wird. Berühmt ist das
Beispiel der pseudoplatonischen Briefe, die im Namen des hochangesehenen Philosophen ausgegeben wurden. Im Judentum wurden für die gesamte apokalyptische
Literatur Fromme des alten Bundes als Autoren angeführt, um auf diese Weise dem
Schrifttum Anerkennung zu verschaffen. Es überrascht daher nicht, daß auch in der
frühen Christenheit pseudonyme Schriften auftauchen. So ist z. B. der 2. Petr.
zweifellos literarisch vom Jud. abhängig (s. S. 135 f.). Der Autor des 2. Petr. verbirgt seinen eigenen Namen hinter dem eines anderen, der im Kreis der Leser, an
die er sich wenden möchte, unumstrittene Anerkennung genießt. Dieses Ansehen
erkannte die alte Kirche den Aposteln und ihrer Lehre zu. Wer eine Schrift verfaßte, für die er bzw. der Kreis, der hinter ihm stand, allgemeine kirchliche Anerkennung gewinnen wollte, mußte sich daher nicht nur dem Inhalt nach an dieser

Norm ausrichten, sondern er stellte auch den Namen eines Apostels an den Anfang der Schrift. Dabei wirkten die authentischen Paulusbriefe als bestimmendes Vorbild. Das paulinische Briefformular wurde nicht nur in den Deuteropaulinen, sondern auch in anderen Dokumenten wie dem 1. Petr. oder der Apk. (1, 4–8) aufgenommen. Der Name des Apostels Paulus wurde den Deuteropaulinen vorangestellt.

Unter Berufung auf den Apostel suchte man die Auseinandersetzung mit der Häresie zu vollziehen und die Ordnung der Gemeinden zu festigen. Das als verbindlich verstandene Wort des Apostels sollte auf diese Weise in die veränderte Situation hineingesprochen werden, in der sich die Gemeinden der 2. und 3. Generation befanden. Wo man an der apostolischen Tradition festhalten wollte, mußte man sich bemühen, den neuen Aufgaben, die sich stellten, unter Berufung auf den Apostel zu begegnen. Die Entstehung pseudonymer Schriften wird daher nicht sachgemäß erfaßt, wenn man sie als Fälschungen bezeichnet und damit von vornherein negativ beurteilt. Es müssen vielmehr die Bedingungen ins Auge gefaßt werden, die zur Entstehung pseudonymer Literatur führten. D. h. die Deuteropaulinen und andere pseudonyme Schriften im NT sind an der Sachfrage zu messen: ob es gelungen ist, das urchristliche Kerygma festzuhalten und zugleich neu auszusagen.

§ 11 Die Chronologie des Urchristentums

A. Deissmann, Paulus, 1925, 203–235 – J. Finegan, Handbook ob Biblical Chronology, 1964 – A. Suhl, Paulus und seine Briefe – Ein Beitrag zur paulinischen Chronologie, 1975 – R. Jewett, Paulus-Chronologie. Ein Versuch, 1982 – M. Hyldahl, Die paulinische Chronologie, 1986.

a. Um die Entstehung der ntlichen Schriften, insbesondere der paulinischen Briefe datieren zu können, muß grundsätzlich zwischen *absoluter und relativer Chronologie* unterschieden werden. Keine ntliche Schrift ist mit genauer Angabe eines Datums versehen. Wohl aber wird im Lk.-Ev. und in der Apg. auf Ereignisse der allgemeinen Geschichte Bezug genommen und werden in den paulinischen Briefen bestimmte Zeitabschnitte aus dem Lebensgang des Apostels genannt. Erst drei Jahre nach seiner Bekehrung kam Paulus zum ersten Mal mit der Urgemeinde in Jerusalem in Berührung (Gal. 1, 18). Nach weiteren 14 Jahren zog er dann zum sog. Apostelkonvent nach Jerusalem (Gal. 2, 1). D. h. vom Apostelkonvent sind rund 16 Jahre zurückzurechnen bis zur Bekehrung des Paulus. (Angebrochene Jahre wurden in der Antike voll mitgezählt.) Die Apg. berichtet, Paulus habe sich 1¹/₂ Jahre in Korinth aufgehalten (18, 11) bzw. 2¹/₄ Jahre in Ephesus geweilt (19, 8. 10). Zwar können mit Hilfe dieser Daten relativer Chronologie die Angaben der Briefe und der Apg. einigermaßen miteinander in Zusammenhang gebracht werden. Aber eine genaue Chronologie kann nur aufgestellt werden, wenn ein absoluter Fixpunkt gefunden werden kann, von dem aus die relative Chronologie angesetzt werden kann.

b. Dieses Datum liegt in der sog. *Gallio-Inschrift* vor. Apg. 18, 12 heißt es: »Als aber Gallio Statthalter in Achaja war (bzw. wurde), erhoben sich die Juden einträchtig gegen Paulus und brachten ihn vor den Richtstuhl (des Statthalters).« Als senatorische Provinz wurde Achaja von einem Proconsul verwaltet, dessen Amtszeit ein Jahr dauerte. Apg. 18, 12 besagt daher: Als Gallio als neuer Proconsul nach Korinth gekommen war, schleppten die Juden Paulus vor seinen Richtstuhl. Damit stellt sich die Frage, wann Gallio, der Bruder des Philosophen Seneca, sein Amt angetreten hat. Eine erstmalig 1905 veröffentlichte Inschrift aus Delphi enthält einen Brief des Kaisers Claudius, in dem der Stadt bestimmte Privilegien bestätigt werden. Darin wird Gallio als Proconsul in Achaja erwähnt und als Zeitpunkt die 26. imperatorische Akklamation des Claudius angegeben. Die 22. bis 24. Akklamation, die jeweils nach einem militärischen Sieg erfolgte, fanden im 11. Regierungsjahr des Claudius statt, die 27. vor dem 1. August 52. Dann ist die 26. Akklamation in das Frühjahr 52 anzusetzen. Zu diesem Zeitpunkt war Gallio als Proconsul von Achaja im Amt. Da der Amtsantritt jeweils in das späte Frühjahr bzw. den Frühsommer fiel, wird Gallio wahrscheinlich im Frühsommer 51 n. Chr. in Korinth eingetroffen sein. (Möglich – wenn auch weniger wahrscheinlich – bliebe auch Frühsommer 52 n. Chr.) Damals hat Paulus aus Korinth weichen müssen. Rechnet man nach Apg. 18, 11 1½ Jahre zurück, so ist Paulus Ende 49 bzw. Anfang 50 n. Chr. nach Korinth gekommen. Nach Apg. 18, 2 fand er dort das Ehepaar Aquila und Priscilla vor, die Rom hatten verlassen müssen, weil der Kaiser Claudius die Juden aus der Hauptstadt verbannt hatte (s. S. 47). Nach dem freilich erst im 5. Jahrhundert schreibenden Historiker Orosius wurde das Judenedikt des Claudius 49 n. Chr. erlassen. Diese Angabe fügt sich genau zu den aus der Gallioinschrift errechneten Daten.

Von dem Fixpunkt aus, der mit Hilfe der Gallio-Inschrift gewonnen ist, kann nun mit Hilfe der relativen Chronologie vorwärts und rückwärts weitergerechnet werden.

c. Für die *Zeit vor dem Amtseintritt des Gallio* ergibt sich folgendes: Ehe Paulus Ende 49/Anfang 50 nach Korinth gelangte, besuchte er die Gemeinden, die in dem Bericht über die sog. zweite Missionsreise Apg. 15, 36–18, 22 aufgeführt sind. Damit ist das Jahr 49 reichlich ausgefüllt. Der Apostelkonvent ist dann auf 48 n. Chr. anzusetzen. Von hier aus ist mit Hilfe der Angaben aus Gal. 1–2 (s. oben S. 31) weiter zurückzukommen. Zieht man die 16 Jahre ab, so ist für die Bekehrung des Paulus etwa das Jahr 32 n. Chr. anzusetzen. Der Tod Jesu, der von Pontius Pilatus (26–36 n. Chr. Statthalter in Judäa) verurteilt wurde, fällt wahrscheinlich in das Jahr 30 (s. J. JEREMIAS, Die Abendmahlsworte Jesu, ⁴1967, 31–35).

d. Was die *Zeit nach dem Amtsantritt des Gallio* betrifft, so lassen sich einige Daten bestimmen. Mitte 51 n. Chr. verließ Paulus Korinth und beendete die sog. zweite Missionsreise, indem er über Ephesus nach Caesarea zurückkehrte (Apg. 18, 22). Die sog. dritte Missionsreise (Apg. 18, 23 ff.) hat Paulus dann frühestens 52 n. Chr. angetreten. Zuerst besuchte er Gemeinden in Galatien und Phrygien, dann hielt er sich in Ephesus 2¼ Jahre auf (Apg. 19, 8. 10). Von Ephesus reiste er über Makedonien nach Korinth, wo er nach Apg. 20, 3 drei Monate weilte. Hier hat er den Brief nach Rom geschrieben, ehe er zu Schiff die Reise nach Jerusalem antrat (s. S. 48). Die drei Monate des Aufenthalts in Korinth müssen in den Winter gefallen sein, da die Schiffahrt erst im Frühjahr wieder aufgenommen werden konnte. Dann ist die Zeit in Ephesus etwa in die Jahre 53–55 und die in Korinth etwa in das Jahr 56 anzusetzen. Von Korinth machte sich der Apostel zunächst nach Makedonien auf den Weg und schiffte sich in Philippi ein zur Überbringung der Kollekte nach Jerusalem. Die Reise führte über Troas und Milet nach Caesarea, von dort nach Jerusalem. Hier kam es zur Verhaftung des Paulus, der als Gefangener nach Caesarea gebracht wurde. In Caesarea befand sich Paulus nach Apg. 24, 27 zwei Jahre lang im Gefängnis. Wenn Paulus 57 n. Chr. in Jerusalem eintraf, wären also die Jahre 57–59 n. Chr. für die Gefangenschaft in Caesarea anzusetzen. Aber eine gewisse Unsicherheit bleibt bestehen. Apg. 24, 27 wird der Wechsel im Amt des Procurators von Felix zu Festus erwähnt. Doch dieser läßt sich nicht genau datieren. Felix ist 52/53 n. Chr. Statthalter geworden, ihm folgte Festus, bis er

62 n. Chr. starb. Wann jedoch die Amtsübergabe erfolgte, ist nicht sicher. Die Gefangenschaft des Paulus in Caesarea endete, weil er an den Kaiser appellierte und zur Entscheidung seines Prozesses nach Rom überführt wurde. In Rom wurde Paulus nach Apg. 28, 30 f. zwei Jahre lang gefangengehalten. Weitere Angaben bieten weder die Apg. noch die Paulusbriefe. Endete die römische Gefangenschaft mit dem Tod des Paulus, oder ist er noch einmal freigekommen? Wenn er noch einmal die Freiheit erlangte, könnten vielleicht in dieser Zeit die Angaben der Past. untergebracht werden (s. S. 61 f.). Hat Paulus seinen Plan, nach Spanien zu reisen (Röm. 15, 24), noch ausführen können? Nach 1. Clem. 5, 7 ist er bis zum äußersten Westen gelangt. Aber es könnte sich bei dieser Behauptung durchaus um eine aus Röm. 15, 24 gewonnene Schlußfolgerung handeln; denn was ein Apostel sich vorgenommen hat, das wird er auch ausgeführt haben. Jedenfalls gibt es über Apg. 28, 30 f. hinaus keine sicheren Daten, ein zuverlässiges Zeugnis über eine Spanienreise und eine spätere zweite Gefangenschaft in Rom ist nicht vorhanden. Somit wird es als das Wahrscheinlichste anzunehmen sein, daß Paulus zu Anfang der sechziger Jahre in Rom hingerichtet worden ist. Sein Ende wird nicht mit der neronischen Verfolgung des Jahres 64 n. Chr. in Zusammenhang zu bringen sein. Da die älteste Kirche noch keinen Apostel- und Märtyrerkult kannte, hat sich vom Tod des Paulus ebenso wie von dem des Petrus keine nähere Kunde erhalten.

e. Der oben dargelegten Chronologie hat G. LÜDEMANN, Paulus, der Heidenapostel I, Studien zur Chronologie, 1980, eine abweichende Auffassung entgegengestellt. Er verbindet nicht eine relative mit einer absoluten Chronologie, sondern stützt sich ausschließlich auf die Angaben, die sich in den paulinischen Birefen selbst finden, vor allem in Gal. 1/2. Dabei soll freilich die Auseinandersetzung in Antiochia (Gal. 2, 11–21) vor dem Apostelkonvent (Gal. 2, 1–10) stattgefunden haben – eine schwerlich beweisbare Annahme. Bei grundsätzlicher Skepsis gegen den Rahmen der Apostelgeschichte sucht LÜDEMANN die in ihr verwendeten Traditionen in den allein auf Grund der paulinischen Briefe gewonnenen Aufriß einzupassen. Das Judenedikt des Claudius wird schon auf das Jahr 41 angesetzt. Daraus folgt für die Briefe durchweg frühere Datierung als sonst üblich. Der rekonstruierte chronologische Rahmen sieht dann so aus: 30 (33) Bekehrung des Paulus; ab 36 (39) eigenständige paulinische Mission in Europa: Philippi, Thessalonich; um 41 1. Thess.; 47 (50) Apostelkonvent; um Ostern 49 (52) 1. Kor.; Sommer 50 (53) Abfassung von 2. Kor. 1–9; 2. Kor. 10–13/Gal.; Winter 51/52 (54/55) Röm.; Frühjahr 52 (55) Reise nach Jerusalem zwecks Überbringung der Kollekte.
R. JEWETT, Paulus-Chronologie, 1982, geht für seine Berechnung der Chronologie von den drei Jerusalemreisen aus, die in den Briefen des Paulus erwähnt sind, und verwirft gleichfalls die herkömmliche Auffassung, die die Angaben der Apostelgeschichte mit denen der paulinischen Briefe in Verbindung bringt.
f. Hinsichtlich der Datierung aller ntlichen Schriften sucht J. A. T. ROBINSON, Redating the NT, 1976, ⁴1981 = Wann entstand das NT?, 1986, von der Bedeutung des Jahres 70 n. Chr. auszugehen. Da er in keinem ntlichen Buch einen eindeutigen Hinweis auf Eroberung und Zerstörung Jerusalems als geschehenes Ereignis meint finden zu können, vertritt er die Hypothese von einer frühen Entstehung des ganzen NT. Die eigentlich kreative Phase der frühen Kirche seien die 50er Jahre gewesen, in die die Blüte der Verkündigung und der Lehrtraditionen in den Evangelien sowie die Entstehung der paulinischen Sammlung gehören sollen. Diese eigenwilligen Überlegungen haben jedoch mit Recht keine Zustimmung in der wissenschaftlichen Diskussion gefunden.

III. Die authentischen Paulusbriefe

§ 12   Der 1. Thessalonicherbrief

K.-G. ECKART, Der zweite echte Brief des Apostels Paulus an die Thessalonicher, ZThK 58 (1961) 30–44 – W. G. KÜMMEL, Das literarische und geschichtliche Problem des ersten Thessalonicherbriefes (1962), in: Heilsgeschehen und Geschichte, 1965, 406–416 – W. SCHMITHALS, Die Thessalonicherbriefe als Briefkompositionen, in: Zeit und Geschichte, Festschrift für R. BULTMANN, 1964, 285–315 = Die historische Situation der Thessalonicherbriefe, in: Paulus und Gnostiker, 1965, 89–157 – G. FRIEDRICH, 1. Thessalonicher 5, 1–11 (1973), in: Auf das Wort kommt es an, Gesammelte Aufsätze, 1978, 251–278 – T. HOLTZ, Der erste Brief an die Thessalonicher, 1986.

a. *Inhalt:* 1–3 enthalten eine breit ausgeführte Danksagung, in der zunächst auf die bisherige Wirksamkeit des Apostels zurückgeblickt wird (1, 2–2, 16) und dann die Ereignisse nach der Trennung von der Gemeinde erwähnt werden (2, 17–3, 13). 4–5 bringen die Beantwortung zweier Fragen aus der Gemeinde (4, 13–5, 11), die von Paränese umgeben ist (4, 1–12; 5, 12–24). Grüße und Schluß stehen am Ende (5, 25–28).

b. *Die Gemeinde von Thessalonich* ist von Paulus gegründet worden. Thessalonich war ein bedeutender Handelsplatz und Hauptstadt der römischen Provinz Makedonien. Nach der in Apg. 17, 1–15 gegebenen Schilderung predigte Paulus zunächst drei Sabbate mit geringem Erfolg in der Synagoge, ging dann aber – wie es der schematisierenden lukanischen Darstellung entspricht – von den Juden zu den Heiden, von denen viele gläubig wurden. Dann aber erzwangen die Juden den Fortgang des Apostels (Apg. 17, 13). Da er selbst verhindert war wiederzukommen (2, 18), schickte er Timotheus (3, 1. 5) und erhielt bei dessen Rückkehr frische Nachrichten aus Thessalonich.

c. Veranlassung zur *Abfassung des Briefes* ist der Bericht des Timotheus (3, 6). Zwischen den Angaben der Apg. und denen des Briefes besteht ein gewisser Widerspruch. Nach dem Brief wurde Timotheus aus Athen nach Thessalonich geschickt und kehrte zu Paulus – nach Korinth – zurück (3, 1. 5 f.). Apg. 17, 14 f. dagegen heißt es, Paulus sei allein von Beröa nach Athen aufgebrochen, während Timotheus und Silas zunächst in Beröa blieben, dann aber durch die Beröenser, die Paulus geleitet hatten, angewiesen worden seien, so schnell wie möglich zu ihm zu stoßen. In Korinth trafen sie dann mit ihm zusammen (18, 5). Die Apg. erwähnt also nichts von der Reise des Timotheus nach Thessalonich; vermutlich, weil in der Apg. die Handlungen der Mitarbeiter ganz hinter dem Wirken der Hauptperson – Paulus als Missionar unter den Völkern – zurücktreten.

Timotheus hat gute Nachrichten gebracht. Beunruhigung ist aber entstanden, weil einige Gemeindeglieder plötzlich gestorben sind. Werden sie bei der für nahe Zukunft erwarteten Parusie am Heil teilhaben oder nicht? Paulus beantwortet diese Frage, indem er sich auf ein mündlich überliefertes Herrenwort bezieht und ausführt, daß bei der Ankunft des Herrn die Entschlafenen auferweckt werden und zusammen mit den Lebenden dem Kyrios zur feierlichen Einholung entgegeneilen werden (4, 13–18). Eine zweite Frage, die an den Apostel gerichtet wird, betrifft gleichfalls die endzeitliche Erwartung. Sie wird mit einer Belehrung περὶ δὲ τῶν χρόνων καὶ τῶν καιρῶν (5, 1) beantwortet.

Die Abfassung des Briefes kann nicht allzu lange nach der Trennung des Apostels von der Gemeinde erfolgt sein. Die Besorgnis, die Gemeinde könnte an der Zuverlässigkeit des Apostels zweifeln (2, 1–12), und die Notwendigkeit, die Unterweisung über die eschatologische Erwartung fortzuführen (4, 13–5, 11), lassen erkennen, daß der Brief die Verbundenheit mit der jungen Gemeinde festigen soll. Die Gründung der Gemeinde wird 49 n. Chr. erfolgt (s. S. 32), der Brief 50 n. Chr. in Korinth geschrieben sein. Eine spätere Entstehung – etwa während der sog. dritten Missionsreise – kann daher nicht in Betracht kommen.

Der Brief ist in seiner Gedankenführung durchaus geschlossen und gerundet. Es ist daher verfehlt, wenn man den in sich einheitlichen Brief in verschiedene Schreiben zerlegen wollte (so zuletzt SCHENKE-FISCHER; vgl. KÜMMELS zutreffende Kritik an ECKART und SCHMITHALS). Da auch der Abschnitt 5, 1–11 von unmittelbarer Naherwartung bestimmt ist, kann er nicht als nachträglicher Einschub angesehen werden (gegen FRIEDRICH).

§ 13 Der Galaterbrief

W. LÜTGERT, Gesetz und Geist, 1919 – W. SCHMITHALS, Die Häretiker in Galatien (1956), in: Paulus und die Gnostiker, 1965, 9–46 – H. SCHLIER, Der Brief an die Galater, ⁵1971 – H. D. BETZ, Geist, Freiheit und Gesetz, ZThK 71 (1974) 78–93 – DERS., The Literary Composition of Paul's Letter to the Galatians, NTS 21 (1974/75) 353–379 – DERS., Der Galaterbrief, 1988 – F. MUSSNER, Der Galaterbrief, 1974, ⁵1988 – W. SCHMITHALS, Judaisten in Galatien? ZNW 74 (1983) 27–58.

a. Inhalt: Schon der auf den Eingangsgruß (1, 1–5) folgende Abschnitt (1, 6–9) läßt die Schärfe der Auseinandersetzung erkennen, um die es im Gal. geht. Im Unterschied zu den anderen Paulusbriefen fehlt ein Wort der Danksagung. Paulus muß sich gegen zwei Vorwürfe wehren (1, 10–12): 1. sein Evangelium sei eine Predigt nach Menschenweise (κατὰ ἄνθρωπον), weil er Menschen gefällig sein wolle, und 2. er habe sein Amt παρὰ ἀνθρώπου, sei also kein legitimer Apostel.

Zuerst setzt Paulus sich mit dem zweiten Vorwurf auseinander (1, 10–2, 21), indem er ausführt, daß er Apostel nicht von Menschen sei. Unabhängig von den Autoritäten in Jerusalem (1, 10–24), später von ihnen ausdrücklich anerkannt (2, 1–10), hat er auch Kephas gegenüber sein Evangelium in Antiochia verteidigt (2, 11–21).

Mit einer Erinnerung an die Anfangszeit der Gemeinde (3, 1–5) wird zur Verteidigung des paulinischen Evangeliums übergeleitet, die an Hand von zwei Schriftbeweisen, deren Texte aus dem Pentateuch genommen sind, durchgeführt wird (3, 6–5, 12). Daran wird gezeigt, daß jeder, der das Gesetz richtig liest, aus ihm das Zeugnis für Glaubensgerechtigkeit hören muß. Das Beispiel des glaubenden Abraham (3, 6–9) und die Geschichte von den beiden Söhnen Abrahams (4, 21–31) werden zur Begründung der Gerechtigkeit aus Glauben aufgeboten. Nach dem ersten Schriftbeweis wird von Glaube und Gesetz gehandelt (3, 10–4, 7) und die Anwendung auf die Galater vorgenommen (4, 8–20). An den zweiten Schriftbeweis wird die Frage angeschlossen: Entweder – oder, Knechtschaft unter dem Gesetz oder Freiheit des Evangeliums (5, 1–12).

Es folgen der paränetische Teil (5, 13–6, 10) und der eigenhändig geschriebene Schlußgruß (6, 11–18).

b. Der Brief ist an *die Gemeinden in Galatien* gerichtet. Auf die Frage, wo Galatien liegt, sind zwei verschiedene Antworten gegeben worden: 1. Nach der sog.

südgalatischen Theorie ist die Provinz gemeint. Nach dem Tod des letzten Galater-königs Amyntas (25 v. Chr.) wurde sein in der Mitte Kleinasiens gelegenes Land römisch. Die Römer verbanden Galatien mit Pisidien, Isaurien, Lykaonien, Phry-gien, Paphlagonien und Pontus zu einer Provinz, die sich von Südwesten nach Nordosten quer durch Kleinasien zog, etwa ein Drittel Kleinasiens umfaßte und abgekürzt einfach »Galatia« genannt werden konnte. Wenn Galatien diese Provinz bezeichnet, würde Paulus sich an die Apg. 13–14 erwähnten, überwiegend aus Juden-christen zusammengesetzten Gemeinden im Süden Kleinasiens wenden, die auf der sog. ersten Missionsreise gegründet wurden. Da der Apostel nach 4, 13 zweimal bei den Gemeinden gewesen ist, würde der Brief dann auf der sog. zweiten Missions-reise geschrieben worden sein. Zur Begründung dieser Ansicht ist u. a. geltend ge-macht worden: a. Aus der Apg. sind Gründung und Existenz dieser Gemeinden bekannt. b. Die Argumentation des Gal. setze bei den Lesern Kenntnisse des AT voraus, wie sie nur bei ehemaligen Juden gegeben waren. c. Paulus bevorzuge auch sonst bei geographischen Angaben Provinznamen, so daß auch Galatia als Provinz-bezeichnung zu verstehen sei.

2. Die von den meisten Exegeten vertretene *nordgalatische Theorie* versteht Gala-tien von der *Landschaft* G. im Herzen Kleinasiens, in der sich die ursprünglich aus Gallien kommenden Galater im 3. Jahrhundert v. Chr. niedergelassen hatten (SCHLIER u. a.). Über die Gründung von Gemeinden in dieser Gegend gibt es keinen Bericht. Apg. 16, 6 und 18, 23 wird erwähnt, daß Paulus zweimal durch Galatien gezogen ist (vgl. Gal. 4, 13). Nach der nordgalatischen Theorie muß der Brief während des weiteren Verlaufs der sog. dritten Missionsreise entstanden sein. Für die Richtigkeit dieser Ansicht sprechen folgende Gründe: a. Die unmittelbare Anrede der Adressaten als Galater (3, 1) wäre sinnlos, wenn die Leser im Süden der Provinz zu suchen wären. Denn dann hätten sie dem Volk der Galater gar nicht angehört. Gemeint sind also die Bewohner der Landschaft Galatien. b. Die Leser werden unmißverständlich als ehemalige Heiden angesprochen, die früher Gott nicht kannten, Götzen dienten, die ihrem Wesen nach gar keine Götter sind (4, 8), und unter die Weltelemente versklavt waren (4, 9). c. Es trifft nicht zu, daß Paulus bei geographischen Angaben Provinzbezeichnungen bevorzugt. Gal. 1, 21 sind die Landschaften Syrien und Kilikien genannt (zur Provinz Syria gehörte da-gegen auch Jerusalem!), und 1. Thess. 2, 14 ist Judäa als Landschafts-, nicht als Provinzangabe erwähnt.

Paulus schreibt also an die von ihm im Herzen Kleinasiens gegründeten Gemeinden. Eine schwere Krankheit, über die keine näheren Nachrichten erhalten sind, hatte den Apostel veranlaßt, in Galatien Station zu machen, und Gelegenheit geboten, den heidnischen Galatern das Evangelium zu bringen (4, 13). Dem ersten Besuch ist ein zweiter gefolgt – das ist mit τὸ πρότερον vorausgesetzt –, danach aber sind plötzlich Leute aufgetreten, die gegen Paulus agitieren. Damit ist die Veranlassung für den Gal. gegeben, der im weiteren Verlauf der sog. dritten Missionsreise – wahrscheinlich während des Aufenthalts in Ephesus (etwa 53–55 n. Chr.) – ent-standen ist.

c. Von außen sind *Irrlehrer* in die Gemeinden eingedrungen, die auf der einen Seite Paulus verdächtigen, er sei kein rechter Apostel, auf der anderen Seite sein Evangelium angreifen (1, 10–12) und behaupten, sie brächten das rechte und voll-ständige Evangelium (1, 6–9). Weil Paulus Menschen zu Gefallen sein wolle (1, 10), habe er den Galatern das Gesetz vorenthalten. Zum vollkommenen Evangelium aber gehöre das Gesetz hinzu, daher müsse man sich beschneiden lassen (5, 2; 6, 12), den jüdischen Festkalender übernehmen (4, 10) und die Reinheits- und Speisevorschriften befolgen (2, 11–21). Gerecht vor Gott könne nur derjenige sein, der Werke vorzuweisen habe, die das Gesetz fordere.

Paulus geht gegen die Irrlehrer in schneidender Schärfe vor, indem er sie als Zerstörer der Gemeinden bezeichnet, die die frohe Botschaft in ihr Gegenteil verkehren (1, 6–9). Wer ihre Lehre annimmt, wird schuldig, das ganze Gesetz zu halten, verliert damit aber Christus (5, 2) und fällt wieder unter die Knechtschaft, unter der er einst als Heide lebte (4, 9 f.).

Ergibt sich soweit aus der paulinischen Polemik eindeutig, daß sie sich gegen Judaisten richtet, so fragt sich, ob Paulus sich zugleich auch noch gegen andere Tendenzen wenden muß bzw. ob die gegnerische Lehre noch von anderen Gedanken beeinflußt ist. Lütgert hatte die These aufgestellt, Paulus müsse sich nicht nur mit den Judaisten, sondern auch mit einer zweiten, schwärmerisch bestimmten Gruppe auseinandersetzen. Zwischen Judaisten und Schwärmern habe es in den Gemeinden Streit gegeben (5, 15). Paulus behandle die Pneumatiker (6, 1) mit einer gewissen Schonung, um seinen Angriff vornehmlich gegen die Judaisten zu richten. Doch 5, 15 ist sicherlich an persönliche Streitigkeiten in der Gemeinde gedacht, und als πνευματικοί redet Paulus die ganze Gemeinde, nicht nur einen Teil in ihr an. Lütgerts These ist daher mit Recht von den meisten Exegeten abgelehnt worden.

In modifizierter Form ist sein Ansatz wieder aufgenommen worden von Schmithals, der die Irrlehrer als Vertreter einer judaisierenden Gnosis beurteilt. Die Züge, die Lütgert auf zwei Gruppen verteilte, sieht Schmithals als Kennzeichen einer einzigen Bewegung an. Als Pneumatiker (6, 1) lehren die Häretiker nicht nur das Gesetz, sondern reden sie auch von den versklavenden Weltelementen (4, 9) und betonen sie die Freiheit (5, 1. 13), die allein demjenigen zuteil wird, der wahre Erkenntnis gewonnen hat. Die von Schmithals entwickelte These hat bei einigen Exegeten Zustimmung gefunden und zu der Vermutung geführt, Paulus habe den gnostischen Charakter der gegnerischen Lehre mangels genauerer Kenntnis nicht recht erkannt (Marxsen). Doch man wird sicherlich die Irrlehrer des Gal. nicht mit denen des Kol. identifizieren dürfen (s. S. 55) und vorsichtig mit der Behauptung sein müssen, Paulus habe nur ungenügende Kenntnis der Situation gehabt. Daß die Judaisten sich auch synkretistisch bestimmter Begriffe wie στοιχεῖα (τοῦ κόσμου) (4, 9) bedient haben mögen, beweist noch nicht den gnostischen Charakter ihrer Vorstellungen. πνευματικοί (6, 1) ist sicherlich nicht als eine Kennzeichnung der Gegner, sondern vielmehr als Anrede der ganzen Gemeinde zu verstehen (s. o.). Und der Begriff der Freiheit ist 5, 1. 13 im spezifisch paulinischen Sinne – ohne einen erkennbaren gnostischen Hintergrund – gebraucht. Daher wird schwerlich aus dem Gal. erschlossen werden können, die Anfänge der galatischen Gemeinden und auch des Paulus selbst seien von einem intensiven Enthusiasmus bestimmt gewesen (so Betz). Die Irrlehre, gegen die Paulus seinen Angriff richtet, ist jedenfalls eindeutig als judaistische Gesetzlichkeit zu bestimmen. Gegen die Proklamation der Heilsnotwendigkeit des Gesetzes stellt Paulus die Wahrheit des Evangeliums heraus, die keinen Zusatz und keine Ergänzung verträgt.

Mit seinem Brief hat Paulus offenbar Erfolg gehabt. Das zeigt nicht nur die Tatsache, daß der Gal. erhalten blieb; sondern 1. Kor. 16, 1 erwähnt Paulus im Zusammenhang mit der Kollekte, die die heidenchristlichen Gemeinden für Jerusalem sammelten, auch die galatischen Gemeinden. Dort hat man also wenig später auf Anweisung des Apostels die Kollekte durchgeführt. Mit der Auseinandersetzung, die im Gal. vollzogen wurde, war endgültig entschieden, daß die Kirche nicht eine jüdische Sekte blieb, sondern als das Gottesvolk aus Juden und Heiden das Evangelium aller Welt bezeugte.

W. Lütgert, Freiheitspredigt und Schwarmgeister in Korinth, 1908 – J. Weiss, Der 1. Korintherbrief, 1910 – A. Schlatter, Die korinthische Theologie, 1914 – W. Schmithals, Die Gnosis in Korinth 1956, ³1969 – ders., Die Korintherbriefe als Briefsammlung, ZNW 64 (1973) 262–288 – U. Wilckens, Weisheit und Torheit, 1959 – E. Dinkler, Korintherbriefe, RGG³ IV, 17–23 – J. Hurd, The Origin of 1 Corinthians, 1965 – W. Schenk, Der 1. Korintherbrief als Briefsammlung, ZNW 60 (1969) 219–243 – H. Conzelmann, Der erste Brief an die Korinther, 1969, ²1981.

a. Inhalt: Die lockere Abfolge der einzelnen Abschnitte des Briefes steht unter dem Thema der Auferbauung der Gemeinde. Im Blick auf dieses Leitmotiv nimmt der Apostel zu einzelnen Nachrichten und Anfragen Stellung, die er aus der Gemeinde erhalten hat. Nach dem Briefeingang (1, 1–9) wendet Paulus sich zunächst gegen Streitigkeiten in der Gemeinde, von denen er durch die Leute ·der Chloë (1, 11) erfahren hat (1, 10–4, 21). Christus darf nicht zerteilt werden (1, 12), die Gemeinde lebt allein vom Evangelium, dessen Inhalt das Wort vom Kreuz (1, 18) – nicht menschliche Weisheit – ist (1, 18–3, 23); darum darf sich die Gemeinde nicht an der Niedrigkeit des Apostels stoßen (4). 5–6 handeln von sittlichen Mißständen in der Gemeinde: dem Fall eines Blutschänders (5), dem Prozessieren vor heidnischen Gerichten (6, 1–11) und der Unzucht mit der Dirne (6, 12–20). 7, 1–11, 1 beantworten sittliche Fragen, die aus Korinth an den Apostel gerichtet wurden: das Problem von Ehe und Ehelosigkeit (7) sowie das von Götzenopfer und Götzenopferfleisch (8, 1–11, 1). 11, 2–14, 40 schließt sich ein längerer Abschnitt an, der Anweisungen für die Versammlung der Gemeinde enthält. Sie betreffen die Verschleierung der Frau im Gottesdienst (11, 2–16), die rechte Feier des Herrenmahls (11, 17–34) sowie die Geistesgaben, die an ihrem Beitrag zur οἰκοδομή der Gemeinde zu messen sind (12, 1–14, 40). 15 wird die Auseinandersetzung mit den Leugnern der Auferstehung vollzogen. 16 bringt geschäftliche und persönliche Mitteilungen sowie den eigenhändig geschriebenen Schlußgruß (V. 19–24).

b. Die *Gemeinde von Korinth* wurde durch Paulus gegründet während seines eineinhalbjährigen Aufenthalts in der Stadt von Ende 49/Anfang 50 bis Mitte des Jahres 51 (s. S. 31 f.). Korinth war 146 v. Chr. durch die Römer zerstört, dann aber auf Befehl Caesars wieder aufgebaut worden und war seit 29 v. Chr. als Hauptstadt der senatorischen Provinz Achaja Sitz des Proconsuls. Als günstig gelegener Handelsplatz war die Stadt rasch wieder zu Bedeutung gelangt. Schiffahrt und Handel brachten viele Fremde nach Korinth, mit ihnen breiteten sich Vergnügungssucht und lockerer Lebenswandel in der Hafenstadt aus.

Der Bericht, den die Apg. über die Anfänge der Gemeinde gibt, ist kurz gehalten. Paulus geht, von Athen kommend, in Korinth zunächst zu Aquila und Priscilla, die auf Grund des Judenedikts des Kaisers Claudius Rom hatten verlassen müssen (s. S. 47), und findet durch sie Arbeit als Zeltmacher (18, 2 f.). Jeden Sabbat lehrt er in der Synagoge (V. 4), Silas und Timotheus stoßen aus Makedonien zu ihm (V. 5; s. S. 34). Der Christuspredigt wegen kommt es zum Konflikt mit den Juden (V. 5), so daß Paulus die Synagoge verlassen muß und sich den Heiden zuwendet (V. 6). Im Haus des Proselyten Titius Justus wird Paulus aufgenommen (V. 7) – von den Juden zu den Heiden! Als besonderer Erfolg der Wirksamkeit des Apostels wird hervorgehoben, daß der Synagogenvorsteher Krispus Christ wurde (V. 8; 1. Kor. 1, 14). Auch viele andere Korinther wurden gläubig und ließen sich taufen (V. 8). Als aber die Juden gegen Paulus vorgingen und ihn vor den Richtstuhl des Proconsuls Gallio schleppten, mußte er Korinth verlassen (V. 12–18). Im Vorhafen Kenchreae schiffte er sich ein und reiste über Ephesus nach Caesarea.

Diese knappe Darstellung wird aus den Angaben des Briefes bestätigt bzw. ergänzt. Paulus hat die Gemeinde gegründet (3, 6; 4, 15), indem er den Korinthern das Evangelium brachte (15, 3–5). Mit der Wendung οὐκ οἴδατε wird im Brief des öfteren auf die der Gemeinde zuteil gewordene Belehrung angespielt (3, 16; 5, 6; 6, 2 f. 9. 15 f. 19 u. ö.). Die Glieder der Gemeinde stammen größtenteils aus den unteren Schichten der Gesellschaft (1, 26–28); Sklaven (7, 21; 12, 13), aber auch einzelne reichere Leute gehören zur Gemeinde (11, 21 f.). Die Zusammensetzung der Gemeinde ist mannigfaltig, wie es dem Bild der Stadt entspricht. Bald nachdem Paulus die Gemeinde hatte verlassen müssen, war Apollos nach Korinth gekommen. Die Nachrichten, die die Apg. über ihn bringt, sind darin undeutlich, daß sie behaupten, er habe zunächst nur die Johannestaufe gekannt, dann in Korinth gewirkt und später auch die christliche Taufe empfangen (18, 24–19, 7). Paulus erwähnt nichts davon, daß Apollos aus der Gruppe der Johannesjünger hervorgegangen sei, sondern erkennt seine Wirksamkeit an: »Ich habe gepflanzt, Apollos hat begossen« (3, 6), d. h. er hat das Werk des Apostels fortgesetzt. Paulus unterstützt daher die von den Korinthern ausgesprochene Bitte, Apollos möchte wieder zu ihnen kommen (16, 12). In Korinth gibt es Leute, die sich voller Stolz auf ihn berufen: »Ich gehöre zu Apollos« (1, 12). Wie man in den Mysterienreligionen der Ansicht war, durch die Weihe werde ein bleibendes Verhältnis zwischen Mysten und Mystagogen begründet, so meinte man offenbar in der christlichen Gemeinde, daß der Getaufte mit der Person des Täufers in einer festen Beziehung stehe, die für sein Leben von hoher Bedeutung sei. Daß es zu solcher Gruppenbildung gekommen ist, ist offensichtlich nicht Schuld des Apollos – denn Paulus bejaht seinen Dienst (3, 6; 16, 12) –, sondern seiner Anhänger.

Die in 1, 12 aufgezählten Schlagworte lassen erkennen, daß es neben Anhängern des Paulus und solchen des Apollos auch Leute gab, die sich darauf beriefen, zu Kephas zu gehören. Zwar wird 9, 5 die missionarische Tätigkeit des Petrus erwähnt, es liegt aber kein Anhaltspunkt dafür vor, daß er auch in Korinth gewesen sei. Dann müssen von außen Christen zur Gemeinde gestoßen sein, die aus dem semitischen Sprachbereich kamen – sie bedienen sich des aramäischen Namens Kephas – und die es als eine besondere Auszeichnung hervorhoben, daß sie durch Petrus Christen geworden waren.

Die verschiedenen Einflüsse, die auf diese Weise in der Gemeinde wirksam geworden waren, führten dazu, daß die stolz ausgerufenen Parolen – ich gehöre zu diesem, ich zu jenem – gegeneinander geltend gemacht wurden, indem alle sich vom Hochgefühl getragen wußten, im Besitz des Geistes zu stehen. Ein schwärmerischer Enthusiasmus hat die ganze Gemeinde erfaßt (LÜTGERT, SCHLATTER, SCHMITHALS, WILCKENS). In dem Bewußtsein, von den Kräften des Geistes und der Weisheit erfüllt zu sein, meinen die Pneumatiker, das Eschaton sei bereits Gegenwart (4, 8), so daß sie mit Geringschätzung auf die kümmerliche Erscheinung des Apostels herabsehen (4, 1 ff.) und der Ansicht sind, alles Irdische gehe sie eigentlich nichts mehr an. Es komme allein auf den Besitz des πνεῦμα an, gleichgültig sei dagegen, was man mit dem Leib tue und was aus dem σῶμα werde. Sie pochen auf die ihnen zuteil gewordene Freiheit, nach der alles erlaubt ist: πάντα μοι ἔξεστιν (6, 12; 10, 23). Ob einer Blutschande begeht (5, 1–13), andere sich mit Dirnen einlassen (6, 12–20) oder manche aus Geringschätzung des Leibes sich für Ehelosigkeit entscheiden (7), ist den Geistesleuten letztlich gleichgültig. Sie essen bedenkenlos den Götzen geopfertes Fleisch, weil sie ja die rechte Erkenntnis haben, daß es keine Götzen gibt (8, 1). Frauen treten unverschleiert in der Gemeindeversammlung auf, in der man im Gefühl, die Kräfte der kommenden Welt bereits gegenwärtig zu spüren, ein Mahl der Seligen begeht (11). Die ekstatische Rede genießt als Geistesphänomen maßlose Überschätzung (12–14). Und von einer zukünftigen Auferstehung der Toten will man nichts hören, weil durch die Auferstehung Christi bereits die pneumatische Wirklichkeit angebrochen ist (15). Zwar ist in dieser »korinthischen« Theologie noch keine ausgebildete gnostische Mythologie enthalten; das stolze Selbstgefühl des Pneumatikers, der sich über alles Irdische hinausgehoben fühlt, trägt jedoch Züge, die wenige Zeit später in gnostischer Lehre deutlicher ausgeprägt werden.

Möglicherweise ist von dieser pneumatischen Bewegung her auch die kurze Wendung zu erklären: ἐγὼ δὲ Χριστοῦ (1, 12). Die Deutung dieser Worte ist bis heute strittig. Das Problem läßt sich jedoch nicht dadurch lösen, daß man diese Wendung für eine später eingedrungene Glosse hält (J. WEISS, WILCKENS u. a.). Denn 1, 13 ist in chiastischer Zuordnung zum Vorhergehenden die Frage angeschlossen: μεμέρισται ὁ Χριστός. Damit ist vorausgesetzt, daß die Worte ἐγὼ δὲ Χριστοῦ vorangegangen sind (vgl. auch 2. Kor. 10, 7). Man hat vielfach vermutet, hier liege die Parole einer sog. »Christuspartei« vor, die sich von den anderen Parteien als schlechthin überlegen abheben wolle. Aber von einer solchen Partei ist im Brief tatsächlich nicht die Rede. Eher ließe sich denken, daß in diesem Schlagwort das stolze Selbstbewußtsein der Pneumatiker sich ausspricht, die wahren Christen zu sein. Da dieser Enthusiasmus die ganze Gemeinde – nicht nur einzelne Gruppen – ergriffen hat, spricht Paulus alle Glieder der Gemeinde an und erinnert sie an das Evangelium, das sie empfangen und angenommen haben, um von da aus zu entfalten, was die Gemeinde ist und sein soll.

c. Der *Abfassung des Briefes* ist schon ein Schriftwechsel vorangegangen. 5, 9 erwähnt Paulus einen früheren Brief, in dem er der Gemeinde gesagt hat, sie solle nicht mit Unzüchtigen Umgang haben. Die Korinther haben dann trotzig mit der Gegenfrage reagiert, wie das denn wohl in ihrer Stadt möglich sein sollte (5, 9 f.). Der Apostel stellt daraufhin richtig, es sei nicht allgemein von Unzüchtigen in der Welt die Rede, sondern es komme darauf an, daß in der Gemeinde klare Verhältnisse herrschen und es da nicht Unzüchtige, Geizhälse, Götzendiener usw. gebe (5, 11). Dieser vorangegangene Brief ist nicht mehr erhalten.

Verschiedene Versuche sind unternommen worden, um den verlorenen Brief zu rekonstruieren. So ist die lockere Gedankenfolge des 1. Kor. zum Anlaß genommen worden, um einzelne Stücke herauszulösen und jenem vorangegangenen Brief zuzufügen, in dem nach 5, 9 Belehrung über rechtes sexuelles Verhalten gestanden haben muß. J. WEISS hat 10, 1–22; 6, 12–20; 9, 24–27; 11, 2–34 jenem Brief zugeteilt; DINKLER 6, 12–20; 9, 24–27; 10, 1–22; 11, 2–34; 12–14; SCHMITHALS, der zunächst die beiden Korintherbriefe in sechs Schreiben auseinanderlegte, nimmt nunmehr an, daß es sich um neun ursprünglich selbständige Stücke gehandelt habe, unter denen I 11, 2–34 das älteste sei. Vgl. DERS., Die Briefe des Paulus in ihrer ursprünglichen Form, 1984. SCHENK zergliedert den 1. Kor. in vier verschiedene Briefe, wobei dem sog. Vorbrief 1. Kor. 1, 1–9; 2. Kor. 6, 14–7, 1; 1. Kor. 6, 1–11; 11, 2–34; 15; 16, 13–24 angehört haben sollen. SCHENKE-FISCHER weisen 6, 12–20; 9, 24–10, 22; 11, 2–34; 13; 15 dem vorangegangen Brief zu. Keiner dieser Vorschläge kann als überzeugend gelten. Daß im 1. Kor. in lockerer Folge verschiedene Fragen erörtert werden, erklärt sich zwanglos aus der Veranlassung des Briefes (s. u.).
Auf andere Weise hat HURD den vorangegangenen Brief rekonstruieren wollen, indem er auf Grund von Andeutungen, die sich im 1. Kor. finden lassen, auf den früheren Briefwechsel zurückschließt und vermutet, es müsse darin nicht nur von der Ehe, sondern auch von der Frage des Götzenopferfleisches die Rede gewesen sein. Das aber seien eben die Themen, von denen auch das sog. Aposteldekret handelt (Apg. 15, 20. 29). Daraus wird dann abgeleitet, ursprünglich habe Paulus den korinthischen Enthusiasten nahegestanden,

dann aber habe er nach dem Apostelkonvent dessen Beschlüsse auch in Korinth zur Geltung bringen müssen. Dazu sei der 5, 9 erwähnte Brief geschrieben worden, auf den die Korinther protestierend reagierten. Die Gegenäußerung des Apostels liege im 1. Kor. vor. Der Dialog zwischen Paulus und der Gemeinde soll also dadurch veranlaßt worden sein, daß die Position des Apostels sich unter Einfluß der Verhältnisse gewandelt habe. Diese Rekonstruktion bedeutet jedoch eine völlige Verzeichnung des Sachverhalts. Denn Paulus weiß von Beschlüssen wie den Apg. 15, 20. 29 genannten schlechterdings nichts (Gal. 2, 1–10) und hat also auch keine Wandlung seiner Absichten auf Grund des Apostelkonvents vollzogen. Der 1. Kor. zeigt, daß die Themen πορνεία und Götzenopferfleisch wichtige Fragen im Dialog mit der Gemeinde darstellten. Eine Rekonstruktion des 5, 9 erwähnten Briefes ist jedoch nicht möglich.

Der 1. Kor. ist auf Grund einer doppelten Veranlassung verfaßt worden: 1. Durch die Leute der Chloë – Sklaven oder Leute aus ihrem Hausgesinde? – hat Paulus Nachrichten über die Situation der Gemeinde erhalten (1, 11). Auf sie geht er Kap. 1–6 näher ein (5, 1: ἀκούεται; vgl. auch 11, 18: ἀκούω), indem er die ihm zugegangenen Berichte im Brief verwertet. 2. Die Gemeinde hat dem Apostel einen Brief geschrieben, in dem man ihm eine Reihe von Fragen vorgelegt hat. Stephanas, Fortunatus und Achaïkus, die sich bei ihm befinden (16, 17), haben vermutlich den Brief überbracht. 7, 1 wird mit der Beantwortung der aus Korinth gestellten Fragen eingesetzt: περὶ δὲ ὧν ἐγράψατε. Jeweils durch περί eingeleitet, sind sechs Punkte als ausdrückliche Anfragen gekennzeichnet: 1. von Ehe und Ehelosigkeit (7, 1); 2. von den Jungfrauen (7, 25), ob sie noch eine Ehe eingehen sollen angesichts der bereits angebrochenen Endzeit; 3. vom Götzenopferfleisch (8, 1); 4. von den Geistesgaben (12, 1); 5. von der Kollekte (16, 1), die die heidenchristlichen Gemeinden für die Urgemeinde in Jerusalem sammeln; 6. von Apollos (16, 12). Die mündlichen und schriftlichen Nachrichten, die zu Paulus gelangt sind, bedingen die lockere Gedankenfolge in der Antwort, die er der Gemeinde im 1. Kor. gibt. Dennoch stellt die Vielfalt der im Brief angeschnittenen Probleme kein zufällig entstandenes Gebilde dar, sondern alles, was der Apostel erörtert, ist von der großen Hoffnung auf die Auferstehung der Toten bestimmt (Kap. 15) und wird unter dem Gesichtspunkt abgehandelt, der Auferbauung der Gemeinde zu dienen.
Als Abfassungsort wird 16, 8 Ephesus genannt; Paulus will noch bis Pfingsten dort bleiben und hat Timotheus schon nach Korinth – offensichtlich auf dem Landweg – vorausgeschickt (4, 17). Damit er dort freundlich aufgenommen werden möchte, spricht er in dem der Gemeinde direkt zugesandten Brief eine besondere Empfehlung für ihn aus (16, 10 f.). Da der 1. Kor. im Frühjahr gegen Ende des Aufenthalts in Ephesus geschrieben worden ist (16, 8) und Paulus sich dort in der Zeit zwischen 53 und 55 n. Chr. befand (s. S. 32), ist die Abfassung des 1. Kor. in das Frühjahr 55 anzusetzen.

§ 15   Der 2. Korintherbrief

A. HAUSRATH, Der Vier Capitel-Brief des Paulus an die Korinther, 1870 – H. LIETZMANN, An die Korinther I/II, ³1931 (LIETZMANN-KÜMMEL, ⁵1969) – E. KÄSEMANN, Die Legitimität des Apostels, ZNW 41 (1942) 33–71 = ²1956 – R. BULTMANN, Exegetische Probleme des zweiten Korintherbriefes (1947), in: Exegetica 1967, 298–322 – J. A. FITZMYER, Qumran and the interpolated Paragraph in 2 Cor 6:14–7:1 (1961), in: Essays on the Semitic Background of the NT, 1971, 205–217 – G. BORNKAMM, Die Vorgeschichte des sogenannten Zweiten Korintherbriefes, 1961 = ²1965 = Gesammelte Aufsätze IV, 1971, 162–194 – J. GNILKA, 2. Kor. 6, 14–7, 1 im Lichte der Qumranschriften und der Zwölf-Patriarchen-Testamente, in: Neutestamentliche Aufsätze für J. Schmid, 1963, 86–99 – G. FRIEDRICH, Die Gegner des

Paulus im 2. Korintherbrief (1963), in: Auf das Wort kommt es an, Gesammelte Aufsätze, 1978, 189–223 – D. Georgi, Die Gegner des Paulus im 2. Korintherbrief, 1964 – C. K. Barrett, Paul's Opponents in II Corinthians, NTS 17 (1970/71) 233–254 – H. D. Betz, Der Apostel Paulus und die sokratische Tradition, 1972.

a. *Inhalt:* Der Brief läßt sich in drei große Teile gliedern: 1–7, 8–9, 10–13. 1–7 wird das Verhältnis des Apostels zur Gemeinde unter der Frage nach dem apostolischen Amt erörtert. Zunächst ist von den bisherigen Beziehungen zwischen Apostel und Gemeinde die Rede (1, 12–2, 13), dann wird eine umfangreiche Apologie des Apostelamtes vorgetragen (2, 14–7, 4), indem seiner Herrlichkeit (2, 14–4, 6) seine Niedrigkeit und Schmach gegenübergestellt werden (4, 7–6, 10); durch unmittelbaren Appell an die Gemeinde und persönliche Nachrichten soll ein neues Vertrauensverhältnis zwischen Apostel und Gemeinde begründet werden (6, 11–7, 16).

8–9 handeln von der Kollekte, die die heidenchristlichen Gemeinden für die Jerusalemer Urgemeinde sammeln.

10–13 wird die Auseinandersetzung mit Gegnern vollzogen, die neu gegen Paulus aufgetreten sind, indem Verleumdungen zurückgewiesen werden (10, 1–11, 15) und dann auch von seiten des Apostels »Ruhm« geltend gemacht wird (11, 16–12, 10), sowohl auf Grund seiner Leiden (11, 16–33) als auch auf Grund seiner pneumatischen Erfahrungen (12, 1–10). Dann wird die Verteidigung gegen die Gegner zum Abschluß gebracht (12, 11–18), der bevorstehende Besuch des Paulus in Korinth angekündigt (13, 1–10) und der Brief abgeschlossen (13, 11–13).

b. Nach Absendung des 1. Kor. (= I) hat sich eine Reihe von *Ereignissen zwischen Apostel und Gemeinde* zugetragen, die die Situation verändert haben. Die I 4, 17 erwähnte Reise des Timotheus nach Korinth ist offensichtlich erfolglos verlaufen. Denn das Verhältnis des Paulus zu den Korinthern muß sich so sehr verschlechtert haben, daß er sich rasch zur Änderung seiner Pläne (vgl. I 16, 8) entschloß und zu einem – in der Apg. nicht erwähnten – *Zwischenbesuch* zur Gemeinde kam. I ist nur ein Aufenthalt des Apostels in Korinth vorausgesetzt – die Zeit, in der die Gemeinde gegründet wurde –; II 12, 14; 13, 1 wird aber der bevorstehende Besuch als dritter angekündigt. Paulus muß daher inzwischen ein zweites Mal in Korinth gewesen sein. Der Versuch, die Situation zu klären, schlug jedoch fehl. Es kam zu einem *Zwischenfall*, bei dem ein Glied der Gemeinde dem Apostel eine schwere Kränkung zugefügt haben muß (II 2, 5; 7, 12). Die näheren Umstände und die Person dessen, der das tat – Paulus bezeichnet ihn lediglich als ἀδικήσας –, sind unbekannt und lassen sich nicht mehr aufhellen. Jedenfalls aber hat dieses Ereignis das Verhältnis zur Gemeinde aufs äußerste belastet. Paulus mußte Korinth verlassen und nach Ephesus zurückkehren. Von dort aus schrieb er einen Brief – den sog. *Zwischenbrief* bzw. *Tränenbrief* – nach Korinth, den er nach II 2, 4; 7, 8 f. 12 unter großer innerer Bedrängnis abfaßte. Titus reiste zur Gemeinde und brachte ihr diesen Brief (2, 13; 7, 6. 13 f.). Paulus blieb danach nicht mehr lange in Ephesus, wo er in schwere Lebensgefahr geraten war (1, 8–11), sondern reiste auf dem Landweg Titus entgegen (2, 12 f.) und traf in Makedonien mit ihm zusammen (7, 5 ff.). Titus brachte ihm überraschend gute Botschaft. Die Gemeinde hatte den Schuldigen bestraft und die Kollektenangelegenheit in Angriff genommen. Durch diese Nachrichten getröstet, schreibt Paulus nach Korinth. Sollte man nach diesen Vorgängen einen ausgeglichenen Brief erwarten, so mutet eigenartig an, daß Kap. 10–13 noch einmal in äußerster Schärfe gegen Gegner des Paulus polemisiert wird.

c. In Korinth sind *Gegner des Paulus* aufgetreten, die bei Abfassung von I noch nicht in die Gemeinde gekommen waren. Es sind Judenchristen (11, 22), die von außen eingedrungen sind (11, 4) und sich durch Empfehlungsbriefe vor der Gemeinde ausgewiesen haben (10, 12. 18). Sie machen den Anspruch geltend, als Apostel zur Gemeinde zu sprechen (11, 5. 13; 12, 11). Ihre Botschaft unterscheidet sich von der des Paulus (εὐαγγέλιον ἕτερον 11, 4), von dem sie sagen, er sei gar kein Apostel. Denn er könne ja gar keinen rechtlichen Ausweis vorzeigen (13, 3. 7) und habe es nicht einmal gewagt, das dem Apostel zustehende Recht in Anspruch zu nehmen, von der Gemeinde Unterhalt zu verlangen (11, 8 f.). Statt dessen aber habe er als geriebener Bursche, der er sei, die Gemeinde beim Einsammeln der Kollekte für die Jerusalemer Gemeinde beraubt (11, 8 f.; 12, 16). Überhaupt mache Paulus einen merkwürdigen Eindruck. Sei er da, so sei er ein kleiner und unansehnlicher Mann, dessen Rede kümmerlich wirke (11, 6); sei er aber fort, dann schreibe er starke Briefe (10, 1 f. 9 f.). Die Gemeinde, die Paulus als Missionar, aber auch als Verfasser von Briefen kannte, ist offensichtlich durch das Auftreten dieser Leute beeindruckt. Sie muß zwischen rechten und falschen Aposteln unterscheiden und damit die Frage nach der Legitimität des Apostels beantworten.

Das Problem, wie diese Gegner des Paulus genauer bestimmt werden können, ist in der Forschung bis heute umstritten. F. C. Baur hatte an Judaisten gedacht; aber von Gesetz, Sabbat und Beschneidung fällt kein Wort, so daß die Gegner zwar als Judenchristen (11, 22), aber nicht als Judaisten zu bezeichnen sind. Lütgert (s. S. 38), Bultmann und Schmithals (s. S. 38) meinen, daß es sich um dieselben vom Enthusiasmus erfaßten Gegner handle wie in I, die behaupten, die wahren Christusleute zu sein (1C, 7) und allein die rechte Erkenntnis zu haben (11, 6), und die sich ihrer pneumatischen Erfahrungen rühmen (12, 1 ff.). Aber I setzt nirgendwo judenchristliche Gegner voraus, so daß zur Bestimmung der II 10–13 genannten Gruppe nicht auf I zurückgegriffen werden darf. Es handelt sich vielmehr um sog. Apostel, die von außen hinzugekommen sind, sich dann freilich mit den enthusiastischen Bestrebungen in der Gemeinde zusammengetan haben. Den unbestreitbar judenchristlichen Charakter sowie den Apostelanspruch hat Käsemann durch die Annahme erklären wollen, es handle sich um Abgesandte der Urgemeinde aus Jerusalem, die sich auf die Urapostel beriefen (s. auch Barrett). Daher werde auf der einen Seite die ehrfürchtige Aufnahme verständlich, die sie bei der Gemeinde fanden, auf der anderen Seite die Schwere des Kampfes, in dem Apostolat gegen Apostolat steht. Judenchristlicher Charakter und Apostelanspruch finden auf diese Weise eine eindrucksvolle Erklärung; doch tatsächlich wird nirgendwo auf Jerusalem Bezug genommen – weder bei der Erwähnung der Empfehlungsschreiben noch im Zusammenhang mit dem Apostolat. Friedrich hat daher versucht, die Gegner als Angehörige des Apg. 6 und 7 erwähnten Stephanuskreises zu beschreiben, die ekstatisch-visionäre Erfahrungen geltend machten und als charismatische Prediger auftraten. Aber es muß eine unbeweisbare Vermutung bleiben, Stephanusanhänger sollten nach Korinth gekommen sein; und die wenigen Nachrichten über den Stephanuskreis, die die Apg. bietet, reichen nicht aus, um Verbindungslinien nach Korinth wahrscheinlich machen zu können. Georgi hat das Auftreten der Gegner mit der weit verbreiteten Erscheinung von Wanderpredigern in Zusammenhang gebracht, die sich mit göttlichen Kräften begabt wissen. Die Prediger, die die Gemeinde in Korinth beeindruckten, seien hellenistische Judenchristen, die sich auf Empfehlungsbriefe durch andere Gemeinden berufen und als Legitimation die wirksamen Erweise des Geistes vorzeigen, die ihre Werke begleiten. Durch diese Einordnung kann sowohl der judenchristliche Charakter als auch der missionarische Eifer jener sog. Apostel erklärt werden. Eine gewisse Unsicherheit bleibt jedoch bei dem Versuch, die Position jener neu auftretenden Gegner genauer zu bestimmen. Denn in seiner Polemik wendet sich Paulus einerseits gegen ihren Anspruch, andererseits aber gegen die Kriterien, nach denen die Korinther die neuen Apostel und den Apostel Paulus beurteilen. In ihren Augen war es entscheidend, ob der Beweis der Geisteswirkungen erbracht wurde und Zeichen göttlicher Kraft vorgewiesen wurden. Sie konnten von diesem Standpunkt aus offensichtlich eher den »Überaposteln« zustimmen als dem armselig wirkenden Paulus.

Der Apostel führt seine Polemik in harter Abwehr (BETZ). Der Angriff gegen seinen Apostolat bedeutet, daß man einen anderen Jesus verkündigt und einen anderen Geist hat (11, 4). Vermißt man an ihm das imponierende Auftreten eines Pneumatikers (10, 1–10), so könnte zwar auch er sich rühmend hervortun, seine Zugehörigkeit zu Israel geltend machen (11, 22) und von eigenen ekstatischen Erfahrungen reden (12, 1–10). Aber wenn es denn gilt, sich zu rühmen, dann hat er auf Leiden und Schwachheit hinzuweisen. Denn Christus wurde aus Schwachheit gekreuzigt (13, 4), darum kann sein Diener allein daran erkannt werden, daß die Kraft Christi in der Schwachheit zur Vollendung kommt (12, 9). Alles Rühmen darf daher nur ἐν κυρίῳ geschehen. In der Auseinandersetzung mit den Gegnern warnt Paulus die Gemeinde, er werde bald kommen und Ordnung schaffen. Zweifellos ist diese leidenschaftliche Argumentation in 10–13 genuin paulinisch. Es fragt sich jedoch, ob sie ursprünglich in ein und demselben Brief unmittelbar an Kap. 1–9 angeschlossen war.

d. Seit langem ist die Frage verhandelt worden, ob nicht der 2. Kor. eine *Briefkomposition* darstelle, die aus mehreren Stücken zusammengefügt wurde. Der Bruch zwischen Kap. 9 und 10 kann schwerlich damit erklärt werden, Paulus habe zwischen der Abfassung beider Stücke eine schlaflos durchwachte Nacht verbracht (LIETZMANN), bzw. er habe den ganzen Brief mit Unterbrechungen diktiert (KÜMMEL). Den schroffen Ton und die Sprache von Kap. 10–13 meinte HAUSRATH durch die Annahme erklären zu können, hier liege der sog. Zwischen- oder Tränenbrief vor (2, 4; 7, 8 f. 12). Diese Vermutung hat mancherlei Zustimmung gefunden, aber auch berechtigte Einwände. Denn von dem ἀδικήσας, auf dessen Handeln Paulus im Tränenbrief reagiert hat, steht 10–13 nichts. (HAUSRATH verfiel deshalb auf die abwegige Annahme, den ἀδικήσας mit dem Blutschänder von I 5 zu identifizieren.) Wären 10–13 dem Zwischenbrief zuzuweisen, dann müßten außerdem noch weitere Stücke diesem Brief angehört haben, so daß 10–13 nur ein großes Fragment dieses Schreibens sein könnte.

Der Brief enthält aber auch noch andere Brüche in der Gedankenführung, die zu kritischen Überlegungen Anlaß geben. 6, 14–7, 1 liegt ein geschlossenes Stück vor, das sich glatt aus dem Kontext herauslösen läßt – 7,2 schließt gut an 6, 13 an – und durch seine unpaulinische, stark an den Sprachgebrauch der Qumrantexte erinnernde Terminologie sich auffallend heraushebt (FITZMYER, GNILKA). Daher wird es sich entweder um ein sekundär eingesetztes Stück oder aber um ein vorpaulinisches Fragment handeln, das hier eingefügt wurde. Sodann fällt auf, daß das Problem der Kollekte zweimal erörtert wird, Kap. 8 und Kap. 9. Schließlich läßt sich beobachten, daß der persönliche Bericht von 2, 12 f. in 7, 5 ff. seine Fortsetzung findet, so daß 2, 14–7, 4 (abgesehen von 6, 14–7), ein in sich geschlossener Zusammenhang vorliegt.

Die verschiedenen Beobachtungen hat G. BORNKAMM zu einer umsichtig begründeten Theorie über den II als Briefkomposition zusammengefaßt. Der Bruch zwischen 9 und 10 sei so eklatant, daß hier eine Naht vorliegen müsse. Kap. 10–13 stellen ein Fragment des Tränenbriefes dar – nicht den ganzen Brief, da von dem ἀδικήσας nichts erwähnt werde. Ein späterer Kompilator habe dieses Stück an den Schluß gestellt, weil es einem festen Topos entsprach, am Ende eines Schreibens vor Irrlehrern zu warnen (vgl. den Abschluß des Gal. und des Röm. sowie Did. 16). Aber auch der übrige Brief sei nicht einheitlich. In den persönlichen Bericht 1, 8–11; 2, 12 f.; 7, 5–16, der sich in glatter Folge lesen läßt, sei eine große Apologie des apostolischen Amtes eingeschoben, in der noch ein herzliches Verhältnis zur Gemeinde vorausgesetzt ist (2, 14–7, 4). Daraus lasse sich ersehen, daß dieser Abschnitt am frühesten unter allen Stücken des II verfaßt sein müsse. Nach diesem Brief hat sich die Lage erneut verschärft, so daß der Zwischenbesuch erforderlich wurde, der Zwischenfall sich ereignete und dann der Zwischenbrief geschrieben wurde, zu dem Kap. 10–13 gehörten. Dieses Schreiben, das Titus überbrachte, besserte die Lage, so daß Paulus zuletzt einen Versöhnungsbrief, der allerlei Nachrichten und Mitteilungen enthielt, nach Korinth schickte (1–2, 13; 7, 5–16; 8; 13, 11–13). Kap. 9, das noch einmal neu mit der Kollektenangelegenheit einsetzt, sei wahrscheinlich zu einem anderen, selbständigen Schreiben zu zählen.

Dann ergibt die Analyse als ursprüngliche Abfolge: Apologie des apostolischen Amtes (2, 14–7, 4), danach Zwischenbesuch – Zwischenfall – Zwischenbrief (10–13), der die Gemeinde zum Einlenken bewegt, darauf Versöhnungsbrief (1, 1–2, 13; 7, 5–16; 8; 13, 11–13). Als nichtpaulinischer Abschnitt hebt sich 6, 14–7, 1 aus dem Ganzen heraus, als Stück eines selbständigen Briefes Kap. 9. Alle Teile handeln von Wesen und Legitimität des apostolischen Amtes. Die Apologie 2, 14–7, 4 und der Tränenbrief sind in Ephesus entstanden, der Versöhnungsbrief nach dem Wiedersehen mit Titus in Makedonien. Die rasch aufeinanderfolgenden Briefe sind vermutlich kurz nacheinander in den Jahren 55/56 n. Chr. abgefaßt worden.

Was die Komposition betrifft, durch die die verschiedenen Stücke zusammengefügt wurden, so ist mit BORNKAMM folgendes zu sagen: Kap. 10–13 wurden aus den genannten Gründen an den Schluß gestellt. Für den übrigen Zusammenhang gab der Versöhnungsbrief den Rahmen ab. Kap. 9 wurde aus sachlichen Gründen an 8 angehängt. Die Apologie aber erhielt nach 2, 13 ihren Platz. Die dort erwähnte Reise von Ephesus über Troas nach Makedonien erscheint durch den Anschluß von 2, 14 als ein Stück des Triumphzuges, in dem Gott den Apostel durch die Welt führt. Auch am Ende ist ein guter Anschluß gewonnen, indem 7, 5 das 7, 4 genannte Thema der θλῖψις aufnimmt.

Anders als bei I, bei dem durch Berichte und Anfragen aus der Gemeinde die lockere Gedankenfolge des Briefes bedingt ist, finden bei II die Brüche in der vorliegenden Gestalt des Schreibens – vor allem zwischen 9 und 10, aber auch zwischen 2, 13 und 2, 14 – erst durch die Annahme einer sekundär hergestellten Briefkomposition eine befriedigende Erklärung. Zur Bestätigung kann auch darauf hingewiesen werden, daß unser 2. Kor. vor Marcion nicht bezeugt ist. So läßt sich vermuten, daß die verschiedenen Stücke zu Anfang des 2. Jahrhunderts unter dem Leitmotiv der Legitimität des Apostelamtes zusammengefügt wurden, um den großen Brief, der auf diese Weise gewonnen wurde, nicht nur als Vermächtnis des Apostels zu bewahren, sondern vor allem im Gottesdienst verlesen zu können.

§ 16   Der Römerbrief

H. LIETZMANN, An die Römer, [4]1933 (= [5]1971) – J. MUNCK, Paulus und die Heilsgeschichte, 1954 – W. SCHMITHALS, Die Irrlehrer von Röm. 16, 17–20 (1959), in: Paulus und die Gnostiker, 1965, 159–173 – DERS., Der Römerbrief als historisches Problem, 1975 – DERS., Der Römerbrief, 1988 – G. FRIEDRICH, Römerbrief, RGG[3] V. 1137–1143 – O. MICHEL, Der Brief an die Römer, 1955, [5]1978 – U. LUZ, Zum Aufbau von Rm 1–8, ThZ 25 (1969) 161–168 – G. KLEIN, Der Abfassungszweck des Römerbriefes, in: Rekonstruktion und Interpretation, 1969, 129–144 – J. McDONALD, Was Romans XVI a separate Letter? NTS 16 (1969/70) 369–372 – G. BORNKAMM, Der Römerbrief als Testament des Paulus, in: Gesammelte Aufsätze IV, 1971, 120–139 – P. S. MINEAR, The obedience of faith. The purposes of Paul in the epistle to the Romans, 1971 – U. BORSE, Die geschichtliche und theologische Einordnung des Römerbriefes, BZ NF 16 (1972) 70–83 – E. KÄSEMANN, An die Römer, [3]1974, [4]1980 – U. WILCKENS, Der Brief an die Römer I, 1978; II, 1980; 1982, I/II[2], 1987; III[2], 1989.

a. Inhalt: Das Thema der Gerechtigkeit Gottes (1, 16 f.) bestimmt die Gedankenführung des ganzen Briefes. Nach Zuschrift und Gruß (1, 1–7) führt der Briefeingang zur Themenangabe (1, 8–17). Der erste Hauptteil handelt vom Evangelium als der Gotteskraft für jeden, der glaubt (1, 18–8, 39). Der Offenbarung des Zornes Gottes über Heiden und Juden (1, 18–3, 20) wird die Offenbarung der Gerechtigkeit Gottes gegenübergestellt (3, 21–8, 39). Für die Offenbarung der Glaubensgerechtigkeit (3, 21–31) wird ein Schriftbeweis geführt, indem auf das Beispiel der Gerechtigkeit des glaubenden Abraham verwiesen wird (4). Auf die Frage, was es denn heißt, daß der Gerechte aus Glauben *lebe* (1, 17), wird 5–8 geantwortet. Zunächst wird gezeigt, daß das Leben zwar ein Hoffnungsgut ist, aber doch schon Gegenwart (5, 1–11). Hatte durch Adam die Sünde und mit ihr der Tod in die Welt Eingang gefunden, so sind durch Christus Gerechtigkeit und Leben gekommen (5, 12–21). Dann wird ausgeführt, daß die Sünde ihre Herrschaft für die Glaubenden verloren hat (6, 1–7, 6). Die auf Christus getauft sind, sind der Sünde gestorben und leben jetzt Gott in Christus Jesus (6, 1–11). Darum darf die Sünde nicht mehr über sie herrschen und werden sie zu gehorsamem Wandel der Gerechtfertigten gerufen (6, 12–14. 15–23). Sie stehen nun im neuen Leben des Geistes, nicht mehr im alten des Buchstabens (7, 1–6). Die Frage, was denn dann das Gesetz bedeute, leitet zu einem exkursartigen Abschnitt über, der die Knechtschaft des Menschen unter dem Gesetz beschreibt (7, 7–25). Abschließend wird dann vom Leben im Geist und der Gewißheit der kommenden Vollendung gehandelt (8).

Auch die Frage nach dem Schicksal Israels wird vom Thema der Gerechtigkeit Gottes her angegangen. Nach einer einleitenden Klage um Israel wird zuerst von Gottes Erwählung und Verwerfung gesprochen (9, 6–29), ihr dann Israels Schuld gegenübergestellt (9, 30–10, 21) und ist am Ende von Gottes Verheißung für Israel die Rede (11).

Schließlich ist auch die Paränese unter das Thema des ganzen Briefes gestellt. Die Gerechtigkeit Gottes ruft zum Gehorsam der Gerechtfertigten. 12–13 enthalten Mahnungen für das Verhalten der Christen nach außen, 14, 1–15, 13 Weisungen für das Verhalten innerhalb der Gemeinde, besonders für das Zusammenleben der Starken und der Schwachen in der Gemeinde.

15, 14–16, 27 folgt der Abschluß. Pläne des Apostels werden erläutert (15, 14–33), eine lange Grußliste (16, 1–23) und eine Doxologie (16, 25–27) stehen am Ende.

b. Über die Entstehung der *Gemeinde in Rom* liegen keine Nachrichten vor. Der Röm. setzt voraus, daß es in Rom bereits eine christliche Gemeinde gibt, von deren Glaubensstand Kunde in alle Welt ausgegangen ist (1, 8). Paulus hat seit längerer Zeit vorgehabt, sie zu besuchen (1, 10 ff.), ist aber bisher daran gehindert worden (15, 22 ff.). Nirgendwo werden im Brief Namen von Missionaren genannt, die als erste das Evangelium nach Rom gebracht haben. Auch der Apostel Petrus wird nicht erwähnt, der nach der späteren Tradition der erste Bischof der Gemeinde gewesen sein soll. Zwar wird es als historisch gelten dürfen, daß Paulus und Petrus kurze Zeit nacheinander in Rom das Martyrium erlitten haben, aber keiner von beiden hat die Gemeinde gegründet. Sie ist vielmehr durch namenlose, unbekannte Christen entstanden. Sicherlich sind schon sehr früh Christen von Jerusalem nach Rom gekommen (vgl. Apg. 2, 10), die die Christusbotschaft dorthin trugen. In Rom lebte eine große Judenschaft. Aus ihren Kreisen, zu denen auch Proselyten und sog. Gottesfürchtige zu rechnen sind, werden die ersten Christen gekommen sein.

Daß die Anfänge der Gemeinde judenchristlich gewesen sein müssen, geht auch aus dem sog. Judenedikt des Kaisers Claudius hervor (s. S. 32): Judaeos impulsore Chresto assidue tumultuantes Roma expulit (Sueton, Vita Claudii 25). In diesem kurzen Bericht ist irrtümlicherweise vorausgesetzt, ein gewisser Chrestus – ein geläufiger Sklavenname – habe Unruhe unter den Juden entfacht. Tatsächlich wird es auf Grund der Christusbotschaft zu Streitigkeiten unter den Juden gekommen sein. Diese nahm Claudius zum Anlaß, um die Juden aus Rom auszuweisen. Von dem gegen die Juden gerichteten Edikt wurden auch die Judenchristen betroffen (vgl. Apg. 18, 2; s. S. 32). Der Fortbestand der christlichen Gemeinde wurde durch ihre nichtjüdischen Mitglieder aufrechterhalten, so daß sie nunmehr aus Heidenchristen zusammengesetzt war. Kaiser Nero (54–68 n. Chr.) hob das Edikt des Claudius wieder auf und gestattete den Juden die Rückkehr nach Rom. Manche kamen alsbald zurück, so daß auch die christliche Gemeinde wieder Zuzug von Judenchristen erfuhr. Aber die Heidenchristen blieben offenbar in der Überzahl. Denn sie werden Röm. 9–11 besonders angeredet, damit sie nicht vergessen, daß sie in den Ölbaum Israel eingepflanzt worden sind (11, 13 ff.). Auch aus anderen Stellen des Briefes geht hervor, daß die ursprünglich judenchristliche Gemeinde (vgl. das judenchristliche Bekenntnis 1, 3 f.) zur Zeit der Abfassung des Briefes überwiegend aus Heidenchristen besteht (1, 5 f.; 15, 14–16). Mit der Frage, wie die heidenchristliche Majorität mit der judenchristlichen Minorität zusammenleben soll, beschäftigt sich der Abschnitt 14, 1–15, 13.

c. Bei der *Abfassung des Römerbriefes* liegen andere Voraussetzungen vor als bei der Entstehung der übrigen Paulusbriefe. Denn sonst schreibt Paulus an Gemeinden, die er selbst gegründet hat und deren Verhältnisse er genau kennt. Die römische Gemeinde aber hat er bisher noch nicht gesehen und wendet sich zum ersten Mal an sie. Der Anlaß dazu wird 15, 22–25 genannt. Paulus sieht seine Missionsarbeit im Osten des Reiches als beendet an – Gemeinden sind entstanden, die nun selbst für die Ausbreitung des Evangeliums sorgen werden – und möchte, nachdem er die Kollekte nach Jerusalem gebracht hat, nach Westen ziehen. Er weiß sich als Schuldner von Griechen und Barbaren, Weisen und Ungebildeten (1, 14), denen allen er die frohe Botschaft zu bezeugen hat. Ehe der Apostel eine neue Wirksamkeit in Spanien beginnt, möchte er mit der Gemeinde in der Hauptstadt Verbindung aufnehmen, um sich ihrer Unterstützung versichern zu können. Durch seinen Brief bereitet er diesen neuen Abschnitt seines Wirkens vor, indem er der Gemeinde sein Evangelium von der Gerechtigkeit Gottes darlegt. Paulus muß damit rechnen, daß die Gemeinde bereits mancherlei über ihn gehört hat, möglicherweise nicht nur Gutes. Jetzt soll sie sich auf Grund des Briefes selbst ein Urteil über die Predigt des Apostels bilden. Daher erklärt sich der lehrhafte, in der Argumentation ausgewogene Charakter des Schreibens, der gleichwohl ein Brief – bzw. ein Lehrbrief (MICHEL) – und kein Traktat ist. Der Röm. ist auch keine paulinische Dogmatik – es fehlt u. a. ein so wichtiges Thema wie das Abendmahl –, sondern er enthält die Darlegung des paulinischen Verständnisses des Evangeliums als Offenbarung der Gerechtigkeit Gottes.

G. BORNKAMM hat den Röm. als Testament des Paulus beschreiben wollen, das er vor seiner Reise nach Jerusalem niedergeschrieben habe. Vor allem würden Kap. 9–11 im Blick auf die Paulus unmittelbar bevorstehende Auseinandersetzung mit den Jerusalemern verständlich. Man wird jedoch gerade Kap. 9–11 schwerlich von der Vorbereitung des Jerusalembesuchs her zu erklären haben. Adressat des Briefes ist die römische Gemeinde – nicht mit einem Seitenblick auch die in Jerusalem. Der stärker grundsätzliche Charakter des Röm. erklärt sich aus der von Paulus selbst genannten Veranlassung (s. oben).

G. Klein stellt die Frage, wie Paulus dazu komme, entgegen seinem Grundsatz, nicht auf fremdem Boden zu arbeiten, in Rom das Evangelium predigen zu wollen, und antwortet: weil er die römische Gemeinde nicht als rechte apostolische Gemeinde, auf apostolischem Fundament gegründet (1. Kor. 3, 10), ansehe. Deshalb wolle er ihr als berufener Apostel das Evangelium bringen und sie damit zur rechten Gemeinde machen. Doch solche polemisch bestimmten Erwägungen liegen Paulus fern. Vielmehr muß sich sein Auftrag, Juden und Heiden das Evangelium zu bezeugen, gerade in Rom bewähren. Paulus spricht mit Anerkennung von der Gemeinde in Rom (1, 8), übt vorsichtige Zurückhaltung hinsichtlich seiner eigenen Tätigkeit, die er in Rom ausüben will (1, 12: συμπαρακληθῆναι ἐν ὑμῖν), und bezieht sich mit Zustimmung auf den gemeinchristlichen Inhalt des Bekenntnisses, wie es offensichtlich von Anfang an in der römischen Gemeinde in Geltung stand (Röm. 1, 1–4). Er setzt jedoch voraus, daß er sich mit den Christen in Rom zu ein und demselben Herrn bekennt, mit ihnen in der Gemeinschaft des Glaubens und der Liebe steht und daher ihre Unterstützung für sein missionarisches Vorhaben im Westen des Reiches erbitten kann.

P. S. Minear möchte die Entstehung des Röm. von den Verhältnissen in der römischen Gemeinde her erklären, die so geartet gewesen seien, daß der Gegensatz streitender Parteien eine ordentliche Zusammenkunft nicht mehr ermöglichte. Paulus nimmt jedoch zwar in Kap. 14–15 darauf Bezug, daß es unterschiedliche Meinungen in der Gemeinde gibt; die eigentliche Veranlassung seines Schreibens nennt er aber 15, 22 ff.

Paulus schreibt den Röm. in Korinth, von wo aus er sich auf die Reise nach Jerusalem begeben will, um die Kollekte zu überbringen (15, 22–33). Die Diakonisse Phoebe aus der Gemeinde in Kenchreae, dem Vorhafen von Korinth, wird den Brief nach Rom mitnehmen (16, 1). Paulus hat während seines dreimonatigen Aufenthalts in Korinth (Apg. 20, 3) bei Gajus Unterkunft gefunden (16, 23). Die Abfassung des Briefes, der nach der korinthischen Korrespondenz entstanden ist, wird daher in das Jahr 56 n. Chr. zu datieren sein.

d. Ein besonderes Problem stellt die Frage dar, in welchem *Verhältnis Röm. 16 zum übrigen Brief* steht. In der handschriftlichen Überlieferung steht die Schlußdoxologie (16, 25–27), die an ihrer Terminologie als nachpaulinisch zu erkennen ist (der ewige Gott, der allein weise Gott u.a.m.), an verschiedenen Stellen des Briefes. Marcion hat den Röm. mit 14, 23 beendet, so daß Kap. 15 und 16 in seinem Text fehlen. Kap. 15 hat er offensichtlich aus antijüdischen Erwägungen fortgelassen, weil Christus dort als διάκονος περιτομῆς (15, 8) bezeichnet wird. Durch Marcion ist dann in die weitere Überlieferung eine bleibende Unsicherheit hinsichtlich der Position der abschließenden Doxologie gekommen. Manche Handschriften bringen sie nach 14, 23, p[46] hinter 15, 33 und andere Zeugen nach 16, 23. Daß Kap. 15 mit den vorangehenden Kapiteln zusammengehört, ist sicher. Schwierigkeiten aber gibt Röm. 16 auf. Am paulinischen Charakter des Kapitels besteht kein Zweifel. Doch ob die lange Grußliste wirklich ursprünglich Bestandteil des Röm. war, ist in der Forschung umstritten. Verwunderlich mutet an, daß Aquila und Priscilla, die sich kurze Zeit vorher in Ephesus befanden (1. Kor. 16, 19), nun in Rom sein sollen (16, 3), sowie daß Epainetos, der Erstling Asiens – d. h. einer der ersten Christen in Kleinasien –, gleichfalls in Rom sein soll (16, 5). Viele Gelehrte haben daher vermutet, Röm. 16 sei ursprünglich nach Ephesus gerichtet worden, Phoebe habe Röm. 1–15 sowie getrennt davon Röm. 16 auf die Reise genommen, unterwegs Röm. 16 in Ephesus abgegeben und sei dann mit Röm. 1–15 nach Rom weitergefahren. In Ephesus habe man sich von Röm. 1–15 eine Abschrift gemacht und diese mit Röm. 16 verbunden, so daß die uns überlieferte Fassung von Röm. 1–15 u. 16 auf die Gemeinde in Ephesus zurückzuführen sei (Friedrich u. a.). Andere Exegeten vermuten, die Verbindung von 1–15 und 16 sei erst in Ägypten hergestellt worden (Munck u. a.). Handelt es sich in 16 ursprünglich um einen kurzen Epheserbrief, so werde eher begreiflich, daß 16, 17–20 plötzlich eine kurze, scharfe Polemik gegen gnostisierende Irrlehrer einsetzt (SCHMITHALS), die man in einem nach Rom gerichteten Schreiben nicht erwarten würde (KÄSEMANN).

Gegen diese Annahme ist eingewandt worden, Röm. 16 werde als selbständiger Brief nicht wirklich verständlich, zumal es in der Antike keine Beispiele dafür gebe, daß ein Brief nahezu ausschließlich aus Grüßen bestehe (KÜMMEL). Doch dieses Argument ist inzwischen widerlegt. Es gibt tatsächlich in der antiken Briefliteratur einige Beispiele von Briefen, die zum weitaus überwiegenden Teil Grüße enthalten (MCDONALD). Es wäre daher grundsätzlich denkbar, daß Röm. 16 nicht nach Rom, sondern an die Gemeinde in Ephesus gerichtet war und erst sekundär mit Röm. 16 verbunden wurde.

Doch absolut sicher ist diese These nicht. Denn es ist durchaus verständlich, daß Paulus, der die römische Gemeinde noch nicht hat besuchen können, seinerseits daran interessiert war, in einer langen Grußliste hervorzuheben, daß er eine ganze Reihe von Gemeindegliedern persönlich kennt und daher durch sie bereits mit der Gemeinde verbunden ist. Aquila und Priscilla waren bewegliche Leute, bald in Korinth, bald in Ephesus und möglicherweise nach Aufhebung des Judenediktes (s. S. 47) auch wieder nach Rom zurückgekehrt. Ein kleinasiatischer Christ wie Epainetos kann in der damaligen Zeit, die unter dem Schutz der Pax Romana sichere Reisemöglichkeiten bot, durchaus nach Rom verzogen sein. Schließlich lassen sich die übrigen Namen, die aufgeführt werden, sowohl in Ephesus als auch in der Welthauptstadt Rom gut vorstellen. Eine kurze abschließende Warnung vor Irrlehrern kann an das Ende eines Schreibens als allgemeiner Hinweis auch dann gestellt worden sein, wenn kein unmittelbarer Anlaß dazu in der angesprochenen Gemeinde bestand. So läßt sich kein zwingender Beweis dafür führen, Röm. 16 könnte nicht Bestandteil des Röm. gewesen sein. Es ist vielmehr durchaus möglich, daß die Grußliste von Anfang an zum Röm. hinzugehörte (LIETZMANN, KÜMMEL, WILCKENS).

Im übrigen ist die literarische Integrität des Röm. nahezu allgemein anerkannt. SCHMITHALS nimmt jedoch an, zwei ursprünglich selbständige Briefe des Paulus nach Rom seien erst durch den Herausgeber der ältesten Sammlung der Paulusbriefe mit Kap. 16 und der Schlußdoxologie redaktionell zusammengearbeitet worden. SCHENKE-FISCHER weisen Kap. 14, 1 – 15, 13 mit Kap. 16 einem ursprünglichen Epheserbrief zu.

§ 17   Der Philipperbrief

A. DEISSMANN, Licht vom Osten, ⁴1923, 204 – E. LOHMEYER, Der Brief an die Philipper, 1930 – W. SCHMITHALS, Die Irrlehrer des Philipperbriefes (1957), in: Paulus und die Gnostiker, 1965, 47–87 – H. KÖSTER, The Purpose of the Polemic of a Pauline Fragment (Phil. III), NTS 8 (1961/62) 317–332 – G. BORNKAMM, Der Philipperbrief als paulinische Briefsammlung (1962), in: Gesammelte Aufsätze IV, 1971, 195–205 – J. GNILKA, Der Philipperbrief, 1968, ⁴1987 – G. FRIEDRICH, Der Brief an die Philipper, 1976/1985.

a. Inhalt: Auf Zuschrift (1, 1 f.) und Briefeingang (1, 3–11) folgen in Nachrichten und Paränese (1, 12–3, 1) zunächst ein Bericht über die Lage des Apostels (1, 12–26), dann Mahnungen zur Einigkeit in der Gemeinde (1, 27–2, 18), die durch das Zitat eines Christushymnus (2, 6–11) ihre theologische Begründung erfahren. Zwei Mitteilungen über Timotheus und Epaphroditus schließen sich an (2, 19–30), der 3, 1 angestimmte Ruf zur Freude könnte zum Abschluß des Briefes überleiten. Doch 3, 2 setzt unvermutet eine scharfe Polemik gegen Irrlehrer ein, die bis 4, 1 reicht. Dann erst wird der Brief zu Ende geführt mit Ermahnungen, erneutem Aufruf zur Freude und dankender Quittung für die von den Philippern empfangenen Gaben (4, 2–20). Grüße und Gnadenwunsch stehen am Schluß (4, 21–23).

b. Die *Gemeinde in Philippi* ist durch die Wirksamkeit des Paulus entstanden, als er auf der sog. zweiten Missionsreise im Jahr 49 n. Chr. nach Europa kam (Apg. 16, 12–40). In dieser durch gute Verkehrslage begünstigten Stadt, die nach ihrem Gründer Philipp von Makedonien, dem Vater Alexanders d. Gr., benannt war, gab es nur wenige Juden. Sie besaßen keine Synagoge, sondern nur einen Betplatz (Apg. 16, 13). Hier begann nach dem Bericht der Apg. die Wirksamkeit des Paulus, indem er die Purpurkrämerin Lydia für den christlichen Glauben gewann. Als er eine Magd vom Wahrsagegeist befreite, kam es zu tumultuarischen Auseinandersetzungen, derentwegen Paulus ins Gefängnis geworfen wurde. Gefangenschaft und wunderbare Befreiung werden in der Apg. in einer ausführlichen Erzählung geschildert. Daß er Kämpfe und Mißhandlungen zu ertragen hatte, wird von Paulus selbst nur kurz erwähnt (Phil. 1, 30; 1. Thess. 2, 2). Die im Brief genannten Namen beweisen, daß die Gemeinde überwiegend heidenchristlich zusammengesetzt war (2, 25 ff.; 4, 2 f. 18). Trotz der kurzen Zeit, die Paulus bei der Gemeinde bleiben konnte, wußte er sich mit ihr eng verbunden. Nur von ihr hat er Gaben angenommen, die sie ihm zuschickte (4, 15 f.); sonst verdiente er mit seiner eigenen Hände Arbeit seinen Lebensunterhalt, um die Verkündigung des Evangeliums nicht zu belasten (1. Kor. 9, 18). Für die ihm zuteil gewordenen Beweise enger Verbundenheit sagt der Apostel seinen besonderen Dank (4, 10–20).

c. Kap. 3 steht eine scharfe Polemik gegen *Irrlehrer*, deren Position schwer genau zu bestimmen ist. 3, 2 werden sie Hunde, Werkleute und Zerschneidung genannt. Diese Worte deuten auf Leute jüdischer Herkunft, die auf das Fleisch vertrauen. Sind sie stolz auf ihre jüdische Abkunft, so könnte auch Paulus mit solchen Vorzügen aufwarten, aber um Christi willen hat er alles für Schaden erachtet (3, 4–11). 3, 17 wird dann ein zweites Mal angesetzt und der Gemeinde gesagt, es gebe leider viele, die als Feinde des Kreuzes Christi leben, deren Gott der Bauch ist, ihr Ruhm ihre Schande und die nur auf Irdisches aus sind (3, 18 f.). Dabei wird schwerlich an eine Gruppe zu denken sein, die von der 3, 2 ff. genannten zu unterscheiden ist, sondern es wird sich um eine nähere Charakterisierung derselben Irrlehrer handeln. Sie können daher nicht einfach als Judaisten bezeichnet und auch nicht mit den Irrlehrern des Gal. identifiziert werden (gegen SCHMITHALS). Eher kommen sie den Gegnern nahe, gegen die Paulus sich 2. Kor. 10–13 wenden muß, doch fehlt dort die Forderung der Beschneidung, auf die Phil. 3, 2 angespielt wird. Wahrscheinlich sind daher die Irrlehrer des Phil. als eine judenchristlich-gnostische Gruppe zu bestimmen, die den Stolz auf die Zugehörigkeit zu Israel mit der selbstgewissen Überheblichkeit derer verbindet, die eine libertinistische Ethik vertreten (KÖSTER). Denn die Beschneidung macht ihrer Ansicht nach gefeit gegen Verlust des Heils, dessen sie sich sicher wähnen. Paulus weist dagegen daraufhin, daß der um Christi willen gerechtfertigte Christ noch nicht am Ziel, sondern unterwegs ist. Weil er von Christus ergriffen ist, streckt er sich nach vorn aus und schaut auf das Ziel der künftigen Vollendung (3, 12–14. 20 f.).

d. Der abrupte Einsatz in 3, 2 stellt die *Frage nach der Einheitlichkeit des Briefes* (SCHMITHALS, BORNKAMM, GNILKA, FRIEDRICH). Abgesehen von Kap. 3 ist der übrige Brief auf den Ton der Freude gestimmt, zu der der Apostel ungeachtet seiner Gefangenschaft und des ihm möglicherweise bevorstehenden Endes aufruft. In Kap. 3 verlautet dagegen kein Wort von der Freude, sondern wird eine überaus scharfe Abgrenzung von den Irrlehrern vollzogen. Man wird daher mit hoher

Wahrscheinlichkeit anzunehmen haben, daß 3, 2–4, 3 – sowie vermutlich 4, 8 f. als Abschluß – ursprünglich zu einem anderen Brief gehörten. Vielleicht ist auch der Abschnitt 4, 10–20 als Bestandteil eines selbständigen Dankbriefes zu beurteilen, der dann ursprünglich am Anfang der Korrespondenz gestanden hat (BORNKAMM). Der uns vorliegende Phil. stellt also eine Briefkomposition dar. In den von der Freude bestimmten Brief (1, 1–3, 1; 4, 4–7. 21–23) ist die Polemik gegen die Irrlehrer eingefügt, die den Hinweis auf das Vorbild des Apostels enthält (3, 17) und mit einer entsprechenden Paränese ausklingt (4, 8–9).

Die Korrespondenz des Paulus mit der Gemeinde in Philippi besteht somit aus folgenden Stücken: A 4, 10–20; B 1, 1–3, 1; 4, 4–7. 21–23; C 3, 2–4, 3. 8 f. Im 2. Jahrhundert spricht der Bischof Polykarp von Smyrna in seinem nach Philippi gerichteten Brief davon, daß Paulus »euch *Briefe* schrieb« (3, 2). Darin könnte ein Hinweis darauf enthalten sein, daß Polykarp tatsächlich mehrere nach Philippi gerichtete Briefe kannte. Die Redaktion hat die Irrlehrerpolemik nicht wie beim 2. Kor. an das Ende gestellt, sondern so eingeordnet, daß im 4. Kap. der eschatologische Ausblick hervorgehoben wird (4, 7) und am Ende das herzliche Verhältnis, das Apostel und Gemeinde verband (4, 10–20), hervortritt.

e. Zeit und Ort der Abfassung lassen sich nur für 1, 1–3, 1; 4, 4–7. 21–23 mit einiger Sicherheit bestimmen. Paulus befindet sich im Gefängnis (1, 7. 13 u. ö.) und bedankt sich bei der Gemeinde für die Gabe, die sie ihm geschickt hat. Die Philipper hatten davon gehört, daß der Apostel gefangen liegt, und Epaphroditus als ihren Abgesandten zu ihm geschickt (2, 25). Während er bei Paulus war, erkrankte er schwer; davon vernahmen die Philipper (2, 26 f.). Von der Sorge, die sie um Epaphroditus trugen, erfuhr wiederum Paulus und sucht sie nun seinetwegen zu beruhigen (2, 27 f.). Es sind also mehrfach Nachrichten hin und her gegangen. Wo der Apostel im Gefängnis festgehalten wurde, wird nicht gesagt. Erwähnt wird lediglich, im ganzen πραιτώριον sei bekannt geworden, daß er als Zeuge des Evangeliums und nicht als Verbrecher gefangengehalten wurde (1, 13). Der Prozeß des Paulus kann mit einem Todesurteil enden (1, 28; 2, 17); doch hofft er, wieder frei zu kommen und dann die Gemeinde besuchen zu können (1, 26; 2, 24). Unter den Grüßenden, die am Ende genannt werden, sind auch οἱ ἐκ τῆς Καίσαρος οἰκίας erwähnt (4, 22). Nach der traditionellen Ansicht, die auch heute vielfach vertreten wird, ist deshalb an Rom als Abfassungsort zu denken. Dem steht jedoch entgegen, daß Paulus nach Röm. 15, 24. 28 plante, von Rom nach Spanien zu reisen, im Phil. aber einen Besuch bei der Gemeinde in Aussicht nimmt. Sodann ist die Entfernung zwischen Rom und Philippi so weit, daß es schwer vorstellbar ist, wie der Austausch von Nachrichten zwischen Apostel und Gemeinde, auf den 2, 25–30 angespielt wird, vor sich gegangen sein sollte. Die weite Entfernung spricht gleichfalls gegen die Vermutung, Paulus befinde sich in Caesarea (LOHMEYER), wo es ein πραιτώριον gab, den ehemaligen Herodespalast (Apg. 23, 35).

Der enge Kontakt, den Paulus mit der Gemeinde hat pflegen können, macht es wahrscheinlich, daß der Ort seiner Gefangenschaft nicht zu weit von Philippi entfernt war. Dann ließe sich an Ephesus denken (DEISSMANN u. a.). Zwar wird in der Apg. nichts von einer Haft des Paulus in Ephesus erwähnt, aber Paulus war im Laufe seiner Wirksamkeit öfters gefangen (2. Kor. 11, 23), und die Anspielungen auf schweres Leiden, das er während des ephesinischen Aufenthaltes zu erdulden hatte (1. Kor. 4, 9; 15, 32; 2. Kor. 1, 8–11), legen die Annahme nahe, daß er auch in Ephesus einige Zeit hat im Gefängnis verbringen müssen. In Ephesus war eine Prätorianerabteilung stationiert, und auf Grabinschriften sind Namen von Angehörigen der domus Caesaris bezeugt, d. h. von Freigelassenen des kaiserlichen

Hauses. Nach 4, 22 hatte die Mission des Paulus auch in diesen Kreisen Erfolg. Dann wird der Brief 1, 1–3, 1; 4, 4–7. 21–23 wahrscheinlich etwa 55 n. Chr. in Ephesus entstanden sein. Da 3, 2–4, 3. 8 f. nicht auf eine Gefangenschaft angespielt wird, ließe sich denken, daß dieses Stück etwas später abgefaßt wurde, möglicherweise während des Aufenthaltes in Korinth 56 n. Chr. (GNILKA). Doch das kann nicht mehr als eine Vermutung sein. Das Fragment des Dankbriefes 4, 10–20 dürfte auf jeden Fall an den Anfang der Korrespondenz mit der Gemeinde in Philippi zu stellen sein.

§ 18   Der Philemonbrief

J. KNOX, Philemon among the Letters of Paul, [2]1959 – E. LOHSE, Die Briefe an die Kolosser und an Philemon, 1968 – P. STUHLMACHER, Der Brief an Philemon, 1975, [3]1989 – A. SUHL, Der Brief an Philemon. 1981.

a. Inhalt: Nach Eingangsgruß (1–3) und Danksagung (4–7) trägt Paulus dem Philemon seine Bitte für dessen entlaufenen Sklaven Onesimus vor, er möchte ihn als Bruder wieder aufnehmen (8–20). Kurze Mitteilungen und Grüße stehen am Schluß (21–25).

b. Empfänger des Briefes ist Philemon, dessen Sklave Onesimus fortgelaufen ist und bei Paulus Zuflucht gesucht hat. Der Apostel respektiert die Eigentumsrechte des Herrn und schickt Onesimus zurück. Er gibt ihm den Brief an Philemon mit, damit er gütig von ihm aufgenommen wird. Die ἀγάπη wird als die Norm des Handelns herausgestellt, so daß Herr und Sklave sich als Brüder gegenübertreten sollen. Da der Kol. von Onesimus (4, 9) und Archippus (4, 17) ausdrücklich bemerkt, daß sie zur Gemeinde von Kolossae gehörten, wird anzunehmen sein, daß auch Philemon dort wohnte.

Nach KNOX soll nicht Philemon, sondern Archippus der Herr des Onesimus und daher auch der Empfänger des Briefes gewesen sein. Der Phm. sei in Wahrheit der Kol. 4, 16 erwähnte Laodizenerbrief, Philemon sei daher ein angesehenes Glied der Gemeinde in Laodizea gewesen. Paulus habe an ihn zunächst geschrieben, damit er den Brief nach Kolossae weitergebe und sich bei Archippus für den entlaufenen Sklaven verwenden solle. Auf diesen Auftrag werde mit der Erwähnung der διακονία des Archippus Kol. 4, 17 angespielt. Doch diese Konstruktion ist nur durch willkürliche Kombination von Aussagen des Kol. mit denen des Phm. gewonnen und hat am Text des Phm. keinen Anhalt. Zwar werden Phm. 1 f. neben Philemon Apphia, Archippus und die Hausgemeinde als Mitempfänger aufgeführt, weil die Angelegenheit des Onesimus die ganze Gemeinde betrifft. Aber wenn der Apostel sich dann im Singular an den Empfänger des Briefes wendet (V. 2. 4), so ist zweifellos allein der an erster Stelle genannte Philemon gemeint.

c. Zeit und Ort der Abfassung lassen sich nur mit einiger Wahrscheinlichkeit bestimmen. Paulus liegt gefangen (V. 1. 9 f. 13. 22 f.), offensichtlich nicht gar zu weit vom Wohnort des Philemon entfernt, da der entlaufene Sklave unbehelligt sich zu ihm hat durchschlagen können. Dann wird anzunehmen sein, daß auch dieser Brief während der ephesinischen Gefangenschaft (s. S. 51 f.) Mitte der fünfziger Jahre entstanden ist.

IV. Die Deuteropaulinen

§ 19 Der 2. Thessalonicherbrief

A. v. Harnack, Das Problem des 2. Thess., SBA 1910, 560–578 – J. Weiss, Das Urchristentum, 1917, 217–219 – H. Braun, Zur nachpaulinischen Herkunft des zweiten Thessalonicherbriefes (1952/53), in: Gesammelte Studien zum NT und seiner Umwelt, ³1971, 205–209 – R. Bultmann, Theologie des NT, ⁶1968 (= ⁹1984), 484 – W. Trilling, Untersuchungen zum zweiten Thessalonicherbrief, 1972 – Ders., Der zweite Brief an die Thessalonicher, 1980 – A. Lindemann, Zum Abfassungszweck des zweiten Thessalonicherbriefes, ZNW 68 (1977) 35–77.

a. Inhalt: Nach Gruß (1, 1–2) und einleitender Danksagung (1, 3–12) wird die Gemeinde darüber belehrt, daß die Parusie nicht so bald kommen wird, wie manche meinen (2, 1–12). Zunächst muß der große Abfall kommen, der ἄνθρωπος τῆς ἀνομίας offenbart (2, 3) und das κατέχον (2, 6) bzw. der κατέχων (2, 7) beseitigt werden, durch den das Geheimnis des Frevels noch aufgehalten wird. Dann erst wird der Frevler auftreten, den der Herr Jesus mit dem Geist seines Mundes umbringen wird (2, 8). Daher soll sich niemand verwirren lassen durch falsche Ankündigungen oder gar »durch einen Brief unter unserem Namen, als sei der Tag des Herrn schon da« (2, 2). An den apokalyptischen Abschnitt schließen sich erneute Danksagung und Ermahnung der Gemeinde an (2, 13–3, 5) und eine Anweisung zur Kirchenzucht gegenüber den ἄτακτοι, die wegen des nahenden Endes alles treiben lassen (3, 6–16). Mit einem als eigenhändig hervorgehobenen Schlußgruß endet der Brief (3, 17 f.).

b. Das Verhältnis von II zu I ist durch einen inhaltlichen Widerspruch gekennzeichnet. In I wird die baldige Parusie erwartet (4, 13 ff.; 5, 1 ff.), II aber belehrt, daß der Tag des Herrn nicht so bald kommt. J. Weiss hat daher vermutet, die Reihenfolge beider Thess.briefe sei umzukehren: II sei dem Timotheus auf seine Reise zur Gemeinde mitgegeben worden; auf die II 3, 11 genannten ἄτακτοι werde I 5, 14 wieder angespielt, und die nachdrückliche Betonung der paulinischen Abfassung (II 2, 2; 3, 17) werde erst voll verständlich, wenn es sich um den ersten an die Gemeinde gerichteten Brief handle; schließlich setze die Bemerkung, die Gemeinde habe es nicht nötig, über die Fristen und Zeiten belehrt zu werden (I 5, 1), die Unterweisung II 2, 1–12 voraus. Doch es bleibt schwer vorstellbar, daß Paulus zuerst eine Fernerwartung, dann aber eine Naherwartung vertreten haben sollte.

v. Harnack schlug vor, II sei nicht an die ganze Gemeinde, sondern nur an ihren judenchristlichen Teil gerichtet, wie im Unterschied zu I die stark atlich bestimmte Sprache von II erkennen lasse. Die Adresse II 1, 1 lautet aber genau wie die von I 1, 1, und es ist ganz unwahrscheinlich, daß apokalyptische Erwartungen nur bei judenchristlichen Gemeindegliedern lebendig gewesen sein sollten.

c. Der sachliche Gegensatz zwischen I und II findet eine hinreichende Erklärung erst durch die Annahme *nachpaulinischer Entstehung des II,* für die vor allem zwei Gründe anzuführen sind. 1. Zwar bedient Paulus sich des öfteren apokalyptischer

Vorstellungen, um eschatologische Aussagen zu unterstreichen (1. Thess. 4, 13–18; 1. Kor. 15, 20–28), nirgendwo aber schildert er sonst ein endzeitliches Drama. In II 2, 1–12 sollen die apokalyptischen Stoffe nicht das Kommen Christi beschreiben, sondern vielmehr erklären, warum die Parusie noch in einiger Ferne liegt (BRAUN). 2. In den übrigen Stücken des II findet sich eine Fülle enger sprachlicher Anklänge an I; ein Drittel des Sprachschatzes ist beiden Briefen gemeinsam (z. B. I 3, 11: Αὐτὸς δὲ ὁ θεὸς καὶ πατὴρ ἡμῶν καὶ ὁ κύριος ἡμῶν Ἰησοῦς κατευθύναι τὴν ὁδὸν ἡμῶν πρὸς ὑμᾶς; II 3, 5: ὁ δὲ κύριος κατευθύναι ὑμῶν τὰς καρδίας). Bei der Abfassung von II ist also offensichtlich I benutzt worden. Diese Benutzung aber ist in der Absicht geschehen, Mißverständnisse, die sich aus I ergeben könnten, zu korrigieren. II mutet weithin wie ein Kommentar zu I an, der die in I ausgesprochene Erwartung des nahen Endes durch den Hinweis einschränkt, zuvor müsse noch allerlei geschehen, was noch nicht eingetreten sei (BULTMANN). Daraus braucht jedoch nicht notwendig gefolgert zu werden, der Verf. von II habe I verdrängen und allein seinen Brief als echt erweisen wollen (so LINDEMANN). II wird vermutlich gegen Ende des 1. Jahrhunderts n. Chr. in Kreisen entstanden sein, die die paulinischen Briefe lasen und auslegten. Auf diese Zeit der Abfassung weist die »abgeblaßte Lehr- und Formelsprache« (TRILLING) hin, in der der Verf. redet. Als ein authentischer Kommentar zu I hat II bald Anerkennung gefunden, so daß Polykarp ihn bereits zitiert – sein Phil. 11, 4 spielt auf II 3, 15 an – und Marcion ihn in seinen Kanon aufgenommen hat.

§ 20 Der Kolosserbrief

E. LOHMEYER, Der Brief an die Kolosser, 1930 – M. DIBELIUS – H. GREEVEN, An die Kolosser, ³1953 – E. LOHSE, Die Briefe an die Kolosser und an Philemon, 1968 – J. LÄHNEMANN, Der Kolosserbrief, 1971 – W. BUJARD, Stilanalytische Untersuchungen zum Kolosserbrief, 1973 – E. SCHWEIZER, Der Brief an die Kolosser, 1976, ³1989 – J. GNILKA, Der Kolosserbrief, 1980.

a. Inhalt: Die auf die Grußzuschrift (1, 1–2) folgende Danksagung ist so weit ausgedehnt, daß sie nicht nur vom guten Zustand der Gemeinde handelt (1, 3–8), sondern auch Lobpreis und Hymnus (1, 12–20), dessen Anwendung auf die Gemeinde (1, 21–23) und Ausführungen über das apostolische Amt des Paulus einschließt (1, 24–2, 5).
Der lehrhafte Teil dient einer scharfen Auseinandersetzung mit Irrlehrern (2, 6–23). Ihrer Auffassung, den Weltelementen müsse ehrfürchtig gehuldigt werden, wird entgegengehalten, daß Christus Herr über alle Welt ist (2, 6–15). Daraus wird gefolgert, daß die von den Irrlehrern als bindend vertretenen Satzungen keine verpflichtende Kraft mehr haben können (2, 16–23).
Der paränetische Teil (3, 1–4, 6) wird durch den Aufruf eingeleitet, nach droben zu trachten (3, 1–4), mit der Aufforderung, den neuen Menschen anzuziehen (3, 5–17), und einer Haustafel (3, 18–4, 1) weitergeführt und mit kurzen Schlußmahnungen abgerundet (4, 2–6). Mitteilungen und Grüße stehen am Ende des Briefes (4, 7–18).
b. Die Gemeinde in Kolossae ist nicht von Paulus, sondern durch Epaphras, einen Schüler des Apostels, gegründet worden (1, 1; 4, 12 f.). Die kleinasiatische Stadt Kolossae, im oberen Tal des Lykusflusses gelegen, war einst ein wichtiger Ort gewesen, hatte aber dann erheblich an Bedeutung verloren und war hinter den Nachbarstädten Laodizea und Hierapolis (4, 13. 15 f.) zurückgeblieben. Die Glieder der Gemeinde waren zum überwiegenden Teil Heidenchristen (1, 21; 2, 13). Das

Bild, das im Brief gezeichnet wird, beschreibt mit allgemeingültigen Zügen eine Gemeinde, die dem apostolischen Evangelium gehorsam ist, und trägt daher typische Züge, mit denen gezeigt wird, wie eine Gemeinde aus Glaube, Liebe und Hoffnung (1, 4 f.) lebt. Es wird mit herkömmlichen Wendungen dargestellt, wie an allen Orten rechte Christen wandeln sollen in der ἀγάπη ἐν πνεύματι (1, 8).

c. In die Gemeinde sind *Irrlehrer* eingedrungen, die zwar noch keinen nennenswerten Erfolg erzielt haben (2, 4. 8. 20), aber doch eine Gefährdung darstellen, vor der nachdrücklich gewarnt werden muß. Ihre Lehre ist vor allem durch zwei Grundzüge charakterisiert: 1. Sie enthält Spekulationen über die στοιχεῖα τοῦ κόσμου (2, 8. 20), die als gewaltige Engelwesen (2, 18) vorgestellt werden. Als kosmische Kräfte bestimmen sie nicht nur den Weltenlauf, sondern auch das Geschick des einzelnen Menschen, der ihnen darum huldigend dienen muß (2, 18). Wird die Lehre φιλοσοφία genannt (2, 8), so bedeutet das nicht, daß von kritischem Denken und urteilendem Erkennen im Sinn der klassischen griechischen Philosophie die Rede ist. Sondern mit dem Begriff φιλοσοφία sind religiöse Vorstellungen und Erwartungen verbunden, die durch kultische Handlungen vermittelt und angeeignet werden sollen. 2. Der den Weltelementen erwiesene Dienst schließt die Befolgung bestimmter δόγματα ein (2, 14). Satzungen, die die genaue Einhaltung bestimmter Tage (2, 16) und das Meiden verbotener Speisen und untersagten Tranks (2, 16. 21) fordern, müssen sorgfältig beachtet werden. Die Gesetzlichkeit dieser Lehre erinnert deutlich an judaistische Forderungen, wie sie von den Irrlehrern des Gal. erhoben wurden (s. S. 37), ist von ihnen jedoch in bezeichnender Weise unterschieden, weil die Vorschriften nicht mit der Heilsnotwendigkeit des mosaischen Gesetzes begründet, sondern mit der Verehrung der στοιχεῖα τοῦ κόσμου in Zusammenhang gebracht werden. Die Irrlehre trägt also ausgesprochen synkretistische Züge und hat unter anderem auch jüdische Gesetzlichkeit in sich aufgenommen und in das bunte Geflecht ihrer Spekulationen einbezogen. Gegen diese Lehre wird geltend gemacht, daß Christus der Herr der Welt ist und daher alle göttliche Fülle in ihm wohnt (1, 19; 2, 9). Nicht über die Verehrung der Weltelemente und Engelmächte, sondern allein durch Christus gibt es daher Erfüllung (2, 10). Wer auf Christus getauft und mit ihm gestorben und auferstanden ist, der ist daher mit ihm auch den Weltelementen gestorben, so daß weder die Schicksalsgewalten ihn bedrohen noch gesetzliche Forderungen an ihn gerichtet werden können. Von der kosmischen Weite des Christusgeschehens her wird die Freiheit der Christen begründet, durch die sie vom knechtenden Dienst erlöst und zu gehorsamem Wandel ermächtigt sind.

d. Die Frage nach *Zeit und Ort der Abfassung* gibt einige Probleme auf. Paulus liegt nach 4, 3 f. 10. 18 im Gefängnis, ohne daß angedeutet würde, an welchem Ort er sich befindet. Nach der traditionellen Auffassung ist an Rom zu denken, so schon die später zum Brief hinzugefügte subscriptio: ἐγράφη ἀπὸ Ῥώμης διὰ Τυχίκου καὶ Ὀνησίμου (𝔐). Neben Rom ist in der neueren Diskussion auch Ephesus in Betracht gezogen wurden. Doch wenn der Kol. von Paulus in Ephesus verfaßt wäre, müßte er vor dem Röm., vielleicht auch vor dem 2. Kor., geschrieben sein. Eine so frühe Entstehung des Briefes muß aber als schlechterdings ausgeschlossen bezeichnet werden, da der Kol. seiner Theologie wegen unbedingt nach den paulinischen Hauptbriefen angesetzt werden muß. Caesarea als Abfassungsort anzusehen (LOHMEYER, DIBELIUS-GREEVEN), legt der Brief keineswegs nahe. Keiner der Mitarbeiter, die nach 4, 7–14 bei Paulus sind, wird in dem Bericht der Apg. über die Gefangenschaft in Caesarea erwähnt (23, 23–26, 32). SCHWEIZER vertritt die Hypothese, Timotheus (vgl. 1, 1) habe im Auftrag des Apostels in Ephesus den Brief verfaßt (ähnlich GNILKA, doch s. S. 29 f.). Wird Rom als Abfassungsort angenommen, so bliebe die Möglichkeit dafür offen, daß die paulinische Theologie seit der Abfassung der Hauptbriefe eine gewisse Fortentwicklung erfahren haben könnte, indem die Gedanken des alternden Apostels um das Mysterium des göttlichen Heilsplanes kreisen.

Zwei gewichtige Gründe sprechen jedoch für die Annahme *nachpaulinischer Entstehung* des Briefes:

1. *Sprache und Stil* des Briefes weisen beträchtliche Unterschiede zu den paulinischen Hauptbriefen auf. Im Kol. finden sich 34 Hapaxlegomena, die nirgendwo im NT wiederkehren: προακούειν (1, 5); ἀρεσκεία (1, 10); πιθανολογία (2, 4); ἀπέκδυσις (2, 11); χειρόγραφον (2, 14) u. a. m. 28 weitere Wörter kommen zwar im übrigen NT, nicht aber in den anderen paulinischen Briefen vor: ἀποκεῖσθαι (1, 5); σύνδουλος (1, 7; 4, 7); δειγματίζειν (2, 15); ἑορτή (2, 16) u. a. m. Darüber hinaus hat der Kol. eine Reihe von Wörtern nur mit dem Eph. gemeinsam: ἀποκαταλλάσσειν (1, 20. 22); ἀπαλλοτριοῦσθαι (1, 21); ῥιζοῦσθαι (2, 7) u. a. m. Manche dieser selten gebrauchten Wörter können durch die Auseinandersetzung mit der φιλοσοφία aufgenommen worden sein, doch nicht alle. Auf der anderen Seite fehlen im Kol. so wichtige paulinische Begriffe wie δικαιοσύνη, δικαιοῦν, δικαίωμα, δικαίωσις; ἐλευθερία, ἐλευθεροῦν; νόμος; πιστεύειν, die man eigentlich im Zusammenhang der gegen die Irrlehre gerichteten Argumentation erwarten sollte.

Gewichtiger als Abweichungen im Wortschatz sind Unterschiede im Stil (BUJARD). Häufig werden Ausdrücke miteinander verbunden, die demselben Stamm angehören, wie ἐν πάσῃ δυνάμει δυναμούμενοι (1, 11) oder αὔξει τὴν αὔξησιν τοῦ θεοῦ (2, 19). Synonyma werden zusammengestellt wie προσευχόμενοι καὶ αἰτούμενοι (1, 9) oder τεθεμελιωμένοι καὶ ἑδραῖοι (1, 23). Besonders charakteristisch ist die Häufung abhängiger Genitive wie ἐν τῷ λόγῳ τῆς ἀληθείας τοῦ εὐαγγελίου (1, 5); εἰς τὴν μερίδα τοῦ κλήρου τῶν ἁγίων (1, 12) oder τὸ πλοῦτος τῆς δόξης τοῦ μυστηρίου τούτου (1, 27). Im Vergleich zu den paulinischen Hauptbriefen fällt schließlich vor allem die Eigenart des Satzbaus und der Satzfolge auf. Der Kol. ist durch einen liturgisch-hymnischen Stil geprägt, in seinen langen Sätzen greift bisweilen ein Glied in das andere, eine schier endlose Kette von wortreichen Wendungen wird zu einem überladenen Zusammenhang aneinandergereiht. So findet die durch εὐχαριστοῦμεν eingeleitete Danksagung (1, 3) erst 1, 23 ihren eigentlichen Abschluß. Relativsätze, eingeschobene Begründungen, Partizipialwendungen und Nebenbemerkungen blähen den Satz auf, so daß seine Form nahezu zerbricht. Ein unförmiges Satzgebilde liegt auch 2, 8–15 vor. Diese Eigenart von Sprache und Stil des Kol. wird man weder durch den Hinweis auf die durch die Auseinandersetzung mit der Irrlehre gegebene Situation noch auf die nachlassende Gestaltungskraft des alternden Apostels befriedigend erklären können. Sie deutet vielmehr darauf hin, daß im Kol. Schultradition aufgenommen und ausgewertet worden ist, durch die die paulinische Theologie fortentwickelt worden ist (LOHSE).

2. Diese Beobachtungen werden bestätigt durch einen Vergleich der *Theologie des Kol.* mit der der paulinischen Hauptbriefe. Die *Christologie* des Kol. geht über die Aussagen der Hauptbriefe hinaus, indem ihre kosmische Weite entfaltet und gelehrt wird, in Christus wohne die ganze Fülle leibhaftig (2, 9) und er sei das Haupt jeder Macht und Gewalt (2, 10). Mit der Christologie ist die *Ekklesiologie* auf das engste verknüpft: Christus ist das Haupt des Leibes; das aber bedeutet: τῆς ἐκκλησίας (1, 18). Damit wird nicht wie in den paulinischen Hauptbriefen von der Einzelgemeinde gesprochen, sondern die Kirche als der die Welt umspannende Leib Christi bestimmt, der als σῶμα seiner κεφαλή untergeordnet ist. Dieser Kirchenbegriff aber wird im Zusammenhang mit dem *Apostelamt* näher erläutert. Diener des Evange-

liums (1, 23) wie auch der Kirche (1, 25) ist der Apostel (1, 24), auf dessen Wort die Gemeinde verpflichtet wird. Das apostolische Wort aber ist ihr in der tradierten Lehre ausgerichtet worden, so daß Bekenntnis und Apostolat einander zugeordnet sind und eines nicht ohne das andere begriffen werden kann.

Dieser Betonung der apostolischen Lehre entspricht es, daß die *Eschatologie* im Kol. in den Hintergrund tritt. Mit der Hoffnung ist das Hoffnungsgut gemeint, das in den Himmeln schon für die Glaubenden bereitliegt (1, 5). An die Stelle der auf die zukünftige Erfüllung gerichteten Erwartung ist ein räumlich bestimmtes Denken getreten, das zwischen unten und oben, Irdischem und Himmlischem unterscheidet (3, 1–4). Infolge des Zurücktretens der Eschatologie hat das Verständnis der *Taufe* eine nicht unwesentliche Veränderung erfahren. Während nach Röm. 6, 4 der Christ mit Christus gestorben ist, aber der künftigen Auferstehung erst entgegengeht, sagt der Kol., wir seien mit Christus gestorben und auferstanden (2, 12 f.; 3, 1). Die Auferstehung zum neuen Leben ist also schon erfolgt, so daß das zukünftige Geschehen nicht mehr Auferweckung der Toten, sondern Offenbarwerden des Lebens genannt wird, das schon zuteil geworden ist und noch σὺν Χριστῷ ἐν τῷ θεῷ verborgen ist (3, 3). Darum gilt nun für die Christen: τὰ ἄνω φρονεῖτε (3, 1).

Diese Unterschiede, die gegenüber der Theologie der paulinischen Hauptbriefe bestehen, zwingen zu dem Schluß, daß nicht Paulus der Autor des Briefes war, sondern ein paulinisch geschulter Theologe den Brief in der Absicht verfaßt hat, das Wort des Apostels in der Situation zu Gehör zu bringen, die mit dem Auftreten der »Philosophen« in den kleinasiatischen Gemeinden gegeben war. Er wählte nach dem Vorbild des Apostels die Form des Briefes und schloß sich zu dessen Ausführungen an paulinische Schultradition an. Für die Ausgestaltung der Grußliste (4, 7–18) knüpfte er an die Namen an, die Phm. 23 f. (vgl. auch Phm. 2. 10 f.) genannt sind, und fügte Nachrichten und Daten aus dem Kreis der Mitarbeiter des Apostels hinzu. Am Anfang der Liste stehen die Grüße, die die Gehilfen ausrichten (4, 10–14), dann erst die des Apostels (4, 15–18). Seine Mitarbeiter haben sein Werk fortzusetzen; daher werden sie der Gemeinde als von Paulus selbst legitimierte Diener des Herrn empfohlen. Der enge Anschluß an paulinische Schultradition und die nahe Beziehung zur kleinasiatischen Christenheit legen es nahe, an Ephesus als Ort der Entstehung zu denken. Da der Eph. den Kol. bereits voraussetzt, wird die Abfassungszeit nicht zu spät – d. h. etwa 80 n. Chr. – anzusetzen sein.

§ 21 Der Epheserbrief

A. v. Harnack, Die Adresse des Eph., SBA 1910, 696 ff. – E. Käsemann, Epheserbrief, RGG³ II, 517–520 – H. Schlier, Der Brief an die Epheser, 1957 = ⁶1968 – J. Gnilka, Der Epheserbrief, 1971, ²1977 – K. M. Fischer, Tendenz und Absicht des Epheserbriefes, 1973 – A. Lindemann, Die Aufhebung der Zeit – Geschichtsverständnis und Eschatologie im Epheserbrief, 1975 – R. Schnackenburg, Der Brief an die Epheser, 1982.

a. *Inhalt:* Der Brief ist klar gegliedert in einen lehrhaften (1–3) und einen paränetischen Teil (4–6). Der lehrhafte Teil handelt von der einen Kirche aus Juden und Heiden. Auf dieses Thema sind bereits der einleitende Lobpreis (1, 3–14) und die Fürbitte (1, 15–23) bezogen. Dann wird die Lehre von der Kirche entfaltet, die Gottes eschatologische Neuschöpfung ist (2, 1–10), in der die Verheißung vom Herzukommen der Heiden erfüllt ist (2, 11–22) und die auf die apostolische Lehre gegründet ist (3, 1–13). Eine Danksagung schließt den lehrhaften Teil ab (3, 14–21).

Aus der Lehre von der Kirche folgt die Paränese, die den Wandel des neuen Gottesvolkes beschreibt. Zunächst wird grundsätzlich ausgeführt, daß die Einheit des Geistes bei aller Mannigfaltigkeit der Gnadengaben zu wahren ist (4, 1–16). Dann wird dazu aufgerufen, den alten Menschen abzulegen und den neuen anzuziehen (4, 17–24). Es schließen sich eine lange Reihe von Einzelermahnungen (4, 25 bis 5, 21) und eine ausführliche Haustafel (5, 22–6, 9) an. Die Paränese wird mit der Schilderung der geistlichen Waffenrüstung der Christen (6, 10–20), einer kurzen Nachricht über Tychikus und einem letzten Friedensgruß (6, 21–24) beendet.

b. *Der Charakter des Eph.* entspricht mehr einem theologischen Traktat als einem Brief. In systematisch durchgeführtem Aufbau werden lange, theologisch gefüllte Sätze vorgetragen, die die Einheit der Kirche aus Juden und Heiden beschreiben. Merkwürdig mutet an, daß die Leser nach 1, 15; 3, 2 ff.; 4, 21 den Apostel Paulus gar nicht persönlich zu kennen scheinen, sondern ihnen gesagt wird: »Ihr habt ja von dem göttlichen Gnadenamt gehört, das mir für euch verliehen worden ist, daß mir durch Offenbarung das Geheimnis kundgetan wurde, wie ich es kurz im Vorhergehenden beschrieben habe« (3, 2 f.). So kann doch Paulus nicht die ihm so gut bekannte Gemeinde in Ephesus angesprochen haben.

Zu dieser inhaltlichen Beobachtung tritt ein wichtiges Zeugnis der Textgeschichte. In der Zuschrift des Briefes fehlt die Angabe ἐν Ἐφέσῳ in der ältesten Handschrift p⁴⁶, ferner in der wertvollen Minuskel 1739, bei Marcion und Origenes; in den Majuskeln ℵ und B ist sie erst von späterer Hand eingetragen. Dieser Befund zwingt zu dem Schluß, daß die Adresse »in Ephesus« nachträglich eingesetzt wurde und der Brief ursprünglich kein Epheserbrief gewesen sein kann. Dann aber stellt sich die Frage: Wer waren die Adressaten des Schreibens? Zwei Antworten werden in der Diskussion vertreten:

1. Ursprünglich könnte das Schreiben nach Laodizea und nicht nach Ephesus gerichtet worden sein. Diese Annahme bezeugt bereits Marcion, der unseren Brief als Laodizeabrief aufführt. Bis heute meinen manche Exegeten, im Eph. liege der Kol. 4, 16 erwähnte Brief an die Gemeinde in Laodizea vor (SCHLIER). Kaum erklärlich bliebe jedoch, warum die ursprüngliche Adresse verschwunden sein sollte. v. HARNACK hat vermutet, der Name der Gemeinde in Laodizea sei später getilgt worden, weil sie nach Apk. 3, 14–22 träge und lau war. Doch wo sollte es im frühen Christentum eine Instanz gegeben haben, die über eine Gemeinde das Urteil hätte sprechen und durchführen können, ihr Name sei zu löschen? Daher kann die Laodizeahypothese nicht überzeugen.

2. Vermutlich war der Eph. gar nicht für eine Einzelgemeinde geschrieben, sondern als eine Art Rundschreiben abgefaßt, das an die Heiligen und Gläubigen in Christus Jesus gerichtet war. Dabei konnte dann jeweils der Name einer bestimmten Gemeinde eingesetzt werden, der der Inhalt dieses Rundschreibens bekanntgemacht werden sollte. Da zweifellos dabei an die kleinasiatische Christenheit gedacht ist (Eph. 6, 21 f. = Kol. 4, 7), wurde in der späteren Überlieferung der Name der bedeutendsten Gemeinde in Kleinasien in der Zuschrift festgehalten, so daß der Brief sekundär zu einem Epheserbrief wurde.

Das Thema der Una sancta ecclesia wird so abgehandelt, daß die Ekklesiologie von der Christologie her entfaltet wird. Christus, das Haupt, ist im Himmel, die Kirche ist sein die Welt umspannender Leib. Die trennende Wand, die Juden und Heiden voneinander schied, ist fortgenommen, so daß beide zum einen Volk Gottes gehören. Zur Entfaltung dieser Lehre sind im Eph. religionsgeschichtliche Vorstellungen aus der Umwelt verwendet worden, die einerseits aus gnostischen Zusammenhängen herrühren – wie das Bild vom kosmischen Anthropos (1, 10; 2, 14–18; 4, 8–11) oder die Vorstellung von der ehelichen Gemeinschaft von Christus und Kirche (5, 25–32) –, andererseits aus genuin jüdischer Überlieferung kommen – wie die Schilderung der geistlichen Waffenrüstung (6, 10–20), zu der sich nahe Parallelen in der Beschreibung des Kampfes der Söhne des Lichtes gegen die Söhne der Finsternis in den Quramtexten finden. Dabei braucht sich der Eph. nicht polemisch gegen gnostisierende Irrlehrer abzugrenzen, sondern kann die der Umwelt entnommenen Gedanken seiner Theologie dienstbar machen, um das Verhältnis der Kirche zu Christus zu beschreiben, indem er die Ekklesiologie als Funktion der Christologie begreift.

c. Theologie und Gedankenführung des Eph. weisen deutlich auf *nachpaulinische Entstehung* des Schreibens hin. Für diese Annahme fallen insbesondere zwei Gründe entscheidend ins Gewicht.

1. *Sprache und Stil* des Eph. weichen erheblich von den paulinischen Hauptbriefen ab. Während Paulus vom Teufel ὁ σατανᾶς sagt (1. Kor. 5, 5), heißt er im Eph. ὁ διάβολος (4, 27; 6, 11). Nur im Eph. – und dort gleich fünfmal – wird der Himmel als τὰ ἐπουράνια bezeichnet (1, 3. 20; 2, 6; 3, 10; 6, 12). Auf der anderen Seite fehlen eine Reihe spezifisch paulinischer Begriffe. Bei Paulus ist fast durchweg von der Sünde im Singular als einer kosmischen Macht die Rede (Röm. 5, 12), im Eph. aber wird von den Sünden im Plural gesprochen (2, 1) und die gemeinchristliche Ausdrucksweise von der Vergebung der Sünden aufgenommen (1, 7). Zu den Beobachtungen zum unterschiedlichen Wortgebrauch treten die zur stilistischen Eigenart des Eph. hinzu. Lange Satzgebilde (1, 3–14; 1, 15–23; 2, 1–10) enthalten eine Häufung von Genitivverbindungen, Partizipialwendungen und Relativsätzen, die den liturgisch-hymnischen Charakter des Stils deutlich erkennen lassen. Wie im Kol. (s. S. 56) wird die Aufnahme von Schultradition erkennbar, die zu der schwer befrachteten Ausdrucksweise des Briefes geführt hat.

2. Der Eph. steht in einem nahen *Verwandtschaftsverhältnis zum Kol.* Während sich der Kol. mit Irrlehrern auseinanderzusetzen hat, kann der Eph. seine Gedanken in meditativ gestalteter Darbietung entfalten. Zwischen beiden Briefen bestehen jedoch weitgehende Gemeinsamkeiten, die nicht nur die verwendete Terminologie – z. B. σῶμα, κεφαλή, πλήρωμα, μυστήριον –, sondern vor allem auch den Inhalt betreffen. Christus ist das Haupt seines Leibes, der Kirche. Er hat über die Geistermächte triumphiert, durch sein Blut ist Friede gestiftet. Alter und neuer Mensch werden in der Paränese einander gegenübergestellt, in der Haustafel werden die verschiedenen Stände der Gemeinde nacheinander angeredet. Denkbar wäre zwar, daß diese Gemeinsamkeiten nicht auf literarische Abhängigkeit des einen Briefes vom anderen, sondern auf liturgische und paränetische Tradition zurückzuführen wären, die in jedem der Briefe unabhängig voneinander verwendet worden ist (so KÄSEMANN). Aber mit dieser Annahme ist das gegenseitige Verhältnis der beiden Briefe nicht hinlänglich zu erklären. Denn Eph. 6, 21 f. stimmt wörtlich mit Kol. 4, 7 f. überein, so daß eine unmittelbare Beziehung zwischen den beiden Briefen bestehen muß. Dann muß der Eph. literarisch vom Kol. abhängig sein. Vergleicht man die beiden Haustafeln (Kol. 3, 18–4, 1; Eph. 5, 22–6, 9) miteinander, so zeigt sich sofort, daß die kurz formulierten Sätze des Kol. im Eph. breit ausgestaltet und mit einer ausführlicheren Begründung versehen worden sind, in der in weit größerem Umfang als in der Haustafel des Kol. spezifisch christlich argumentiert wird. Die kosmische Christologie des Kol., die in Abgrenzung gegen die Irrlehrer entwickelt wurde, ist im Eph. zu einer unpolemisch entfalteten Lehre von der Kirche ausgestaltet worden.

Ist erwiesen, daß der Eph. in einem Verhältnis literarischer Abhängigkeit vom Kol.

steht, so entfällt damit endgültig die Möglichkeit, den Eph. als Werk des alternden Apostels zu beschreiben (gegen SCHLIER). Vielmehr ist er ebenso wie der Kol. aus der Fortentwicklung paulinischer Schultradition in Kleinasien hervorgegangen (GNILKA). Dabei ist die Kontinuität mit der paulinischen Theologie festgehalten, indem die Lehre von der Rechtfertigung (2, 1 ff.), von den Charismen (4, 7 ff.) und von dem einen Gottesvolk aus Juden und Heiden in Weiterführung der in den paulinischen Hauptbriefen vorliegenden Gedanken entfaltet wird. Die weltweite Kirche, die unter ihrem himmlischen Haupt steht, wird als verfaßte Kirche verstanden, die auf dem Fundament der Apostel und Propheten ruht (2, 20). Die Apostel sind »heilige Apostel« (3, 5), zu den Amtsträgern werden außer ihnen Propheten, Evangelisten, Hirten und Lehrer gezählt (4, 11). Das Charisma ist also dem Amt zugeordnet. Darin ist gleichfalls eine Weiterbildung zu erkennen, die nicht nur über die paulinischen Hauptbriefe, sondern auch über den Kol. hinausgeht, der noch nichts über die Ordnung der Ämter verlauten läßt. Wie im Kol. ist an die Stelle der auf die Zukunft gerichteten eschatologischen Erwartung ein räumlich bestimmtes Denken getreten, in dem zwischen oben und unten, Himmlischem und Irdischem unterschieden wird. Die Auferstehung der Glaubenden hat sich in der Taufe bereits ereignet (2, 5); die gnadenweise geschenkte Rettung ist schon geschehen, und die aus dem Tode Erweckten sind bereits jetzt in die himmlische Welt versetzt (2, 6).

Da der Eph. nach dem Kol. entstanden ist, wird die Zeit der Abfassung in das Ende des 1. Jahrhunderts anzusetzen sein. Der Brief hat rasch allgemeine Anerkennung gefunden und wird schon von Ignatius als bekannt vorausgesetzt (Eph. 3, 4). Bald darauf wird auch im Brief des Polykarp (1, 3) auf den Eph. (2, 5. 8. 9) Bezug genommen.

§ 22   Die Pastoralbriefe

H. V. CAMPENHAUSEN, Polykarp von Smyrna und die Pastoralbriefe, 1951 – M. DIBELIUS – H. CONZELMANN, Die Pastoralbriefe, ⁴1966 – A. STROBEL, Schreiben des Lukas? Zum sprachlichen Problem der Pastoralbriefe, NTS 15 (1968/69) 191–210 – C. SPICQ, Les Épîtres Pastorales, ⁴1969 – N. BROX, Die Pastoralbriefe, 1969, ⁵1989 – M. WOLTER, Die Pastoralbriefe als Paulustradition, 1988 – J. ROLOFF, Der erste Brief an Timotheus, 1988.

Unter dem seit dem 18. Jahrhundert gebräuchlichen Namen Pastoralbriefe werden die beiden an Timotheus gerichteten Schreiben und der Titusbrief zusammengefaßt. Damit ist der Charakter dieser Schriften treffend bezeichnet. Denn sie enthalten Anweisungen und Mahnungen zur Führung des Hirtenamtes in der Leitung der Kirche. Zwar an Einzelpersonen gerichtet, bieten sie doch Vorschriften über die rechte Ordnung der Kirche und die Abgrenzung wahrer von falscher Lehre, die allgemeine Gültigkeit beanspruchen.

a. *Inhalt:* Im *1. Tim.* wechseln Polemik gegen die Irrlehrer und Vorschriften über die Kirchenordnung miteinander ab. Nach der Grußzuschrift (1, 1–2) wird zunächst von der Abwehr der Irrlehrer gehandelt (1, 3–20), dann ausführlich von Fragen der Gemeindeordnung (2–3). Es folgt eine erneute Auseinandersetzung mit den Irrlehrern (4, 1–10), dann ist wiederum von Leben und Ordnung der Gemeinde die Rede (4, 11–6, 2). Das letzte Kapitel gilt abermals der Bekämpfung der falschen Lehre (6, 3–19) und wird mit einer kurzen Mahnung abgeschlossen (6, 20–21).

Dieselben Themen werden auch im *Titusbrief* verhandelt. An die Grußzuschrift (1, 1–4) schließt sich eine Beschreibung der Aufgaben des Titus auf Kreta an, die er sowohl in der Einsetzung von Ältesten als auch in der Auseinandersetzung mit Irrlehrern auszuführen hat (1, 5–16). Dann werden wieder Fragen der Gemeindeordnung besprochen, zu denen am Ende auch die Abwehr der Irrlehrer gerechnet wird (2, 1–3, 11). Grüße und Mitteilungen beenden den Brief (3, 12–15).

Im 2. *Tim.* wird nach dem Eingangsgruß (1, 1–2) Timotheus ausführlich zu furchtlosem Bekenntnis ermahnt (1, 3–2, 13). Dann wird wiederum gegen die Irrlehrer polemisiert, deren Auftreten zu den Erscheinungen der letzten Zeit gehört (2, 14–4, 8). Es gilt, bei der rechtgläubigen Kirche zu bleiben und fruchtlose Wortstreitereien zu unterlassen. Am Ende wird die persönliche Situation des gefangenen Apostels beschrieben, der die dringende Bitte an Timotheus richtet, bald zu ihm zu kommen, ehe es zu spät ist (4, 9–22).

b. Die *Empfänger* der Briefe sind die nächsten Mitarbeiter des Paulus. Timotheus war nach Apg. 16, 1–3 Sohn einer Judenchristin und eines heidnischen Vaters und stammte aus Lystra in Kleinasien. Paulus nahm ihn als Begleiter und Helfer auf seine Missionsreisen mit. Als Mitabsender ist er oft in den Briefen genannt (1. 2. Thess. 1, 1; 2. Kor. 1, 1; Phil. 1, 1; Phm. 1; Kol. 1, 1). Als Bote des Apostels reiste er nach Thessalonich (1. Thess. 3, 1 f. 6), Korinth (1. Kor. 4, 17; 16, 10) und Philippi (Phil. 2, 19. 23). In Begleitung des Apostels überbrachte er die Kollekte nach Jerusalem (Apg. 20, 4). Nach 1. Tim. 1, 3; 2. Tim. 1, 15 ff.; 4, 11 ff. weilt er in Ephesus; in seiner Hand liegt die Leitung der Gemeinde. Die Briefe sollen ihm Anweisungen für die Durchführung dieser Aufgabe geben.

Titus wird in der Apg. nicht erwähnt. Er war Heidenchrist und zog mit Paulus zum Apostelkonvent nach Jerusalem (Gal. 2, 1); dort widerstand Paulus dem Ansinnen der Falschbrüder und weigerte sich, Titus zu beschneiden. Als Helfer des Apostels wird er mehrfach im 2. Kor. genannt (2, 13; 7, 6 ff. 13 ff.). Nach Tit. 1, 5 befindet er sich auf Kreta, mit der Leitung der Gemeinden betraut. Der Brief soll ihm Hilfe zur Ausübung dieses Amtes bieten.

Die Aufgaben, die Timotheus und Titus zu erfüllen haben, sind durchaus denen eines Statthalters in einer Provinz ähnlich. Denn sie haben in den Gebieten, für die sie verantwortlich sind, selbständig ihres Amtes zu walten, Ordnung zu halten, Amtsträger einzusetzen und die Aufträge durchzuführen, die der ihnen übergeordnete Apostel erteilt. Die literarische Gestalt, in die diese Aufträge in den Past. gekleidet sind, ist daher den Anordnungen, Dekreten, Edikten und genauen Anweisungen vergleichbar, die die Verwaltung hellenistischer Regierungen in Form brieflicher Korrespondenz ergehen ließ (Spicq). Im Unterschied zum 1. Tim. und Tit. ist dagegen der 2. Tim. persönlicher gehalten und nach Art eines Testaments gestaltet.

c. Die *nachpaulinische Entstehung der Past.* läßt sich aus einer Reihe von zwingenden Gründen feststellen:

1. Die *äußeren Daten*, die die Past. über die Situation der Mitarbeiter und des Apostels selbst enthalten, stimmen nicht mit den sonstigen Nachrichten überein, die von Leben und Wirksamkeit des Paulus überliefert sind. 1. Tim. setzt voraus, daß Paulus bis vor kurzem mit Timotheus in Ephesus zusammengearbeitet hat. Nun ist Paulus nach Makedonien gereist, Timotheus aber in Ephesus geblieben (1, 3). Nach dem Tit. ist der Apostel auf Kreta gewesen, Titus ist dort geblieben (1, 5) und soll nach Erfüllung seiner Aufgabe zu Paulus nach Nikopolis nachkommen, wo er den Winter verbringen will (3, 12). Dabei ist wahrscheinlich an Nikopolis in Epirus zu denken. Der 2. Tim. soll einige Zeit später verfaßt sein.

Paulus befindet sich im Gefängnis in Rom (1, 8. 16 f.; 2, 9). Schwere Gerichts-
verhandlungen liegen hinter ihm, aber er ist aus dem Rachen des Löwen gerettet
worden (4, 16). Fast alle Brüder haben ihn verlassen, nur Lukas ist bei ihm (4, 11).
Timotheus soll rasch kommen und Markus mitnehmen (4, 11). Dabei soll er den
Mantel mitbringen, den Paulus kürzlich in Troas gelassen hat, ebenso die Bücher,
die dort liegen (4, 13). Beiläufig wird mitgeteilt, daß Paulus auch in Korinth und
Milet gewesen sei (4, 20). Wo Timotheus sich befindet, wird nicht gesagt. Die Erwähnung von Troas (4, 13) und die Grüße an Aquila und Priscilla (4, 19) legen
es nahe, an Ephesus zu denken.
Diese Angaben der Past. sind nicht unterzubringen im Rahmen der Nachrichten,
die sich in den anderen Paulusbriefen und der Apg. über das Leben des Paulus
finden. Nach Apg. 20, 1 ist Paulus nach 2¼jährigem Aufenthalt in Ephesus
(Apg. 19, 8. 10) nach Makedonien gereist; damals wurde jedoch Timotheus nicht
in Ephesus zurückgelassen, sondern er befand sich bei Paulus und wurde von ihm
nach Troas vorausgesandt (Apg. 20, 4). Daher kann der 1. Tim. keinesfalls im
Verlauf der sog. dritten Missionsreise entstanden sein. In die im Tit. genannte
Gegend ist Paulus nach den anderen Briefen und der Apg. nicht gekommen. Zwar
wird Apg. 27 von einer stürmischen Seereise vor Kretas Küste berichtet, aber dabei
konnte sich unmöglich Gelegenheit zur Gründung von Gemeinden bieten. Die Städte
Troas, Korinth und Milet, die im 2. Tim. (4, 13. 20) erwähnt werden, hat Paulus
auf der sog. dritten Missionsreise besucht (Apg. 20). Doch damals war Timotheus
sein Begleiter, so daß es keiner weiteren Mitteilungen bedürfte, wie sie in 2. Tim. 4
angeführt werden. Dann aber ergibt sich eindeutig, daß die äußeren Daten der Past.
unmöglich innerhalb der Wirksamkeit des Apostels, wie sie bei Apg. 28 beschrieben
wird, untergebracht werden können.
Könnten sie aber vielleicht in einer Zeit Platz finden, die sich an eine erste Gefangenschaft in Rom angeschlossen hat? Die verschiedentlich vertretene Hypothese, Paulus sei noch einmal freigekommen und habe dann den Plan einer Spanienreise verwirklicht, bleibt eine unbeweisbare Vermutung (s. S. 33). Überdies
müßte angenommen werden, daß er dann nicht nur in den Westen, sondern auch
erneut in den Osten des Reiches gereist sei, um die in den Past. genannten Gegenden auf Kreta und in Kleinasien aufzusuchen. Mit der Annahme, Paulus habe
die Past. in der Zeit zwischen 63 und 67 n. Chr. abgefaßt, sollen dann zugleich
die nicht zu übersehenden Unterschiede zu den anderen paulinischen Briefen erklärt werden, weil Paulus als alter Mann schreibe und sein Stil sich entsprechend
gewandelt habe (SPICQ). Aber solche Erwägungen bedeuten eine »Flucht ins unbekannte Land« (DIBELIUS).
2. *Sprache und Stil* der Past. weichen beträchtlich von den anderen Paulusbriefen ab. Der Wortvorrat der Past. umfaßt 848 Wörter (dazu 54 Eigennamen).
Davon fehlen jedoch in den übrigen Paulusbriefen nicht weniger als 306 Wörter.
Eine große Zahl neuer Ausdrücke taucht auf, wie z. B. σώφρων, σωφρονίζειν,
σωφροσύνη, σωφρονισμός; εὐσεβής, εὐσεβεῖν, εὐσέβεια; συνείδησις ἀγαθή bzw.
καθαρά; πιστὸς ὁ λόγος; παραθήκη; φιλανθρωπία; χρηστότης; ἐπιφάνεια; μακάριος
θεός. Auf der anderen Seite fehlen spezifisch paulinische Begriffe, wie δικαιοσύνη
θεοῦ; ἔργα νόμου; σάρξ; σῶμα; ἐλευθεροῦν; ἐνεργεῖν; καυχᾶσθαι u. a. Wortschatz
und Stil der Past. stehen einer gehobenen hellenistischen Sprache, wie sie von Philosophen, Literaten und am Hofe gesprochen wurde, viel näher als die anderen
Paulusbriefe.
Stellt man die durchschnittliche Wortlänge im Corpus Paulinum fest, so ergibt sich
nach den Berechnungen von O. ROLLER (s. S. 28 f.) für die Past.: 1. Tim. = 5, 58;

Tit. = 5, 66; 2. Tim. = 5, 26 Buchstaben; bei den anderen Paulusbriefen sind die Wörter durchweg kürzer; der niedrigste Wert liegt mit 4, 66 beim Phm. vor, der höchste mit 5, 02 beim 1. Thess. ROLLER hat diese Differenz durch seine Sekretärshypothese erklären wollen, indem er annahm, bei Abfassung der Past. sei Paulus ein anderer Sekretär behilflich gewesen als bei den anderen Briefen. Doch diese Annahme läßt sich nicht halten (s. S. 29). Die erheblichen Unterschiede, die Sprache und Stil der Past. gegenüber den übrigen Paulusbriefen aufweisen, verstärken vielmehr die Bedenken gegen eine paulinische Verfasserschaft.

3. *Die Auseinandersetzung mit den Irrlehrern* richtet sich in allen drei Briefen gegen dieselbe Gruppe. Sie kommen aus der περιτομή (Tit. 1, 10) und wollen Gesetzeslehrer sein (1. Tim. 1, 7). Sie befassen sich jedoch mit Mythen und Menschensatzungen (Tit. 1, 14) bzw. Mythen und Genealogien (1. Tim. 1, 4; 4, 7) und treiben dabei törichte Untersuchungen und Streitereien um das Gesetz (Tit. 3, 9). Es handelt sich also offenbar um gnostische Spekulationen, die sich – wie dann vielfach auch in der späteren Gnosis – an atliche Stoffe anhängen und spekulative Ausdeutungen atlicher Geschlechtsregister vornehmen. Auf jüdische Herkunft deutet das Festhalten an Reinheitsvorschriften (Tit. 1, 14 f.). Es liegt jedoch kein Judaismus wie in Galatien vor (s. S. 36 f.), sondern eine eigenartige Verbindung von jüdischer Gesetzlichkeit und gnostischen Spekulationen. Man rühmt sich höherer Erkenntnis (Tit. 1, 14; 1. Tim. 6, 20), vertritt asketische Lebensweise, verbietet die Ehe und untersagt den Genuß bestimmter Speisen (1. Tim. 4, 3; Tit. 1, 14 f.). Offenbar soll die pneumatische Wirklichkeit nicht durch Befleckung mit irdischer Materie getrübt werden. Denn man meint, die Auferstehung sei schon geschehen (2. Tim. 2, 18). Dadurch ist dem Pneumatiker unverlierbares Heil zuteil geworden, das ihn über das Irdische hinaushebt.

Wenn 1. Tim. 6, 20 vor den ἀντιθέσεις τῆς ψευδωνύμου γνώσεως gewarnt wird, so können damit sicherlich nicht die Antithesen Marcions gemeint sein. Denn Marcion hätte bei seiner Ablehnung des AT keinesfalls spekulative Erwägungen über atliche Genealogien angestellt. Die von den Past. bekämpfte Lehre weist vielmehr Züge auf, die sie in die Nähe zu der φιλοσοφία rücken, die im Kol. bekämpft wird (s. S. 55).

Die Auseinandersetzung mit dieser Lehre wird in den Past. auf andere Weise durchgeführt, als es Paulus oder der Kol. taten, indem sie sorgfältig theologisch argumentieren. Die Past. vollziehen nur eine scharfe Trennung zwischen falscher und rechter Lehre, indem sie den lockeren Lebenswandel der Irrlehrer rügen und ihr Auftreten als eine vom Apostel selbst geweissagte Erscheinung hinstellen: in den letzten Zeiten werden einige vom Glauben abfallen (1. Tim. 4, 1), und es werde die Zeit kommen, wo etliche nicht mehr an der gesunden Lehre festhalten, sondern nach ihrem eigenen Gutdünken sich Lehrer suchen, nach denen ihnen die Ohren jücken (2. Tim. 4, 3). Wer der Irrlehre zuneigt, fällt von der ὑγιαίνουσα διδασκαλία (1. Tim. 1, 10; 2. Tim. 4, 3; Tit. 1, 9; 2, 1) ab und kehrt der rechtgläubigen Kirche den Rücken. Der Irrlehre wird daher eine sich ausbildende Orthodoxie entgegengestellt, die von der verfaßten Kirche vertreten wird.

4. Die *rechte Lehre* wird in den Past. mit Nachdruck betont. Zwar weisen die Past. eine Reihe genuin paulinischer Formulierungen auf, indem vom Erbarmen Gottes über die Sünder, unter welchen Paulus der vornehmste ist, gesprochen (1. Tim. 1, 12 ff.), von der Rechtfertigung nicht aus den Werken gehandelt (Tit. 3, 5) und die Erscheinung der rettenden Gnade Gottes in Christus gepriesen wird (2. Tim. 1, 10 f.; Tit. 2, 11 ff.; 3, 4 ff.). Aber die paulinische Theologie ist durch eine sie fortbildende Schultradition weiterentwickelt worden. Inhalt der rechten

Frömmigkeit (1. Tim. 3, 15 f.: εὐσέβεια) ist das Bekenntnis der werdenden früh-katholischen Kirche. Die Past. entwickeln keine eigenen christologischen Aussagen, sondern übernehmen ausschließlich formelhafte Wendungen, die Christus den Mittler zwischen Gott und den Menschen nennen, der sich zum Lösegeld für alle Menschen hingegeben hat (1. Tim. 2, 5 f.). Der Glaube, der in der paulinischen Theologie so nachdrücklich betont wird, ist in den Past. zur Rechtgläubigkeit geworden, die als eine unter anderen christlichen Tugenden aufgeführt wird (1. Tim. 4, 12). Da damit die πίστις ihre zentrale Bedeutung eingebüßt hat, ist es nicht verwunderlich, daß wieder ganz unbefangen die Forderung nach guten Werken erhoben werden kann. In den καλὰ ἔργα erweist sich, daß Gottes Gnade die Glieder der Gemeinde zum neuen Leben bereitet und zugerüstet hat (1. Tim. 2, 10; 5, 10; 6, 18: πλουτεῖν ἐν ἔργοις καλοῖς; 2. Tim. 2, 21; 3, 17). Christus hat sich – so wird Tit. 2, 14 das Ziel des Werkes Christi beschrieben – dahingegeben, damit er uns von jeder ἀνομία erlöse καὶ καθαρίσῃ ἑαυτῷ λαὸν περιούσιον, ζηλωτὴν καλῶν ἔργων. Die Kirche trägt daher als Säule und Fundament der Wahrheit (1. Tim. 3, 15; 2. Tim. 2, 19) die Verantwortung dafür, daß Gottes Offenbarung in Christus in der rechten Weise verkündigt und gelehrt wird. Die Tradition genießt deshalb entsprechende Hochschätzung, und die Empfänger der Briefe werden aufgefordert, das anvertraute Gut (die παραθήκη) zu bewahren (1. Tim. 6, 20; 2. Tim. 1, 12. 14; 2, 2).

Die eschatologische Erwartung ist zurückgetreten, und die Kirche der rechten Lehre beginnt, sich in der Welt einzurichten, indem sie das Ideal einer christlichen »Bürgerlichkeit« entwickelt (DIBELIUS). So wird z. B. bei der Aufstellung eines Tugendspiegels für den Bischof weitgehend auf die Sammlung rechter Verhaltensweisen zurückgegriffen, die die hellenistische Popularphilosophie vorgenommen hatte (1. Tim. 3, 1–7). Forderungen, die ein philosophisch gebildeter Mensch zu erfüllen hat, werden als Maßstab für christliche Lebensweise übernommen (s. S. 27).

5. Die *Gemeindeordnung der Past.* ist über die der authentischen Paulusbriefe hinausgewachsen. Eine Reihe von unterschiedlichen Ämtern sind ausgebildet worden. Die πρεσβύτεροι (1. Tim. 5, 17; Tit. 1, 5) sind das Kollegium des πρεσβυτέριον (1. Tim. 4, 14). Die Leitung der Gemeinde ist dem ἐπίσκοπος übertragen (1. Tim. 3, 1; Tit. 1, 7), dessen Aufgabe es ist, τῆς ἐκκλησίας τοῦ θεοῦ ἐπιμελεῖσθαι (1. Tim. 3, 5). Die διάκονοι haben in der Gemeinde zu dienen (1. Tim. 3, 8–13), die Liebesarbeit wird auch von Witwen versehen (1. Tim. 5, 1–16). Zum Amt der Wortverkündigung wird durch Handauflegung ordiniert (1. Tim. 4, 14; 2. Tim. 1, 6; vgl. 1. Tim. 5, 22). Charisma und Amt sind einander zugeordnet, so daß das Walten der Gnadengaben durch das Amt wirksam wird (2. Tim. 1, 6). In der Wortverkündigung sind Evangelisten (2. Tim. 4, 5) und Lehrer (1. Tim. 4, 11 ff.; Tit. 2, 1. 15) tätig. Eine Rangfolge der Ämter beginnt sich auszubilden, wobei Timotheus und Titus als Stellvertreter des Apostels die Leitung der Kirche wahrnehmen und die Aufsicht über alle Amtsträger ausüben.

Obwohl die Past. in nachpaulinischer Zeit entstanden sind, wollen sie durchaus paulinische Theologie vertreten. Sie entfalten diese aber unter Aufnahme von Schultradition, indem sie den Apostel in eine veränderte Situation hineinsprechen lassen. Die persönlichen Angaben, die über die Situation des Paulus gemacht werden, sollen diesen Anspruch verstärken. Das Paulusbild der Past. entspricht den Vorstellungen, die man sich um die Wende vom 1. zum 2. Jahrhundert in den Kreisen machte, die das Erbe der paulinischen Theologie zu bewahren suchten. Die Abfassung der Past. wird man sich am ehesten in Kleinasien vorstellen können, vermutlich in Ephesus, wo die paulinische Schultradition weiterentwickelt wurde.

Es wird schwerlich möglich sein, den Namen des unbekannten Verfassers der Past. zu erraten. Dennoch sind in jüngster Zeit verschiedene Versuche unternommen, ihn herauszufinden. v. CAMPENHAUSEN hat darauf hingewiesen, daß einige Beziehungen zwischen den Past. und dem Brief des Polykarp von Smyrna bestehen. So sind ihnen die Hapaxlegomena ματαιολογία, ἐγκρατής, διάβολος (adj.), δίλογος gemeinsam, und hier wie dort findet sich die Wendung ὁ νῦν αἰών. Doch aus solchen Berührungen läßt sich nicht folgern, Polykarp sei auch der Verfasser der Past. Da Polykarp den uns überlieferten Brief im eigenen Namen geschrieben hat, wäre nicht einzusehen, warum er die Past. unter dem Pseudonym des Paulus hätte ausgehen lassen – abgesehen davon, daß es unwahrscheinlich ist, die Entstehungszeit der Past. erst in die Mitte des 2. Jahrhunderts anzusetzen.

Auf Grund einiger Übereinstimmungen in Terminologie und Sprache zwischen den Past. und dem lukanischen Doppelwerk hat STROBEL Lukas für den Verfasser der Past. erklären wollen. Gemeinsam sind beiden Schriftgruppen nicht nur die sonst selten gebräuchlichen Wörter wie ἀγαθοεργεῖν, ἀχάριστος, δυνάστης, ἐπιφαίνειν, sondern auch grammatische Ausdrücke wie δεῖ, ἔδει, δέον ἐστίν und der Latinismus δι᾽ ἣν αἰτίαν. Übereinstimmungen finden sich ferner in bestimmten Wendungen wie der, daß Christus in die Welt gekommen ist, um die Sünder zu retten (1. Tim. 1, 15; Luk. 19, 10), oder der, ein Arbeiter sei seines Lohnes wert (1. Tim. 5, 18; Luk. 10, 7). Doch solche Gemeinsamkeiten beweisen nicht mehr, als daß hier wie dort eine gehobene Koine gesprochen wird; und die inhaltlichen Berührungen sind auf gemeinchristliche Wendungen zurückzuführen, die im Lk.-Ev. und in den Past. aufgenommen worden sind.

V. Formen und Gattungen der mündlich überlieferten Jesustradition

§ 23   Die Formgeschichte der synoptischen Tradition

K. L. SCHMIDT, Der Rahmen der Geschichte Jesu, 1919 = ²1964 – M. DIBELIUS, Die Form-geschichte des Evangeliums, 1919, ²1933 = ⁶1971 – R. BULTMANN, Die Geschichte der syn-optischen Tradition, 1921, ² 1931 = ⁹1979 (Ergänzungsheft ⁵1979, bearbeitet von G. Theißen und PH. VIELHAUER) – J. SCHNIEWIND, Zur Synoptiker-Exegese, ThR NF 2 (1930) 129–189 – G. BORNKAMM, Evangelien, formgeschichtlich, RGG² II, 747–753 – E. GÜTTGEMANNS, Offene Fragen zur Formgeschichte des Evangeliums, ²1971 – H. CONZELMANN, Literaturbericht zu den Synoptischen Evangelien, ThR 37 (1972) 220–272; 43 (1978) 3–51, 321–327 – K. KOCH, Was ist Formgeschichte?, ³1974, ⁵1988 – K. BERGER, Formgeschichte des NT, 1984.

a. Zwischen der öffentlichen Wirksamkeit Jesu und der Aufzeichnung seiner Taten und Worte, wie sie in den Evangelien vorgenommen wurde, liegt eine Spanne von mehreren Jahrzehnten. In dieser Zeit wurde mündlich erzählt, was man von Jesus zu berichten wußte. Die wenigen Beispiele, die die paulinischen Briefe für Zitate von Herrenworten bieten, zeigen, daß am Anfang der Über-lieferung von Jesus das einzelne Wort bzw. die einzelne Geschichte steht. So sagt Paulus 1. Kor. 7, 10: »Den Verheirateten gebiete nicht ich, sondern der Herr, daß eine Frau sich nicht von ihrem Mann trennen soll.« Da ein Herrenwort zur Frage der Ehescheidung vorliegt, ist damit eine für die Gemeinde verbindliche Regel gegeben. 1. Kor. 9, 14 wird ein Befehl Jesu dafür genannt, daß die Gemeinde dazu verpflichtet ist, für den Unterhalt der Prediger des Evangeliums zu sorgen. Worte Jesu werden also in der Paränese angeführt, um aus ihnen Weisungen für das Verhalten der Christen zu empfangen. Paulus argumentiert daher den Ko-rinthern gegenüber von der Abendmahlsüberlieferung her, die die rechte Ge-staltung der Feier des Herrenmahls bestimmen soll (1. Kor. 11, 23–25). Und den Thessalonichern, die darüber beunruhigt sind, daß einige Gemeindeglieder vor der Parusie verstorben sind, antwortet er mit einem Herrenwort, aus dem sie er-fahren, daß bei der Parusie zunächst die Entschlafenen auferweckt werden, so daß die Gemeinde der Lebenden sich dann mit der der Auferstandenen vereinigt zur feierlichen Einholung des Herrn (1. Thess. 4, 15–18).

Diese Beispiele aus den paulinischen Briefen lassen erkennen, daß die mündlich überlieferten Jesusworte nicht unverändert tradiert wurden. Sie werden ausnahms-los als Worte des Kyrios verstanden, der als der auferstandene Herr gegenwärtig zu seiner Gemeinde spricht (vgl. 2. Kor. 12, 8 f.). Die Formulierung der Logien wird an die Situation der Gemeinde angepaßt, indem z. B. der urchristliche Begriff des εὐαγγέλιον als Inhalt der Verkündigung genannt (1. Kor. 9, 14) oder in ein Jesuslogion der Hoheitstitel κύριος eingefügt und von den νεκροὶ ἐν Χριστῷ ge-sprochen wird (1. Thess. 4, 15 f.). Die veränderte Situation, in der sich die Ge-meinde befand, mußte notwendig dazu führen, daß Sätze, die Jesus zu Lebzeiten gesprochen hatte, umformuliert wurden, um nun in die Lage der Gemeinde hinein-zupassen, die nach den Weisungen ihres Herrn leben wollte.

Mündliche Überlieferung unterliegt wie volkstümliche Erzählweise festen Formen und eigenen Stilgesetzen. So wird z. B. ein Märchen eingeleitet mit der Wendung

»Es war einmal« und mit einer Folgerung geschlossen, die die Moral aus der Erzählung zieht. Die formgeschichtliche Untersuchung der synoptischen Evangelien ist von der Frage geleitet, von welchen Gesetzen die mündliche Überlieferung der Jesustradition bestimmt war, ehe es zur schriftlichen Fixierung des Stoffes kam. Dabei soll die Unterscheidung verschiedener Gattungen nicht ein ästhetisches Urteil begründen, sondern zur genaueren Bestimmung der Bedingungen führen, unter denen die mündliche Weitergabe der einzelnen Traditionsstücke erfolgte. Die Überlieferung der Verkündigung Jesu und die seiner Taten muß gesondert betrachtet werden – ähnlich der Unterscheidung von Worten und Taten bei der prophetischen Überlieferung (z. B. im Jeremiabuch) oder von Halaka (d. h. der religionsgesetzlichen Weisung) und Haggada (d. h. dem erzählenden Stoff) in der rabbinischen Tradition. Denn die Überlieferung der Verkündigung Jesu und die seiner Taten sind nicht in derselben Weise verlaufen, sondern von unterschiedlichen Bedingungen bestimmt worden. Indem die Gemeinde ihre Fragen und Probleme in die Tradition einfließen ließ, wurde die Gestalt der Jesusüberlieferung von ihnen geprägt, aber auch erweitert und verändert. Um die einzelne Perikope in die Geschichte der Überlieferung einordnen zu können, muß daher stets nach dem Sitz gefragt werden, den sie im Leben der Gemeinde gehabt hat.

b. DIBELIUS und BULTMANN haben in ihren grundlegenden Untersuchungen eine entsprechende Unterscheidung zwischen der Tradition der Worte Jesu und der der Taten Jesu vorgenommen. Dabei hat DIBELIUS bei der Frage eingesetzt, unter welchen Bedingungen sich die Ausprägung der Jesusüberlieferung vollzog. Da am Anfang des Lebens der Gemeinde die Predigt stand, wird die Ausbildung verschiedener Gattungen von der Predigt her verständlich gemacht und jeweils an typischen Beispielen veranschaulicht. BULTMANN hat den gesamten Stoff der synoptischen Evangelien analysiert und katalogisiert. Sein Interesse gilt dem Problem, wie die Geschichte der synoptischen Tradition verlaufen ist, die sich in der Überlieferung und Ausgestaltung der kleinen Einheiten vollzogen hat. Da beide Gelehrte die Gesetze zu erhellen suchen, nach denen sich die mündliche Jesustradition vollzogen hat, ergänzen sich ihre bahnbrechenden Arbeiten und bieten zugleich Kriterien zur gegenseitigen Korrektur.

Der *Redestoff* wird von DIBELIUS unter der Bezeichnung Paränese behandelt. Damit ist richtig getroffen, daß – wie schon die Beispiele aus den paulinischen Briefen zeigen – die Verkündigung Jesu primär unter paränetischen Gesichtspunkten überliefert wurde. DIBELIUS bespricht dabei nicht den gesamten Bestand der Wortüberlieferung, sondern wählt Beispiele aus, um Weisheitsworte, Bildworte, Gleichnisse, prophetische Rufe sowie kurze und ausgeführte Gebote zu beschreiben. BULTMANN hat dagegen eine vollständige Analyse des Redestoffes durchgeführt und dabei folgende Gattungen herausgestellt: Apophthegmen, d. h. kurze Perikopen, in denen der Akzent auf dem Wort Jesu liegt, so insbesondere die Schul- und Streitgespräche; Herrenworte, die selbständige Traditionsstücke darstellten, also im Unterschied zu den Apophthegmen keinerlei Angaben über die Handlung enthielten, mit der sie in Zusammenhang standen. Der große Komplex solcher Herrenworte wird im einzelnen folgendermaßen unterteilt: 1. Logien, in denen Jesus als Weisheitslehrer redet, z. B. Mt. 6, 19–34; 2. Prophetische und apokalyptische Worte – wie z. B. die Seligpreisungen –, unter denen am ehesten authentische Jesusworte zu finden sind; 3. Gesetzesworte und Gemeinderegeln – so z. B. Mt. 18, 15–22 –, für deren Prägung die Bedürfnisse der Gemeinde formend wirkten; 4. Ich-Worte, in denen die Person Jesu eine wesentliche Rolle spielt und sich daher weitgehend das Bekenntnis der Gemeinde ausspricht, z. B. Mk. 2, 17 Par.; 5. Gleichnisse, die einen festen Überlieferungsbestand bilden, in dem Zusätze der Gemeinden von der ältesten Schicht abgelöst werden können, so z. B. Mk. 4, 3–9 Par. im Unterschied zu 4, 13–20 Par. Diese Aufgliederung des gesamten Bestandes an Redestoff wird dem komplizierten Befund in der synoptischen Tradition besser gerecht als die von DIBELIUS vorgenommene Einordnung des gesamten Redestoffes in die Gattung der Paränese.

Der *Erzählungsstoff* ist von DIBELIUS folgenden Gattungen zugewiesen worden: Das Paradigma ist durch seine kurze, gerundete Form charakterisiert, in der der Höhepunkt mit dem Wort Jesu erreicht wird, so z. B. Mk. 2, 23–28 Par. die Erzählung vom Sabbatbruch, deren Schwergewicht beim Jesuswort V. 27 f. liegt. Es zeigt keinerlei biographisches Interesse, sondern ist als Predigtbeispiel verwendet worden, das dem Wort Jesu besonderen Nachdruck verleiht. Vom Paradigma wird die Novelle unterschieden, die durch ihren breiten Stil ausgezeichnet ist. So wird in dem Zyklus der Wundergeschichten Mk. 4, 35–5, 43 Par. jeweils die Krankheit eingehend geschildert und damit die Schwierigkeit der Heilung betont. Am Ende hebt der Chorschluß hervor, so etwas habe man noch nie gesehen. Die Unterschiede zwischen der knappen Darstellung, wie sie sich z. B. Mk. 2, 23–28 Par. findet, und der eingehenden Beschreibung, wie sie z. B. Mk. 5, 1–43 Par. geboten wird, sind von DIBELIUS richtig hervorgehoben worden. Doch fragt sich, ob die Bestimmung der verschiedenen Gattungen so getroffen werden kann, wie er sie vornahm. Paradigma ist eine Bezeichnung aus der antiken Rhetorik, und eine Novelle ist eine erbauliche Erzählung, ohne daß bei dieser Klassifizierung auf den Inhalt geachtet wäre. Die von BULTMANN vorgenommene Einteilung erscheint sachgemäßer, indem dem Paradigma von DIBELIUS durchweg die Schul- und Streitgespräche entsprechen und die als Novellen beschriebenen Perikopen ihrem Inhalt nach als Wundergeschichten charakterisiert werden.

Die weiteren Gattungen, die DIBELIUS für den Erzählstoff vorgeschlagen hat, sind nach inhaltlichen Gesichtspunkten benannt, lassen sich jedoch nicht scharf abgrenzen. Die Legende ist nicht eine Form, sondern eine Interessengattung. Sie charakterisiert die von ihr beschriebene Person in ihrer hervorragenden Bedeutung, so z. B. in der Geschichte vom zwölfjährigen Jesus, indem sie aufzeigt, daß schon am Anfang seines Auftretens das Ende seine Schatten vorauswirft. Der Mythus will kosmisch bedeutsames Handeln einer Gestalt erzählen, wird jedoch nur gelegentlich in der Evangelienüberlieferung verwendet, so z. B. in der Geschichte von der Verklärung Jesu Mk. 9, 2 ff. Par.

Im Unterschied zu DIBELIUS hat BULTMANN den gesamten Erzählungsstoff einerseits in Wundergeschichten, andererseits in Geschichtserzählung und Legende eingeteilt und dabei dem Umstand Rechnung getragen, daß bei der Überlieferung der Taten Jesu der Stoff Übergewicht über die Form hat. Die weit gefaßte Bezeichnung Wundergeschichten wird nach inhaltlichen Gesichtspunkten in Heilungswunder und Naturwunder untergliedert. Zur Geschichtserzählung und Legende werden vor allem die Passionsgeschichte, aber auch die Perikopen wie die von der Taufe Jesu oder dem Einzug in Jerusalem gerechnet, ferner die Ostergeschichten und die Erzählungen aus der Kindheit Jesu.

Die Frage, ob die formgeschichtliche Untersuchung der Evangelien durch Einbeziehung linguistischer Arbeitsweise korrigiert bzw. präzisiert werden kann (so GÜTTGENMANNS), ist noch offen und bedarf weiterer Klärung. Um diese bemüht sich W. EGGER, Methodenlehre zum NT. Einführung in linguistische und historisch-kritische Mehoden (1987).

Vgl. zu § 23; ferner G. Bornkamm, Formen und Gattungen im NT, RGG³ II, 999–1001 – H. Riesenfeld, The Gospel Tradition and its Beginnings. A Study in the Limits of ›Formgeschichte‹, 1957 – B. Gerhardsson, Memory and Manuscript, ²1964 – H. Zimmermann, Neutestamentliche Methodenlehre, ⁷1982, 142–149.

Jesus hat seinen Jüngern seine Lehre nicht wie ein Rabbi vorgetragen, der seine Schüler die wichtigsten Entscheidungen und Sätze auswendig lernen läßt, damit sie unverändert weitergegeben werden (gegen Riesenfeld und Gerhardsson). Nach dem übereinstimmenden Zeugnis der Evangelisten lehrte Jesus nicht wie die Schriftgelehrten, sondern mit einer ἐξουσία ohnegleichen (Mk. 1, 22. 27 Par.; Mt. 7, 29 u. ö.). Die älteste Christenheit verstand seine Verkündigung als Worte des lebendigen und gegenwärtigen Herrn. Dabei ist die Überlieferung der Worte Jesu je nach den Formen, in denen sie ausgesagt und tradiert wurden, unterschiedlich verlaufen. Manche Logien des historischen Jesus wurden unverändert weitergegeben, anderen wurde eine erklärende Deutung angehängt und manche wurden erheblich umgestaltet. Aus urchristlichen Prophetenworten entstanden Sätze und Regeln; Gleichnisse wurden gebildet, die mit dem Namen Jesu verbunden und als seine Weisung geltend gemacht und anerkannt wurden. Der breite Bestand der in der synoptischen Tradition aufbehaltenen Verkündigung Jesu läßt sich im einzelnen etwa folgendermaßen aufgliedern:

a. *Prophetische Worte.* Der Spruch eines Propheten zeichnet sich durch kurze, knappe Formulierung aus und wird in der Regel durch die Wendung »So spricht der Herr« eingeführt. Jesus bedient sich niemals dieser Einleitung, sondern spricht in der ihm eigenen ἐξουσία, in der er den nahenden Anbruch der Gottesherrschaft ansagt, z. B. Lk. 6, 20 Par.; 10, 23 Par. Prophetische Sprüche können aber auch – wie das Beispiel von Apk. 2–3 zeigt – in der Gemeinde entstanden sein.

b. *Weisheitsworte.* Ihre Form ist durch die schon im Judentum ausgebildete Tradition bestimmt. Daher ist es nicht verwunderlich, daß sich zu manchen weisheitlichen Sprüchen der synoptischen Tradition Parallelen in der Umwelt finden und manche Sätze aus ihr übernommen worden sind, so z. B. die sog. goldene Regel (Mt. 7, 12), der Satz, ein Prophet gelte nichts in seinem Vaterland (Mk. 6, 4 Par.), oder der Spruch, es genüge, daß jeder Tag seine eigene Plage habe (Mt. 6, 34). Unter den Weisheitsworten finden sich aber auch Sprüche, deren Formulierung nicht vorgegeben war, sondern die erst in der Verkündigung Jesu ihre Prägung erhielten, so z. B. im Zusammenhang Mt. 6, 19–34 Par.

c. *Gesetzesworte.* Als solche sind Gemeinderegeln, aber auch Sätze heiligen Rechts zu bezeichnen, die mit lapidaren Worten angeben, was unbedingt gilt und befolgt sein will, z. B. Mk. 8, 38 Par.; Mt. 7, 6 oder auch die Antithesen der Bergpredigt (Mt. 5, 21–48). Durch Verknüpfung einzelner Gesetzesworte zu einer Reihe von Regeln wird die Gemeinde belehrt über das, was sie tun soll, bzw. ihr eine Ordnung ihres Lebens gegeben, z. B. Mt. 18, 15–22.

d. *Gleichnisse.* In den Gleichnissen Jesu werden Vorkommnisse und Erfahrungen aus dem täglichen Leben erzählt. Der springende Vergleichspunkt in der Bildhälfte wird dann zur Sachaussage in Beziehung gesetzt, z. B. Mk. 4, 26–29: Wunderbar wie die Ernte ist das Kommen der Gottesherrschaft. Aus dem breiten Bestand der Gleichnisüberlieferung lassen sich die Stücke, die auf den historischen Jesus zurückgeführt werden können, mit einiger Sicherheit herausheben (s. J. Jeremias, Die Gleichnisse Jesu, ¹⁰1984). Redaktionelle Bearbeitungen liegen meist am Anfang oder am Schluß vor, um das Gleichnis auf die Situation der Gemeinde anzuwenden. Allegorisierende Züge werden in die Gleichnisse eingetragen oder in einer angehängten Deutung näher ausgeführt, z. B. Mk. 4, 13–20 Par. In der Gemeindetradition sind einzelne Gleichnisse neu entstanden, um mit ihrer Hilfe die Situation der Gemeinde zu deuten, z. B. Mk. 12, 1–12 Par.

e. *Christusworte.* Die Sprüche, die von dem Ziel der Sendung Jesu sprechen, indem sie sagen »Ich bin gekommen« (Mk. 2, 17 Par.) oder »Der Menschensohn ist gekommen« (Mk. 10, 45 Par.), sind durchweg als Gemeindebildungen entstanden; denn sie blicken auf das abgeschlossene Werk Jesu zurück und bringen den Sinn seines Kommens in knapper Formulierung zum Ausdruck.

f. *Schul- und Streitgespräche.* Auf der Grenze zwischen der Logientradition und der Überlieferung von den Taten Jesu stehen Perikopen. die zunächst die Situation schildern und dann eine Auseinandersetzung zwischen Jesus und seinen Gegnern oder ein Schulgespräch mit den Jüngern beschreiben. Meist wird das Gespräch durch eine an Jesus gerichtete Frage eingeleitet, durch eine Gegenfrage Jesu und eine Antwort seiner Partner weitergeführt und dann am Ende durch ein Schlußwort Jesu zum Höhepunkt gebracht, z. B. Mk. 12, 13–17 Par.

In der mündlichen Tradition sind einzelne Sprüche und Geschichten schon früh zu größeren Zusammenhängen verbunden worden. Man erzählte nicht nur ein Gleichnis von der Gottesherrschaft, sondern mehrere hintereinander (Mk. 4, 1–34 Par.) und fügte eine Folge von Streitgesprächen zusammen (Mk. 11, 27–12, 40 Par.). Der Rahmen der Feldrede, in der eine Reihe von Logien zusammengeordnet sind (Lk. 6, 20–49), ist von Matthäus zu der großen Komposition der Bergpredigt erweitert worden (Mt. 5–7). Vielfach bediente man sich auch des mnemotechnischen Hilfsmittels der Stichwortanreihung, um eine Kette von Sprüchen zu knüpfen, z. B. Mk. 9, 33–50, wo folgende Stichwortverbindungen vorliegen: V. 36/37 παιδίον; V. 37/38 ἐν τῷ ὀνόματι; V. 42. 43. 45. 47 σκανδαλίζειν; V. 48/49 πῦρ; V. 49/50 ἁλισθήσεται / ἅλας.

Solche Verbindungen sind in der mündlichen Weitergabe der Logienüberlieferung hergestellt worden, um sich den Stoff besser einprägen zu können. Die Evangelisten haben dann die ihnen überkommenen Worte und Geschichten geordnet und mit einer redaktionellen Rahmung versehen, durch die sie ihrerseits Akzente gesetzt und das ihnen wichtige Verständnis der Verkündigung Jesu hervorgehoben haben.

§ 25 Die Überlieferung der Taten Jesu

Vgl. zu § 23 und 24; ferner E. Lohse, Die Geschichte des Leidens und Sterbens Jesu Christi, ²1967, ³1979 – H. Zimmermann, Neutestamentliche Methodenlehre, ⁷1982, 149–157.

a. *Die Passionsgeschichte.* Das älteste christliche Bekenntnis bezeugt Tod und Auferstehung Jesu Christi als Gottes Tat für uns: Christus starb für uns, für unsere Sünden (s. S. 20 f.). Die Überlieferung vom Leidensweg Jesu beschreibt, wie es zum Ereignis des Kreuzestodes Jesu kam. Die älteste Fassung dieses Passionsberichtes läßt sich durch kritische Analyse der synoptischen Passionsgeschichte erschließen.

In drei Sprüchen wird feierlich angesagt, daß der Menschensohn viel leiden, sterben und auferstehen werde (Mk. 8, 31 Par.; 9, 31 Par.; 10, 33 f.). Die dritte Fassung ist am ausführlichsten gestaltet und kündigt an, daß der Menschensohn den Oberpriestern und Schriftgelehrten ausgeliefert werde, sie ihn zum Tode verurteilen und den Heiden übergeben, ihn verhöhnen und anspeien, geißeln und töten werden und er nach drei Tagen auferstehen werde (Mk. 10, 33 f. Par.). Hinter diesem Satz wird ein kurzer Bericht sichtbar, der mit der Festnahme Jesu begann und in knapper Aufreihung die wichtigsten Stationen der Passion erzählte: Verhaftung Jesu, Verurteilung und Preisgabe durch die jüdische Behörde, Übergabe an den römischen Statthalter, Verhöhnung und Geißelung sowie Kreuzigung.

Ein Vergleich des synoptischen und johanneischen Passionsberichts bestätigt, daß die älteste Fassung der Passionsgeschichte mit der Verhaftung Jesu einsetzte. Denn der johanneische Bericht beginnt unmittelbar mit der Erzählung von der Festnahme Jesu (Joh. 18, 1). Zwar läuft dann im einzelnen der Faden der Erzählung anders als bei den Synoptikern, aber es sind wiederum folgende Stationen des Leidensweges Jesu genannt: Preisgabe durch die jüdische Behörde, Übergabe an den römischen Statthalter, Verhöhnung und Geißelung Jesu, Kreuzigung. Die synoptische Passionsgeschichte setzt früher ein mit dem von den jüdischen Autoritäten gefaßten Beschluß, Jesus zu töten (Mk. 14, 1 f. Par.). Daran wird erkennbar, daß der kurze Bericht der ältesten Tradition nach rückwärts erweitert worden ist, indem einzelne Stücke, die ursprünglich selbständig überliefert wurden, mit der Passionsgeschichte verbunden wurden, so die Erzählung von der Salbung Jesu (Mk. 14, 3–9 Par.; vgl. Lk. 7, 36–50) und die Perikope von der Einsetzung des Abendmahls (Mk. 14, 22–24. 25 Par.; vgl. 1. Kor. 11, 23–25), die durch eine ausführlichere Rahmung in den Gang der Passionsgeschichte eingefügt worden ist (Mk. 14, 12–26 Par.). Die Passionsgeschichte ist dann abermals nach rückwärts erweitert worden, indem nunmehr der ganze Zusammenhang mit der Geschichte vom Einzug Jesu in Jerusalem anhebt (Mk. 11, 1–11 Par.). Darauf folgen dann der Zusammenstoß mit den Gegnern Jesu, die seine Vernichtung beschließen (Mk. 11, 18 Par.), ein langer Zyklus von Streitgesprächen (Mk. 11, 27–12, 44 Par.) sowie die Rede Jesu über die Endereignisse (Mk. 13 Par.).

b. Wundergeschichten. In der synoptischen Tradition liegt ein breiter Komplex von Wundergeschichten vor. Auf der einen Seite finden sich darunter knapp dargebotene Erzählungen, in denen der Skopus nicht eigentlich bei der Wundertat liegt, sondern beim Wort Jesu, das den Höhepunkt der Perikope bildet: Am Sabbat muß man Gutes tun (Mk. 3, 4 Par.). Auf der anderen Seite wird in breit ausholenden Geschichten erbaulich geschildert, was sich zugetragen hat; so z. B. Mk. 5, 1–43 Par. Dabei kehren bestimmte Züge, wie sie auch in Wundergeschichten der Umwelt erwähnt werden, immer wieder. Nicht nur zu den Exorzismen und Krankenheilungen, sondern auch zu den Naturwundern Jesu (z. B. Stillung des Sturms, Mk. 4, 35–41 Par.) finden sich in jüdischen und hellenistischen Erzählungen vergleichbare Parallelen. Indem man von Jesus erzählte, daß er über böse Geister, Krankheiten und die Mächte der Natur triumphiert, suchte man hervorzuheben, daß mit ihm das Heil angebrochen ist.

c. Christusgeschichten. Als solche lassen sich Perikopen bezeichnen, die in einer in sich abgerundeten Erzählung die Bedeutung der Erscheinung Jesu hervorheben, so in den Geschichten von der Taufe und von der Verklärung Jesu, aber auch in den Kindheitserzählungen des Mt.- und Lk.-Ev. und vor allem in den Ostergeschichten. Diese Perikopen sind durch und durch vom glaubenden Bekenntnis der Gemeinde geprägt, die mit Hilfe legendärer Züge die einmalige und unvergleichliche Herrlichkeit Jesu zu beschreiben sucht.

d. Schwer einzuordnen ist die Perikope vom Ende Johannes des Täufers (Mk. 6, 17–29 Par.), in der kein spezifisch christlicher Zug enthalten ist. Die Erzählung, zu der auch der jüdische Geschichtsschreiber Josephus ein Gegenstück bringt (Ant. XVIII, 116–119), ist bei Mk. eingefügt, weil erwähnt wurde, Herodes Antipas habe Jesus für den von den Toten wiedererstandenen Täufer gehalten (Mk. 6, 14–16 Par.). Sie läßt sich am besten als eine selbständig überlieferte Novelle bezeichnen, die mit legendären Zügen den Tod des Täufers erzählt.

§ 26 Die Redaktionsgeschichte der Evangelien

K. L. Schmidt, Der Rahmen der Geschichte Jesu, 1919 = ²1964 – H. Conzelmann, Die Mitte der Zeit, 1954, ⁶1977 – W. Marxsen, Der Evangelist Markus, 1956, ²1959 – J. Rohde, Zur redaktionsgeschichtlichen Methode. Einführung und Sichtung des Forschungsstandes, 1966 – N. Perrin, What is Redaction Criticism? 1969.

a. Der *Rahmen,* der zur Verbindung der einzelnen Geschichten dient, ist nur locker herumgelegt und bietet keinerlei Anhalt zur chronologischen oder biographischen Bestimmung der Stücke. So spielt sich z. B. nach der Folge des Mk.-Ev. der gesamte Komplex der Geschichten von Kap. 4–5 an einem Tag ab. Jesus predigt vor dem Volk und erzählt drei Gleichnisse (4, 1–34). Dann fährt er am Spätnachmittag mit dem Schiff über den See Genezareth (4, 35–41). Dabei ist eine Entfernung von 8–10 km zurückzulegen, so daß die Ankunft erst am späten Abend möglich wäre. Nun aber schließen sich – ohne Berücksichtigung der nach dem Rahmen erreichten Abendzeit – drei Wunderheilungen an, die Heilung eines Dämonischen (5, 1–20), alsdann die Rückfahrt über den See (5, 21) und am Ende die Heilung einer blutflüssigen Frau und die Auferweckung der Tochter des Jairus (5, 21–43). So viele Ereignisse ließen sich aber unmöglich in einem Tage unterbringen. Mk. 4, 1 ff. ist auch nach rückwärts verknüpft: Nach 3, 9 läßt Jesus sich ein Boot bereitstellen, es folgen Heilungen und Wundertaten (3, 10 f.) und die Berufung der 12 Jünger (3, 12–19) sowie ein Streitgespräch mit den Pharisäern (3, 20–35). Jesus lehrt dann nach 4, 1 f. in dem Boot am See. Es zeigt sich also eindeutig, daß die Rahmung, durch die die einzelnen Geschichten zusammengehalten werden, lediglich zur Verknüpfung, nicht aber zur Angabe historischer Daten dient. Im Mt.-Ev. sind die einzelnen Überlieferungsstücke durchweg zu größeren Kompositionen zusammengefaßt worden, so daß dem Heiland des Wortes, wie die Bergpredigt ihn schildert (5–7), der Heiland der Tat in einer Reihe von Wundergeschichten (8–9) gegenübergestellt wird. Und im Lk-Ev. ist die Masse der nicht aus Mk. stammenden Stücke in der kleinen (6, 20–8, 3) und großen Einschaltung (9, 51–18, 14) zusammengefaßt. Keiner der drei synoptischen Evangelisten bietet also einen geographisch und chronologisch zuverlässigen Bericht der Wirksamkeit Jesu, sondern Aufriß und Darstellungsweise der Evangelisten sind jeweils von theologischen Gesichtspunkten bestimmt.

b. Die *redaktionsgeschichtliche Untersuchung* der Evangelien faßt das Werk der Evangelisten in den Blick und richtet ihr Augenmerk vornehmlich auf die redaktionellen Verknüpfungen, mit denen sie die Überlieferungen zusammengefaßt und geordnet haben. Hatte die formgeschichtliche Untersuchung der Evangelien zunächst zu dem Urteil geführt, die Evangelisten seien »nur zum geringsten Teil

Schriftsteller, in der Hauptsache Sammler, Tradenten, Redaktoren« (DIBELIUS), so ist diese Sicht inzwischen nicht unerheblich modifiziert worden. Denn durch die Anordnung und Redaktion des tradierten Stoffes setzten die Evangelisten ihrerseits Akzente, betonten die Leitmotive und gaben Hinweise, wie man Jesu Wort und Jesu Handeln zu verstehen habe. Ihre Tätigkeit erschöpfte sich also keineswegs im Sammeln und Weiterreichen der Überlieferungen, sondern sie erwiesen sich an ihrem Teil in der Zusammenordnung der Stoffe und der von ihnen formulierten redaktionellen Verbindungen als Theologen, die durch ihre Beschreibung der Wirksamkeit Jesu eine bestimmte Botschaft ausrichten wollten. Die theologische Eigenart des Mt.- und Lk.-Ev. läßt sich aufzeigen, indem im einzelnen untersucht wird, wie in ihnen der Mk.-Stoff und die Q-Tradition verarbeitet wurden. Die Theologie des Mk.-Ev. läßt sich dagegen nicht durch Vergleich mit einer Quelle, sondern ausschließlich aus der Analyse der vom Evangelisten verfaßten Einleitungen und Schlußwendungen der Perikopen sowie der auf ihn zurückgehenden Summarien und redaktionellen Sätze erheben.

§ 27 Das Evangelium und die Evangelien

J. SCHNIEWIND, Evangelion I, 1927; II, 1931 – G. FRIEDRICH, εὐαγγέλιον, ThW II, 705–735 – G. BORNKAMM, Evangelien, formgeschichtlich, RGG³ II, 749–753 – P. STUHLMACHER, Das paulinische Evangelium. I. Vorgeschichte, 1968 – DERS. (Hrsg.), Das Evangelium und die Evangelien, 1983 – A. VOEGTLE, Das Evangelium und die Evangelien, 1971 – C. H. TALBERT, What is a Gospel? 1971.

a. Das Wort εὐαγγέλιον bedeutet ursprünglich den Lohn für gute Botschaft, dann auch die gute Kunde selbst. Im AT wird nur das Verbum εὐαγγελίζεσθαι in theologischer Bedeutung gebraucht, um die Freudenkunde zu bezeichnen, deren Inhalt lautet, Jahwe habe sein königliches Regiment angetreten (Jes. 52, 7). Der Freudenbote bringt den Elenden frohe Kunde und ruft das Gnadenjahr des Herrn aus (Jes. 61, 1 f.). Das NT sagt, dieser in der Schrift verheißene Freudenbote sei Jesus. Er liest in der Synagoge die Worte aus Jes. 61, 1 f. vor und fügt den kurzen Satz hinzu: »Heute ist dieses Schriftwort erfüllt vor euren Ohren.« (Lk. 4, 16–21)
Der Begriff εὐαγγέλιον ist der Umwelt des NT nicht fremd und wurde vor allem im antiken Herrscherkult verwendet. Seit der Zeit Alexanders d. Gr. wurde in der hellenistischen Welt der Herrscher als Epiphanie der Gottheit verehrt. Diese Verehrung wurde dann in den orientalischen Provinzen des Römischen Reiches dem römischen Kaiser entgegengebracht; so heißt es in einer Inschrift aus Priene in Kleinasien aus dem Jahre 9 v. Chr., der Geburtstag des Gottes sei für die Welt der Anfang der Freudenbotschaften (εὐαγγέλια) gewesen, die seinetwegen ergangen sind. Dem Geburtstag folgen weitere εὐαγγέλια wie Mündigkeitserklärung, Thronbesteigung und Erfolge des Herrschers, die im ganzen Reich gepriesen werden.
Im Unterschied zu dem in der hellenistischen Welt verbreiteten Verständnis von εὐαγγέλιον und εὐαγγελίζεσθαι verkündigt die christliche Gemeinde, daß es nur ein Evangelium gibt (Gal. 1, 6–9), die Botschaft vom gekreuzigten und auferstandenen Christus (1. Kor. 15, 3–5), der als der Gottessohn und Kyrios proklamiert wird (Röm. 1, 3 f.). Mit dem Begriff εὐαγγέλιον wird sowohl der Inhalt als auch der Vollzug der Verkündigung bezeichnet, wie sich an dem Nebeneinander beider Bedeutungen in 1. Kor. 9 deutlich ablesen läßt: ἐκ τοῦ εὐαγγελίου ζῆν (V. 14) heißt: vom Vollzug der Verkündigung des Evangeliums leben; die ἐξουσία (μου) ἐν τῷ

εὐαγγελίῳ ist die Vollmacht, die der Bote des Evangeliums hat (V. 18b). Wenn Paulus aber sagt ἵνα εὐαγγελιζόμενος ἀδάπανον θήσω τὸ εὐαγγέλιον (V. 18a), so denkt er ebenso wie bei der Wendung καταγγέλλειν τὸ εὐαγγέλιον (V. 14) an den Inhalt der frohen Botschaft, der mit nichts anderem vermengt oder belastet werden darf. Das Evangelium gibt also nicht nur Bericht von vergangenem Geschehen, sondern es ruft die Gegenwart des Heils aus und ist somit selbst Heilsgeschehen.

b. Zur *Verbindung des Kerygmas mit der Jesusüberlieferung*, wie sie im Mk.-Ev. erstmalig hergestellt ist, ist es auf Grund der theologischen Überlegung gekommen, daß das Evangelium, das von dem Heilsereignis Kunde gibt, auf die Geschichte Jesu unlösbar bezogen ist. Indem die Überlieferungen, in denen man von Jesu Leidensweg, von seinen Worten und Taten erzählte, unter dem Leitmotiv des Evangeliums zusammengefaßt wurden, wurde die gesamte Jesustradition vom Kerygma her geprägt. Markus leitet folgerichtig sein Werk mit den Worten ein ἀρχὴ τοῦ εὐαγγελίου Ἰησοῦ Χριστοῦ (1, 1) und zeigt damit an, daß die frohe Botschaft von Jesus Christus einen bestimmten Anfang hat, der mit dem Beginn der öffentlichen Wirksamkeit Jesu gegeben ist. Dieser Einsatz entspricht dem Aufriß, wie er auch in der Rede vorausgesetzt ist, die der Verfasser der Apg. Petrus in den Mund legt: »Ihr kennt die Sache, die im ganzen jüdischen Land geschehen ist, angefangen von Galiläa aus nach der Taufe, die Johannes verkündete, Jesus von Nazareth, wie Gott ihn mit heiligem Geist und mit Kraft gesalbt hat, der umherzog, indem er Gutes tat und alle, die vom Teufel besessen waren, heilte; denn Gott war mit ihm. Und wir sind Zeugen alles dessen, was er im Land der Juden und in Jerusalem getan hat. Ihn haben sie dann auch ans Holz gehängt und getötet. Den hat Gott am dritten Tag auferweckt . . .« (Apg. 10, 37–40) Ist der Anfang mit der Taufe des Johannes und das Ende mit Kreuz und Auferstehung gegeben, so wird dann dieser von den Ereignissen gesetzte Rahmen ausgefüllt, indem die Überlieferungen von Taten und Worten Jesu nach sachlichen Gesichtspunkten, nicht in chronologischer oder biographischer Folge, dargeboten werden (s. S. 72).

Das Mk.-Ev. kann als eine Passionsgeschichte mit ausführlicher Einleitung bezeichnet werden (M. KÄHLER). Das Mt.- und Lk.-Ev. aber, denen das Mk.-Ev. vorgelegen hat, greifen weiter aus, beginnen mit der Geburts- und Kindheitserzählung und erzählen eine fortlaufende Geschichte Jesu. Das Joh.-Ev. setzt noch früher ein, indem im einleitenden Hymnus der präexistente Logos verherrlicht wird. Übereinstimmend aber liegt in allen vier Evangelien der Schwerpunkt der Darstellung bei Passion und Ostern. Von Jesu Wirksamkeit, seinem Leiden, Sterben und Auferstehen wird berichtet, um zum Glauben aufzurufen und einzuladen (Joh. 20, 30 f.). Die literarische Gestalt des Evangeliums ist daher eine genuin christliche Schöpfung, zu der es keine unmittelbaren Vorbilder in der antiken Literatur gibt. Wenn im 2. Jahrh. n. Chr. die Evangelien von Justin als ἀπομνημονεύματα τῶν ἀποστόλων bezeichnet werden (Apol. I, 66), so ist dabei offensichtlich daran gedacht, daß sie Erinnerungen der Apostel enthalten. Tatsächlich aber lassen sie sich nicht mit der in der Antike verbreiteten Memoirenliteratur vergleichen, fehlt doch jeder Hinweis, um Anhaltspunkte zur Zeichnung einer vita Jesu zu bieten.

c. *Inhalt des Zeugnisses*, das die *Evangelien* entfalten, ist *das eine Evangelium*. Als bei der Zusammenstellung des Kanons die einzelnen Bücher mit Überschriften versehen wurden, hieß es daher folgerichtig: Evangelium nach Matthäus, nach Markus, nach Lukas, nach Johannes. Das eine Evangelium wird im vierfachen Zeugnis ausgerichtet, das jeder der vier Evangelisten auf seine Weise ablegt. Das Unternehmen des Syrers Tatian, aus den vier Büchern eine Evangelienharmonie herzustellen (s. S. 148 f.), ist dem Bewußtsein entsprungen, daß es nur ein einziges Evangelium gibt. Mit der Entstehung sog. apokrypher Evangelien, zu der es von der Mitte des 2. Jahrhunderts an kam, verschob sich jedoch das Interesse, indem man mit Stoffen, die aus den kanonischen Evangelien bekannt sind, legendenhafte Anekdoten, apokryphe Jesusworte, nach Art von Memoiren dargebotene Geschichten und manches andere verband, so daß der Verkündigungscharakter zurücktrat und frei gebildete Jesusüberlieferung entstand. Die alte Kirche, die diese Werke nicht anerkannte, sondern lediglich die vier Evangelien in den Kanon aufnahm, hat damit eine wohl begründete Entscheidung getroffen.

Im 2. Jahrhundert vollzog sich dann eine Veränderung des Sprachgebrauchs, indem Justin, Irenäus u. a. nicht nur von dem einen Evangelium redeten, sondern auch die Schriften, die von Taten, Verkündigung, Passion und Auferstehung Jesu berichten, Evangelien nannten, so daß man nunmehr von vier Evangelien sprach. Damit wurde der Begriff εὐαγγέλιον zur Bezeichnung der vier Bücher, die als Zeugnisse von der Geschichte Jesu in den Kanon aufgenommen wurden.

d. Einer formgeschichtlichen Analyse der Evangelien hat jüngst W. Schmithals grundsätzlich widersprochen, indem er das Mk.-Ev. als literarische Arbeit seines Verfassers zu erklären sucht, der sich nicht auf mündliche Überlieferungen, sondern auf eine durchgehende Grundschrift stützte, die er seinerseits als kerygmatischer »Lehrdichter« bearbeitete: W. Schmithals, Das Evangelium nach Markus, 1979; ders., Kritik der Formkritik, ZThK 77 (1980) 149–185; sowie ausführliche Darlegung in: Einleitung in die drei ersten Evangelien, 1985.

VI. Die synoptischen Evangelien und die Apostelgeschichte

§ 28   Die synoptische Frage

A. Huck – H. Greeven, Synopse der drei ersten Evangelien, [13]1981 – K. Aland, Synopsis Quattuor Evangeliorum, [13]1985.

a. Das *synoptische Problem* besteht darin, daß die ersten drei Evangelien zwar weitgehende Gemeinsamkeiten aufweisen, aber auch erhebliche Unterschiede erkennen lassen. Das gegenseitige Verhältnis der ersten drei Evangelien zueinander tritt klar hervor, wenn man ihren Text in Spalten nebeneinanderstellt und in einer Zusammenschau (= Synopse) einen genauen Vergleich vornimmt.

1. Die *Gemeinsamkeiten* zeigen sich zunächst im *Aufriß:* Jesu Wirksamkeit beginnt nach der Taufe des Johannes, es folgen Wundertaten und Predigten in Galiläa, dann der Zug nach Jerusalem, und am Ende steht der Bericht von Kreuzigung und Auferstehung Jesu. Nach dem Aufriß der synoptischen Evangelien gewinnt man den Eindruck, Jesus habe etwa ein Jahr lang öffentlich gewirkt. Im Joh.-Ev. wechseln dagegen mehrmals Galiläa und Jerusalem als Schauplatz des Geschehens, das sich über einen Zeitraum von etwa drei Jahren zu erstrecken scheint.

Auch die *Reihenfolge der einzelnen Perikopen* stimmt vielfach überein. So wird z. B. in allen drei Evangelien hintereinander von der Heilung des Gichtbrüchigen, der Berufung des Zöllners, dem Zöllnergastmahl und dem Gespräch über die Fastenfrage erzählt (Mk. 2, 1–22 = Mt. 9, 1–17 = Lk. 5, 17–39). Von den beiden Sabbatkonflikten, die sodann bei Mk. beschrieben werden, ist bei Lukas gleichfalls im unmittelbaren Anschluß an das Vorhergehende die Rede (Mk. 2, 23–3, 6 = Lk. 6, 1–11), bei Mt. erst 12, 1–14.

Darüber hinaus zeigt sich auch eine auffallende *Verwandtschaft innerhalb der einzelnen Perikopen,* in denen einzelne Sätze wörtlich übereinstimmen. So wird z. B. bei allen drei Synoptikern das Wort Jesu an den Gichtbrüchigen in gleicher Formulierung gebracht: ἵνα δὲ εἰδῆτε ὅτι ἐξουσίαν ἔχει ὁ υἱὸς τοῦ ἀνθρώπου ἀφιέναι ἁμαρτίας ἐπὶ τῆς γῆς, aber der begonnene Satz nicht zu Ende geführt, sondern noch einmal neu angesetzt: λέγει (Lk.: εἶπεν) τῷ παραλυτικῷ· σοὶ λέγω ἔγειρε ἆρον τὸν κράβατόν σου καὶ ὕπαγε εἰς τὸν οἶκόν σου (Mk. 2, 10 f. Par.). Von der Bitte des Joseph von Arimathia um den Leichnam Jesu wird dreimal mit denselben Worten berichtet: ᾐτήσατο τὸ σῶμα τοῦ Ἰησοῦ (Mk. 15, 43 = Mt. 27, 58 = Lk. 23, 52). Und der Spruch, wer sein Leben retten wolle, der werde es verlieren, wer es aber um Jesu (und des Evangeliums) willen verliere, der werde es retten, kehrt dreimal in derselben Fassung wieder (Mk. 8, 35 = Mt. 16, 25 = Lk. 9, 24). Auffallende Übereinstimmungen bestehen auch in Perikopen, die sich nur in zwei Evangelien

finden, während im dritten Evangelium eine Parallele fehlt, so z. B. in der Wiedergabe der Rede Johannes des Täufers Mt. 3, 7b–10. 12 = Lk. 3, 7b–9. 17.
Schließlich fällt auf, daß *alttestamentliche Zitate* in allen drei Evangelien vielfach *wörtlich gleich lauten* – selbst wenn das Zitat in anderer Formulierung gebracht wird, als sie im AT bzw. in der Septuaginta steht. So heißt es Mk. 1, 3 = Mt. 3, 2 = Lk. 3, 4: εὐθείας ποιεῖτε τὰς τρίβους αὐτοῦ (sc. des Kyrios = Jesus), während LXX Jes. 40, 3 steht: εὐθείας ποιεῖτε τὰς τρίβους τοῦ θεοῦ ἡμῶν.
Diese Übereinstimmungen, für die sich eine Fülle weiterer Beispiele anführen läßt, beweisen zur Genüge, daß die Verwandtschaft zwischen den drei synoptischen Evangelien nicht das Ergebnis eines Zufalls sein kann – etwa weil alle drei Evangelisten von denselben Vorgängen berichten und deshalb dieselben Ausdrücke gewählt haben –, sondern daß ein Verhältnis literarischer Abhängigkeit vorliegen muß. Um dieses Verhältnis genauer bestimmen zu können, muß man jedoch beachten, daß trotz zahlreicher Gemeinsamkeiten auch mancherlei erhebliche Unterschiede zwischen den drei Evangelien bestehen.
2. *Die Unterschiede* zeigen sich zunächst im *Aufriß:* Über Mk. hinaus bieten Mt. und Lk. Kindheitsgeschichten, die jedoch untereinander nicht übereinstimmen. Mt. beginnt mit einem Stammbaum Jesu, der in 3 mal 14 Gliedern von Abraham bis zu Jesus führt (Mt. 1, 1–17), Lk. bringt dagegen einen Stammbaum erst später und läßt darin von Joseph über 77 Glieder die Kette bis zu Adam reichen (Lk. 3, 23–38). Zu der Bergpredigt Mt. 5–7 findet sich bei Mk. nichts Vergleichbares, bei Lk. nur eine erheblich kürzere Parallele (Lk. 6, 20–49). Eine Reihe von zentralen Gleichnissen Jesu (z. B. vom barmherzigen Samariter, verlorenen Sohn, ungerechten Haushalter, reichen Mann und armen Lazarus) steht nur bei Lk., ohne Parallele bei Mk. und Mt. Während alle drei Evangelisten von der Entdeckung des leeren Grabes berichten (Mk. 16, 1–8 = Mt. 28, 1–10 = Lk. 24, 1–11), spielt bei Mt. die anschließende Geschichte von der Erscheinung des Auferstandenen vor den Jüngern in Galiläa (Mt. 28, 16–20), bei Lk. aber bei und in Jerusalem (Lk. 24, 13–53).
Erhebliche *Abweichungen* sind auch in der *Reihenfolge der Perikopen* festzustellen. So wird Mk. 6, 1–6 (= Mt. 13, 53–58) vom Auftreten und der Verwerfung Jesu in seiner Vaterstadt Nazareth erzählt; bei Lk. dagegen wird bereits zu Beginn der öffentlichen Wirksamkeit Jesu von einer ersten Predigt in Nazareth berichtet (Lk. 4, 16–30). Bei Mk. (1, 16–20 = Mt. 4, 18–22) wird mit kurzen Worten von der Berufung der ersten Jünger gesprochen, bei Lk. dagegen folgt die Berufung des Petrus auf den wunderbaren Fischfang (5, 1–11). Wird bei Mk. zuerst vom großen Zulauf und den Heilungen Jesu gehandelt, dann von der Berufung des Zwölferkreises (Mk. 3, 7–12. 13–19), so ist bei Lk. die Reihenfolge umgekehrt (Lk. 6, 12–16: Berufung des Zwölferkreises, 6, 17–19: Zulauf und Heilungen), und bei Mt. fehlen in diesem Abschnitt entsprechende Stücke (vgl. jedoch Mt. 12, 15–21; 10, 1–4). Eine große Zahl von Sprüchen, die bei Mt. in der Bergpredigt stehen (Mt. 5–7), sind bei Mk. ohne Parallele und bei Lk. über die Kapitel 6–16 verstreut (vgl. z. B. das Vaterunser Mt. 6, 9–13; Lk. 11, 2–4).
Auch *innerhalb derselben Perikopen* sind vielfach starke *Unterschiede* vorhanden. Im Gleichnis vom großen Abendmahl, das Mt. 22, 1–14 und Lk. 14, 15–24 wiedergegeben ist, ist offensichtlich an beiden Stellen derselbe Stoff vorausgesetzt. Bei Lk. aber wird ein großes Gastmahl beschrieben, bei Mt. dagegen eine Hochzeitsfeier, die ein König für seinen Sohn veranstaltet. In der Geschichte vom reichen Jüngling, der Jesus als διδάσκαλε ἀγαθέ anredete, lautet das Wort Jesu nach Mk. 10, 18 (= Lk. 18, 19): τί με λέγεις ἀγαθόν, nach Mt. 19, 17 aber: τί με ἐρωτᾶς περὶ τοῦ

ἀγαθοῦ. Obwohl der Verlauf der Leidensgeschichte in allen drei Evangelien weitgehend gleich ist, weichen die letzten Worte Jesu voneinander ab. Nach Mk. 15, 34 (= Mt. 27, 46) spricht er das Psalmwort: »Mein Gott, mein Gott, warum hast du mich verlassen?« Bei Lukas fehlt dieses Wort, statt dessen aber werden drei andere Worte angeführt, die Jesus am Kreuz sprach (Lk. 23, 34. 43. 46).

Das Verhältnis der drei synoptischen Evangelien zueinander ist also sowohl durch einen breiten Befund an Gemeinsamkeiten als auch durch eine stattliche Zahl kleinerer und größerer Unterschiede gekennzeichnet.

In älteren Lösungsversuchen hat man sich bemüht, die Frage zu beantworten, wie sich die Evangelien nach Mt., Mk. und Lk. zueinander verhalten. Klar erfaßt wurde das Problem erst in der Zeit der Aufklärung. Bis dahin hatte weitgehend die Meinung Augustins gegolten, Mk. sei ein verkürzter Mt., dessen Ev. als die wichtigste und älteste Schrift unter den Evangelien angesehen wurde. Im übrigen wurden im Mittelalter und in der Reformationszeit die Aussagen der drei Evangelien möglichst weitgehend miteinander harmonisiert. Die altprotestantische Orthodoxie verwandte viel Scharfsinn darauf, Widersprüche zwischen den Evangelisten auszugleichen. Mit solchen Auskünften konnte sich jedoch die Aufklärung nicht mehr zufrieden geben. Hier begann man die synoptische Frage zum ersten Mal zu erkennen und suchte nach Wegen zu ihrer Lösung.

1. Nach der *Urevangeliumshypothese,* wie sie vor allem von LESSING vertreten wurde, sind unsere Evangelien verschiedene Übersetzungen und Auszüge aus einer alten aramäischen Apostelschrift, dem Evangelium der Nazarener. Von diesem soll es mehrere Bearbeitungen gegeben haben, so daß sich daraus die unterschiedlichen Fassungen der drei Evangelien erklären. Doch damit waren nur unbeweisbare Mutmaßungen geäußert.

2. Die *Fragmenten- oder Diegesenhypothese* setzt nicht ein durchgehendes Urevangelium voraus, sondern mancherlei Aufzeichnungen der Jünger und Apostel über einzelne Geschehnisse im Wirken Jesu. SCHLEIERMACHER nahm an, aus solchen kurzen Aufzeichnungen (= Diegesen) seien dann jeweils die einzelnen Evangelien zusammengesetzt worden. Zwar ist dabei richtig erkannt, daß in den synoptischen Evangelien Sammelgut recht unterschiedlicher Art verwendet worden ist, nicht erklärt aber werden die Gemeinsamkeiten, die nicht nur einzelne Geschichten, sondern insbesondere auch den Aufbau des Ganzen betreffen.

3. Die *Traditionshypothese* baut auf HERDERS Einsicht von der großen Bedeutung auf, die der mündlichen Tradition zukommt. Am Anfang soll ein mündlich überliefertes Evangelium gestanden haben, von dem dann die verschiedenen Evangelien abgeleitet wurden. Daß mündliche Überlieferung für die Vorgeschichte des Stoffes, der sich in den Evangelien findet, eine entscheidende Rolle gespielt hat, steht außer Zweifel. Doch das komplizierte Problem der Übereinstimmungen und Unterschiede zwischen den synoptischen Evangelien kann nicht ohne die Annahme literarischer Beziehungen gelöst werden.

4. Die *Benutzungshypothese* rechnet mit direkter Abhängigkeit der Synoptiker voneinander. GRIESBACH vermutete Ende des 18. Jahrhunderts, Mk. habe sowohl Mt. als auch Lk. gekannt und für eine von ihm hergestellte verkürzte Fassung verwendet: so sei z. B. Mk. 1, 32 ὀψίας δὲ γενομένης, ὅτε ἔδυσεν ὁ ἥλιος als eine Verbindung aus Mt. 8, 16 ὀψίας δὲ γενομένης und Lk. 4, 40 δύνοντος δὲ τοῦ ἡλίου zu erklären. Diese Hypothese hat bis heute einige Anhänger, so zuletzt W. R. FARMER (The Synoptic Problem, ²1976). Danach soll Mt. das älteste Evangelium sein, dann Lk. und schließlich Mk. unter Benutzung der bereits vorhandenen Evangelien entstanden sein. Doch dem steht der zuerst von LACHMANN (de ordine narra-

tionum in evangeliis synopticis, ThStKr 8 [1835] 570 ff.) erbrachte Nachweis entgegen, daß Mk. das älteste der drei synoptischen Evangelien ist (s. unten). Überdies kann das Verhältnis der Synoptiker zueinander nicht allein durch die Annahme gegenseitiger Benutzung erklärt werden. Denn zwischen Mt. und Lk. bestehen mancherlei Beziehungen auch in den Teilen, für die sie keine Mk.-Vorlage hatten. Das komplizierte Verhältnis von Gemeinsamkeiten und Unterschieden zwischen den Synoptikern hat vielmehr eine befriedigende Erklärung erst mit der sog. Zweiquellentheorie gefunden, die heute nahezu allgemeine Anerkennung gefunden hat.

c. Die *Zweiquellentheorie* besagt: 1. Das Mk.-Ev. ist das älteste der drei synoptischen Evangelien und ist von Mt. und Lk. als Quelle benutzt worden. 2. Über das Mk.-Ev. hinaus haben Mt. und Lk. unabhängig voneinander noch eine zweite Quelle benutzt, die fast ausschließlich Worte Jesu enthalten hat, die sog. Logienquelle Q. Der grundlegende Nachweis für diese Theorie ist vor allem von H. J. HOLTZMANN (Die synoptischen Evangelien, 1863) und P. WERNLE (Die synoptische Frage, 1899) geführt worden.

1. Daß *das Mk.-Ev. das älteste der drei synoptischen Evangelien* sein muß, läßt sich aus folgenden Gründen zwingend beweisen: Zunächst zeigt der *Aufriß* der Evangelien, daß Mk. den beiden anderen Evangelisten als Vorlage gedient haben muß. In ihren Vorgeschichten gehen Mt. und Lk. weit auseinander, sie treffen sich dann aber im Bericht über Johannes den Täufer, d. h. genau an der Stelle, wo Mk. einsetzt. Ebenso verhält es sich am Schluß: Bis zu dem Punkt, an den Mk. 16, 8 führt, reichen die Übereinstimmungen zwischen Mt. und Lk., von da an aber gehen sie in ihren Ostergeschichten auseinander. Daraus folgt, daß das Mk.-Ev. ihnen als Quelle vorgelegen hat.

Dieser Schluß wird bestätigt aus der Untersuchung der *Reihenfolge der Einzelperikopen*. So stimmt der Zusammenhang Mk. 2, 1–22 mit Mt. 9, 1–17 und Lk. 5, 17–39 überein (s. S. 76). Dann geht Mt. seinen eigenen Weg (9, 18–11, 30). Lk. 6, 1–11 entspricht Mk. 2, 23–3, 6, bei Mt. wird erst 12, 1–14 wieder die Parallelität mit Mk. erreicht. Lk. folgt bis 6, 19 der Ordnung des Mk., weicht dann aber von 6, 20 an ab. Der Stoff der sog. Feldrede (Lk. 6, 20–49) ist von Mt. schon an früherer Stelle in der Bergpredigt gebracht worden (Mt. 5–7). Das heißt: Einmal verläßt Mt. die Ordnung des Mk., Lk. aber stimmt mit ihr überein. Dann weicht Lk. von Mk. ab, doch Mt. geht dann denselben Weg wie Mk. Niemals aber vertreten Mt. und Lk. gemeinsam eine andere Folge als Mk. Daher muß Mk. das älteste der drei synoptischen Evangelien sein und den beiden anderen als Vorlage gedient haben.

Fast die gesamte *Stoffmenge* des Mk. kehrt bei Mt. wieder. Von den 666 Versen, die der Mk.-Text umfaßt, finden sich mehr als 600 bei Mt. Da Mt. durchweg den breiteren Stil des Mk. kürzt und strafft, bedeutet das, daß bis auf kleine Ausnahmen die gesamte Stoffmenge des Mk.-Ev. von Mt. übernommen worden ist. Im Lk.-Ev. sind dagegen nur rund 350 Verse aus Mk. übernommen. Eine Reihe von Mk.-Perikopen hat bei Lk. anders gestaltete Parallelen (z. B. die Predigt Jesu in Nazareth, Mk. 6, 1–6; Lk. 4, 16–30). Der ganze Zusammenhang Mk. 6, 45–8, 26 fehlt bei Lk. (s. S. 80). Lk. hat auf der einen Seite Doppelüberlieferungen ausgeschieden, auf der anderen Seite in stärkerem Umfang aus nichtmarkinischer Überlieferung geschöpft. Ohne Parallele bei Mt. und Lk. bleiben lediglich Mk. 4, 26–29; 7, 31–37 und 8, 22–26 sowie die Verse 1, 1; 3, 20 f.; 7, 3 f.; 12, 33 f.; 14, 51 f.; 15, 44 f. Dieser geringe Bestand beeinträchtigt nicht das Ergebnis: Der Stoff des Mk.-Ev. hat den beiden Evangelisten Mt. und Lk. vorgelegen und ist von ihnen verarbeitet worden.

Auch der *inhaltliche Vergleich* führt zu dem Schluß, daß die Mk.-Fassung für Mt. und Lk. die Vorlage abgegeben hat. So lautet nach Mk. 8, 29 das Petrusbekenntnis: »Du bist der Christus«, während es in Mt. 16, 16 heißt: »der Christus, der Sohn des lebendigen Gottes« und Lk. 9, 20 »der Christus Gottes«. Die kurze Mk.-Formulierung ist also bei Mt. und Lk. jeweils durch einen Zusatz erweitert bzw. kommentiert worden. Nach Mk. 15, 39 sagt der heidnische Hauptmann unter dem Kreuz: »Wahrlich, dieser Mensch war Gottes Sohn.« Mt. 27, 54 lautet: »Wahrlich, dieser war Gottes Sohn.« Damit wird vemieden, Jesus »Mensch« zu nennen. Nach Lk. 23, 47 dagegen sagt der Hauptmann: »Wahrlich, dieser Mensch war ein Gerechter«, weil doch schwerlich ein Heide sofort ein vollgültiges christliches Bekenntnis ablegen konnte. Während Mt. aus theologischen Überlegungen ändert, sucht Lk. historisierend die Situation genauer zu beschreiben.

Schließlich beweisen auch *Sprache und Stil* die Priorität des Mk.-Ev. Mk. schreibt einen einfachen Stil, indem er die Sätze meist durch καί – καί aneinanderreiht und keine kunstvollen Perioden baut. Das volkstümliche Praesens historicum herrscht bei ihm vor. Mt. ändert vielfach ein markinisches λέγει zu εἶπεν, und bei Lk. findet sich das Praesens historicum nahezu überhaupt nicht. Während Mk. 2, 11 das vulgäre Wort κράβατος für die Liege des Gelähmten gebraucht wird, sagt Mt. κλίνη (9, 6) und Lk. κλινίδιον (5, 24).

Die Frage, wie die von Mt. und Lk. benutzte Markusvorlage ausgesehen hat, ist von manchen Gelehrten dahin beantwortet worden, daß es sich dabei um einen kürzeren *Urmarkus* gehandelt habe. Für diese These hat man nicht nur auf das Sondergut des Mk.-Ev., das keine Parallele bei Mt. und Lk. hat und deshalb sekundär eingefügt sein könnte, sondern vor allem auch auf die Stellen hingewiesen, an denen Mt. und Lk. gegen Mk. übereinstimmen. So wird Mk. 6, 14 Herodes Antipas βασιλεύς genannt, während Mt. und Lk. ihn als τετραάρχης bezeichnen. Mk. 10, 30 heißt es ἑκατονταπλασίονα, bei Mt. und Lk. dagegen πολλαπλασίονα. Aber Herodes Antipas besaß nicht den Königstitel, so daß Mt. und Lk. zu Recht korrigierten. Und die textlichen Übereinstimmungen, die Mt. und Lk. gegen Mk. gemeinsam haben, können an manchen Stellen darauf zurückgeführt werden, daß der Text des Mt.-Ev., der im kirchlichen Gebrauch bei weitem dominierte, die Textfassung bei Lk. beeinflußt hat. Was das Sondergut betrifft, so bleibt es am wahrscheinlichsten, daß diese wenigen Stücke unabhängig voneinander von Mt. und Lk. ausgelassen worden sind; handelt es sich doch Mk. 4, 26–29 um ein weiteres Saatgleichnis und Mk. 7, 31–37; 8, 22–26 um Wundergeschichten, wie sie ähnlich auch an anderen Stellen der Evangelien stehen. Der Zusammenhang Mk. 6, 45–8, 26 kann von Lk. bewußt übergangen worden sein, um Wiederholungen und Stücke, die spezifisch jüdische Verhältnisse voraussetzen, zu vermeiden. Es ist somit kein zwingender Anhaltspunkt für die Annahme vorhanden, daß die Vorlage des Mk.-Ev., die Mt. und Lk. benutzten, wesentlich von dem uns überlieferten Mk.-Ev. unterschieden gewesen ist. Es bleibt daher bei dem ersten Satz der Zweiquellentheorie, daß das Mk.-Ev. das älteste der drei synoptischen Evangelien ist und von Mt. und Lk. als Quelle benutzt worden ist.

2. Abgesehen von den Übereinstimmungen, die auf dem Mk.-Ev. als gemeinsamer Vorlage beruhen, haben Mt. und Lk. einen nicht unbeträchtlichen Bestand von rund 200 Versen gemeinsam, die nahezu ausnahmslos Herrenworte enthalten und auf die *Logienquelle* Q zurückzuführen sind. Diese Stoffe finden sich bei Mt. vornehmlich in den großen Redekompositionen 5–7; 10; 13; 18; 23–25, bei

Lk. im wesentlichen in den Stücken 3, 7–4, 13; 6, 20–7, 35; 9, 51–13, 35. Diese Berührungen lassen sich nicht durch die Annahme erklären, Mt. sei von Lk. oder Lk. von Mt. abhängig. Denn wie wollte man erklären, daß Lk. die Komposition der Bergpredigt über viele Kapitel verstreut hätte? Oder könnte man annehmen, Mt. hätte die drei Gleichnisse vom Verlorenen aus Lk. 15 nicht übernommen und statt dessen nur das Gleichnis vom verlorenen Schaf in veränderter Fassung gebracht (Mt. 18, 12–14)? Die Übereinstimmungen zwischen Mt. und Lk., die über die aus dem Mk.-Ev. herrührenden Gemeinsamkeiten hinausgehen, müssen auf eine Vorlage zurückgeführt werden, die jeder der beiden Evangelisten unabhängig vom anderen benutzt hat.

Der Stoff, den Mt. und Lk. über die Vorlage des Mk.-Ev. hinaus gemeinsam haben, umfaßt im wesentlichen folgende Stücke: die Predigt Johannes des Täufers, die Versuchung Jesu, eine große Rede Jesu (Feldrede bzw. Bergpredigt), die Geschichte vom Hauptmann von Kapernaum, Sprüche über den Täufer, eine Aussendungsrede, Vaterunser, Jüngersprüche, Gleichnisse vom Senfkorn und Sauerteig, vom großen Abendmahl, eschatologische Mahnworte, das Gleichnis von den anvertrauten Pfunden. Am Anfang steht also Überlieferung von Johannes dem Täufer, am Ende Belehrung über die letzten Dinge. Eine Passionsgeschichte hat nicht zu der Sammlung von Jesuslogien gehört, die Mt. und Lk. voraussetzen; denn in der Passionsgeschichte des Mt.- und Lk.-Ev. finden sich keine gemeinsamen Züge an Stellen, die von Mk. abweichen.

Da bei Mt. die Sprüche zu großen Redekompositionen verbunden sind, läßt sich hinsichtlich der Überlieferungstreue der Logien folgendes sagen: Die in Q gegebene Reihenfolge der Logien ist eher bei Lk. erhalten; dagegen ist in sprachlicher Hinsicht in den Fassungen bei Mt. durchweg die semitische Urgestalt besser erkennbar als bei Lk., bei dem die Logien vielfach stärkere Hellenisierung erfahren haben. Da Papias von Hierapolis im 2. Jahrhundert n. Chr. berichtet, »Matthäus stellte in hebräischer Sprache die Logien zusammen, es übersetzte sie aber jeder, wie er konnte« (Euseb, H. E. III 39, 16), ist vermutet worden, er könnte damit die sog. Logienquelle meinen; doch solche Überlegungen sind unbegründet. Die Logienvorlage, die Mt. und Lk. benutzt haben, muß schon in griechischer Sprache abgefaßt gewesen sein; denn nur unter dieser Voraussetzung können die weitgehenden Übereinstimmungen im Wortlaut erklärt werden. Papias hat sicherlich nicht an Q, sondern an das Mt.-Ev. gedacht (s. S. 89).

Zum Vergleich mit der Logienquelle sind Spruchsammlungen heranzuziehen, wie es sie in der Weisheitstradition und der Überlieferung von Sätzen berühmter Rabbinen gab. Eine aufschlußreiche, freilich erst später zusammengestellte Parallele bietet das christlich-gnostische Thomasevangelium, das ausschließlich Worte Jesu enthält (s. J. M. ROBINSON, LOGOI SOPHON – Zur Gattung der Spruchquelle Q [1964], in: H. KÖSTER–J. M. ROBINSON, Entwicklungslinien durch die Welt des frühen Christentums, 1971, 70–106). Hinter der Sammlung, die man von Sprüchen Jesu veranstaltete, stand ein bestimmtes theologisches Verständnis seiner Sendung, das nicht von der Passion sprach, sondern in Jesus den Lehrer und den kommenden Menschensohn sah, der am Jüngsten Tag zum Gericht erscheinen wird (s. H. E. TÖDT, Der Menschensohn in der synoptischen Überlieferung, [4]1978, 215–245, [5]1984; D. LÜHRMANN, Die Redaktion der Logienquelle, 1969; P. HOFFMANN, Studien zur Theologie der Logienquelle, 1972; S. SCHULZ, Q – Die Spruchquelle der Evangelisten, 1972).

Ist Q wirklich eine schriftliche Quelle gewesen? J. JEREMIAS (Zur Hypothese einer schriftlichen Logienquelle Q [1930], in: Abba, 1966, 90–92) hat vor allem auf folgende Beobachtungen aufmerksam gemacht: 1. Die Abweichungen im Wortlaut – z. B. bei den Seligpreisungen oder im Vaterunser – sind z. T. beträchtlich, so daß man kaum annehmen könne, die Evangelisten hätten eine schriftliche Vorlage so stark verändert. 2. Mt. und Lk. weisen an manchen Stellen eine völlig unterschiedliche Folge von Logien auf. So entsprechen z. B. Lk. 13, 22–30 bei Mt. folgende Parallelen: 7, 13 f.; 25, 10–12; 7, 22 f.; 8, 11 f.; 19, 30 (20, 16). Zu Mt. 5–7 finden sich außer in der Feldrede weitere Parallelen über viele Kapitel bei Lk. verstreut. Wie soll da eine gemeinsame Vorlage ausgesehen haben? 3. Die Logien stehen z. T. in unterschiedlichen Stichwortzusammenhängen; Stichwortzusammenhänge aber sind ein Hinweis auf mündliche Überlieferung. So folgt auf Mt. 5, 15 (leuchten) V. 16 mit dem Stichwort Licht-leuchten; Lk. 11, 33 aber ist das parallele Logion in einen ganz anderen Zusammenhang eingeordnet. Die Weissagung von der Zerstörung Jerusalems steht Mt. 23, 37–39 am Ende der Gerichtsrede gegen die Pharisäer, bei Lk. aber schließt sich der parallele Spruch dem Satz an, ein Prophet müsse in Jerusalem sterben (Lk. 13, 33. 34 f.).

Diese Beobachtungen zwingen dazu, bei dem Versuch einer Rekonstruktion von Q mit Vorsicht ans Werk zu gehen und mit der Möglichkeit zu rechnen, daß einerseits gelegentlich der eine und gelegentlich der andere Evangelist etwas aus Q fortgelassen haben könnte und andererseits die Logienvorlage des Mt. und die des Lk nicht vollkommen identisch gewesen sein mögen. Dennoch genügt es nicht, Q lediglich als eine fester geprägte Traditionsschicht mündlicher Überlieferung anzusehen. Sondern Q muß aus folgenden Gründen eine schriftliche Vorlage gewesen sein: 1. Trotz mancher Abweichungen im einzelnen ist ein bei Mt. und Lk. gleichlaufender Grundriß der Logienüberlieferung von der Verkündigung des Täufers bis zur eschatologischen Belehrung Jesu zu erkennen. 2. Nur durch die Annahme einer schriftlichen Größe Q kann eine befriedigende Erklärung für die sog. Doppelüberlieferungen gefunden werden. Mt. und Lk. haben manche Sprüche einmal aus Mk. und ein zweites Mal aus Q übernommen, so z. B. das Logion vom Gewinnen bzw. Verlieren des Lebens, zunächst Mk. 8, 35 = Mt. 16, 25 = Lk. 9, 24, dann aber Mt. 10, 39 = Lk. 17, 33; oder den Satz, wer da hat, dem werde gegeben, und wer nicht hat, dem werde auch das genommen, was er hat, einerseits Mk. 4, 25 = Mt. 13, 12 = Lk. 8, 18, andererseits Mt. 25, 29 = Lk. 19, 26. Diese Doppelüberlieferungen, zu denen sich eine stattliche Reihe weiterer Beispiele anführen ließe, sind darauf zurückzuführen, daß Mt. und Lk. nicht nur eine, sondern zwei schriftliche Quellen – Mk. und Q – vor sich hatten und manche Logien eben in beiden Vorlagen fanden und aus ihnen übernahmen. Wenn auch Q nicht mit derselben Genauigkeit wie Mk. als Vorlage des Mt. und Lk. bestimmt werden kann, so ändert die Notwendigkeit, Q rekonstruieren zu müssen, doch nichts daran, daß auch der zweite Satz der Zweiquellentheorie als erwiesen gelten kann: Außer dem Mk.-Ev. haben Mt. und Lk. unabhängig voneinander eine zweite Vorlage benutzt, die fast ausschließlich Logien Jesu enthalten hat.

Außerdem hat jeder der beiden Evangelisten noch sog. Sondergut verwendet, d. h. Stoffe, die weder bei Mk. noch in Q standen (s. u. S. 90 und 93). Doch es ist nicht anzunehmen, daß es neben Mk. und Q noch weitere schriftliche Quellen gegeben hat. Zwar ist immer wieder versucht worden, eine größere Zahl schriftlicher Quellen als Vorlagen der Evangelisten wahrscheinlich zu machen. So hat E. HIRSCH (Frühgeschichte des Evangeliums, 1941) nicht weniger als 11 Quellen postuliert, die die Synoptiker verarbeitet haben sollen (zur Kritik: M. LEHMANN, Synoptische Quellenanalyse und die Frage nach dem historischen Jesus, 1970). Vor Mk. und Q liegen aber nicht andere schriftliche Dokumente, sondern die mündliche Tradition der Gemeinde, deren Wesen und Eigenart die formgeschichtliche Untersuchung der synoptischen Tradition aufgehellt hat. Formgeschichte und Zweiquellentheorie ergänzen daher einander, indem sie den Gang der Jesusüberlieferung von den Anfängen bis zur literarischen Fixierung durch die Evangelisten verständlich machen (s. K. GROBEL, Formgeschichte und synoptische Quellenanalyse, 1937).

§ 29 Das Markusevangelium

W. WREDE, Das Messiasgeheimnis in den Evangelien, 1901 = ⁴1969 – M. WERNER, Der Einfluß paulinischer Theologie im Markusevangelium, 1923 – W. MARXSEN, Der Evangelist Markus, 1956, ²1959 – H. CONZELMANN, Geschichte und Eschaton nach Mc 13 (1959), in: Theologie als Schriftauslegung, 1974, 62–73 – U. LUZ, Das Geheimnismotiv und die markinische Theologie, ZNW 56 (1965) 9–30 – K. NIEDERWIMMER, Johannes Markus und die Frage nach dem Verfasser des zweiten Evangeliums, ZNW 58 (1967) 172–188 – J. ROLOFF, Das Markusevangelium als Geschichtsdarstellung, EvTh 27 (1969) 73–93 – H.-W. KUHN, Ältere Sammlungen im Markusevangelium, 1971 – R. PESCH, Das Markusevangelium I, 1976, ⁵1989, II, 1977, ³1984 – J. GNILKA, Das Evangelium nach Markus I, 1978; II, 1979, I/II², 1986 – D. LÜHRMANN, Das Markus-Evangelium, 1987.

a. Inhalt: Das Mk.-Ev. berichtet von der Wirksamkeit Jesu in Galiläa (1–10) und seinem Leidensweg in Jerusalem (11–16).
Zunächst wird der Anfang der Wirksamkeit Jesu geschildert (1, 1–13), dann sein erstes Auftreten bei und in Kapernaum (1, 14–45). Konfliktgeschichten werden aneinandergereiht, in denen Jesus mit Pharisäern und Schriftgelehrten zusammenstößt (2–3). Gleichnisse Jesu werden erzählt (4, 1–34), sodann ein Zyklus von Wundertaten (4, 35–5, 43). Es folgen Einzelberichte (6, 1–33): Jesus wird in Nazareth verworfen (6, 1–6) und sendet seine Jünger aus (6, 6–13), die bald darauf zurückkehren (6, 30–33). Dazwischen ist an das Wort des Herodes über Jesus (6, 14–16) die Geschichte vom Ende Johannes des Täufers angehängt (6, 17–29). Dann werden zwei im Aufriß weitgehend parallel gestaltete Abschnitte (6, 34–7, 37; 8, 1–26) dargeboten: Speisungsgeschichte (6, 34–44; 8, 1–9) – Überfahrt (6, 45–56; 8, 10) – Streitgespräch (7, 1–15; 8, 11–13) – Jüngerbelehrung (7, 17–23; 8, 14–21) – Jesus und die Kanaanäerin (7, 24–30, ohne Parallele in 8) – Heilungsgeschichte (7, 31–37; 8, 22–26).
Die drei Ansagen des Leidens Jesu (8, 31; 9, 31; 10, 32–34) bestimmen den ganzen Zusammenhang, der die Ankündigung der Passion in den Mittelpunkt rückt (8, 27–10, 52). An das Petrusbekenntnis von Caesarea Philippi schließt sich das erste Leidenswort (8, 27–33) sowie eine Belehrung über die Leidensnachfolge der Jünger an (8, 34–9, 1), dann die Verklärung Jesu mit einem Gespräch beim Abstieg (9, 2–13) und die Heilung des epileptischen Knaben (9, 14–29). An das zweite Leidenswort (9, 30–32) sind Gespräche mit den Jüngern (9, 33–50) sowie ein katechismusartiger Zusammenhang angehängt (10, 1–31: von der Ehe, von den Kindern und vom Besitz). An das dritte Leidenswort (10, 32–34) ist das Gespräch Jesu mit den Zebedaiden (10, 35–45) und eine Blindenheilung angeschlossen (10, 46–52).
11–13 werden Jesu letzte Tage in Jerusalem beschrieben, zunächst sein Einzug (11, 1–10), die Tempelreinigung (11, 11. 15–19) und Verfluchung des Feigenbaums (11, 12–14. 20–26), dann folgt ein Zyklus von Streitgesprächen (11, 27–12, 44) und schließlich die apokalyptische Rede Jesu (13). Von 14, 1–16, 8 reicht die Geschichte von der Passion und Auferstehung Jesu, die mit dem Satz, daß die Frauen entsetzt vom leeren Grabe flohen und aus Furcht niemandem etwas sagten, plötzlich endet.

b. Damit stellt sich die Frage nach dem ursprünglichen *Schluß des Mk.-Ev.* Im Mk.-Ev. wird zwar die Erscheinung des Auferstandenen in Galiläa angekündigt (14, 28; 16, 7), aber es wird nicht von ihr berichtet. Sollte ursprünglich in einem verlorengegangenen Schluß des Buches davon die Rede gewesen sein? Entsprechende Vermutungen sind immer wieder angestellt worden, doch sie bleiben ohne hinreichende Begründung. Denn tatsächlich haben Mt. und Lk. die Mk.-Vorlage nur bis 16, 8 gekannt, von da an geht jeder der beiden Evangelisten seinen eigenen Weg weiter. Daß bereits in der allerersten Zeit, ehe das Mk.-Ev. den Evangelisten Mt. und Lk. bekannt wurde, ein Schlußstück verlorengegangen sein sollte, ist in höchstem Maß unwahrscheinlich. Der Evangelist kann mit 16, 8 enden, weil die Osterbotschaft laut geworden ist und keiner weiteren Veranschaulichung bedarf. Gottes unerhörte Tat aber, durch die er den Gekreuzigten aus dem Tod erweckt hat, löst auf seiten der Menschen Furcht und Zittern aus.

Sehr früh hat man es jedoch als einen Mangel empfunden, daß das Mk.-Ev. keine Erscheinungsgeschichten bietet, und entsprechende Ergänzungen vorgenommen. Der sekundäre Mk.-Schluß (16, 9–20) ist bereits im 2. Jahrhundert entstanden und setzt die Kenntnis der Ostergeschichten der drei anderen Evangelisten voraus (s. S. 13) (V. 9 f.: Joh. 20, 11–18; V. 12 f.: Lk. 24, 13–35; V. 14: Lk. 24, 36–49 + Joh. 20, 19–29; V. 15: Mt. 28, 18–20; V. 19: Lk. 24, 50–53). Diese spätere Ergänzung fehlt in den alten Kodices ℵ und B sowie bei Clemens von Alexandria und Origenes. Eine kürzere Schlußfassung lassen die Handschriften L Ψ und 099 auf V. 8 folgen, in der gesagt wird, die Frauen hätten Petrus und den Jüngern von der Auferstehung Kunde gebracht und der Auferstandene habe das Kerygma vom ewigen Heil in alle Welt ausgehen lassen. Schließlich bietet der Kodex W zwischen V. 14 und 15 einen Zusatz, das sog. Freer-Logion, in dem vom Verkehr des Auferstandenen mit den Jüngern gesprochen wird. Diese verschiedenen Ergänzungen zeigen, daß der Abschluß des Mk.-Ev. schon früh als Problem empfunden worden ist. Tatsächlich aber ist die Darstellung des Mk.-Ev. mit 16, 8 zu Ende.

c. Möglicherweise lagen dem Evangelisten Markus einzelne Zusammenhänge, wie z. B. 2, 1–3, 6 in schriftlicher Fassung vor (KUHN), im wesentlichen aber stützte er sich auf mündliche Überlieferungen. Die verschiedenen Stücke stellte er so zusammen, daß sie die *Botschaft des Evangeliums* entfalten: Was über die irdische Wirksamkeit Jesu erzählt wird, ist daher auf das Kerygma von Kreuz und Auferstehung bezogen. Insbesondere dient dem Evangelisten hierzu das Motiv der verborgenen Messianität. Immer wieder wird berichtet, wie Jesus Kranke heilt, Dämonen austreibt und außerordentliche Taten verrichtet. Doch stets wird dann hinzugefügt, er habe geboten, davon zu schweigen (1, 24. 34; 3, 12; 5, 43; 7, 36; 8, 26. 30; 9, 9). WREDE, der als erster die Bedeutung dieses Motivs erkannt hat, meinte, das Messiasgeheimnis solle einen Widerspruch erklären. Die Urgemeinde, die sich nach Ostern zu Jesus als dem Messias bekannte, habe noch ein deutliches Bewußtsein davon gehabt, daß der irdische Jesus nicht als Messias aufgetreten sei. Aus dieser Verlegenheit suchte man sich zu helfen, indem man sagte, Jesus sei damals schon der Messias gewesen, aber er habe seine Würde noch geheimgehalten. Doch diese Erklärung trifft sicher nicht das Richtige, weil eine Überlieferung, die Jesu Wirken nicht in messianischem Sinn verstanden hätte, nirgendwo im Urchristentum anzutreffen ist. Am Anfang der christlichen Tradition steht vielmehr der Satz: Jesus ist der Messias. Der Evangelist zeigt selbst an, warum er ein Buch der »geheimen Epiphanien« (DIBELIUS) schreibt, indem er an der letzten Stelle, an der das Schweigegebot ausgesprochen wird, dessen Sinn erklärt: Die Jünger dürfen von der Herrlichkeit Jesu erst sprechen, wenn der Menschensohn von den Toten auferstanden ist (9, 9). Von der göttlichen Offenbarung kann also nur so geredet werden, daß Jesu gesamte Wirksamkeit von Kreuz und Auferstehung her betrachtet wird. Die Folge der geheimen Epiphanien weist daher auf die eine Offenbarung Gottes am Kreuz und in der Auferstehung Jesu hin. Das Messiasgeheimnis schließt somit eine Interpretation des historischen Jesus aus, die nicht vom Bekenntnis zum gekreuzigten und auferstandenen Christus geleitet ist (LUZ). Innerhalb der Passionsgeschichte bedarf es deshalb nicht mehr eines Hinweises auf das Geheimnis. Denn nun ist kein Zweifel mehr darüber möglich, daß der, der sich als der Messias und Gottessohn bekennt (14, 61 f.), der Gekreuzigte und Auferstandene ist.

Die gesamte Darstellung der Wirksamkeit Jesu steht daher im Zeichen des Kreuzes (3, 6). Jesu Verkündigung kann nur von denen begriffen werden, denen das Geheimnis der Gottesherrschaft gegeben ist (4, 10–12), d. h. die erkennen, daß der, der den Anbruch der Gottesherrschaft verkündigt (1, 14 f.), selbst der Inhalt der frohen Kunde ist (1, 1). Diese Botschaft will der Evangelist weitersagen, nicht nur unter Juden, sondern auch unter allen Völkern (13, 10).

d. Das Mk.-Ev. nennt den *Namen des Verfassers* nicht. Der Bote tritt ganz zurück hinter der Botschaft, die er auszurichten hat. Auch indirekte Hinweise, die auf ihn deuten könnten, fehlen. Zwar hat man erwogen, ob sich hinter der Erwähnung des Jünglings, der Jesus nach seiner Verhaftung folgte, sich dann aber der Festnahme entzog, indem er sein Gewand fahren ließ (14, 51 f.), ein verborgener Hinweis auf den Verfasser stecken könnte. Aber derartige Vermutungen entbehren jeder Grundlage.

Die altkirchliche Tradition führt das Mk.-Ev. auf Markus, den Mitarbeiter des Petrus, zurück. Papias von Hierapolis (Mitte des 2. Jahrhunderts) berichtete nach Euseb (H. E. III 39, 15): »Markus, der der Hermeneut des Petrus war, schrieb alles, dessen er sich erinnerte, genau nieder – jedoch nicht in der Reihenfolge (οὐ μέντοι τάξει) –, was vom Herrn geredet oder getan worden war. Denn er hatte den Herrn weder gehört noch war er ihm nachgefolgt, vielmehr später, wie ich schon sagte, (folgte er) dem Petrus, der je nach Bedarf seine Lehrvorträge hielt – nicht wie einer, der eine Zusammenstellung der Herrenworte gibt. Darum hat Markus nicht gefehlt, indem er so einiges aufschrieb, wie er sich dessen erinnerte. Denn nur für eines trug er Sorge: nichts von dem, was er gehört hatte, auszulassen oder dabei etwas zu verfälschen.« Mit diesen Sätzen soll offensichtlich das Mk.-Ev. gegen zwei Vorwürfe verteidigt werden: 1. gegen den Einwand, daß darin nicht alles genau aufgeschrieben sei, mangelnde Ordnung bestehe, mancherlei ausgelassen sei usw. Dagegen wird geltend gemacht, daß Mk. sich auf die Lehrvorträge des Petrus stützte, er also nur eine mündliche Vorlage, keine schriftliche Quelle zur Verfügung hatte. Hieran ist der Hinweis auf die zugrundeliegende mündliche Tradition sicherlich zutreffend, so daß von daher das οὐ μέντοι τάξει hinreichend gerechtfertigt ist. 2. Der Vorwurf, der Verfasser des Mk.-Ev. sei kein Apostel, wird durch das Argument zurückgewiesen, er sei ein Apostelschüler und habe sich auf Petrusüberlieferung stützen können. Dabei ist jedoch unklar, was man sich unter einem Hermeneuten des Petrus vorstellen soll. Bedurfte es eines Dolmetschers, wo man sich allgemein der griechischen Sprache zu bedienen wußte? Oder ist gemeint, daß Mk. Tradent des Petrus gewesen ist? An spezifisch petrinischer Überlieferung wird jedoch im Mk.-Ev. kaum etwas sichtbar. Zwar wird Petrus in einigen Perikopen besonders erwähnt (z. B. 1, 29–39; 8, 27–33; 14, 53–72), aber daraus folgt keineswegs, daß sich das Mk.-Ev. tatsächlich auf Lehrvorträge des Petrus stützen konnte. Vielmehr will das Papiasfragment das Ansehen des Verfassers des Mk.-Ev. heben, indem es ihn mit dem Felsenapostel in Verbindung bringt. Da man nicht in der Lage war, den

Namen eines Apostels als Verfasser anzugeben, sondern an dem des Markus festhalten mußte, könnte darin historische Überlieferung liegen, daß tatsächlich ein Mann namens Markus das Ev. geschrieben hat.

Im NT wird verschiedentlich ein Johannes Markus erwähnt, der aus der Jerusalemer Urgemeinde kam (Apg. 12, 12), Barnabas und Paulus zunächst auf der sog. ersten Missionsreise begleitete (Apg. 12, 25; 13, 5), sich dann aber von ihnen trennte (Apg. 13, 13; 15, 37 f.). Später scheint er sich wieder in der Begleitung des Paulus befunden zu haben (Phm. 24; Kol. 4, 10; 2. Tim. 4, 11), und 1. Petr. 5, 13 wird er in der Umgebung des Petrus in Babylon (= Rom) genannt. Es ist jedoch kaum vorstellbar, daß ein Mann aus Jerusalem wirklich Verfasser des Mk.-Ev. gewesen sein sollte. 11, 1 heißt es, Jesus und seine Jünger seien in die Nähe von Jerusalem gekommen, nach Bethphage und Bethanien am Ölberg. Tatsächlich aber lag Bethphage unmittelbar am Ostrand der Stadt, Bethanien dagegen ein wenig von Jerusalem entfernt am südöstlichen Abhang des Ölbergs. Die Straße führte damals an Bethanien vorbei, das links liegen blieb, geraden Weges nach Bethphage und in die Stadt hinein. Die Ortsangabe ist also unzutreffend und muß von jemandem niedergeschrieben worden sein, der die örtlichen Verhältnisse in Jerusalem nicht kannte. Auch sonst sind die geographischen Angaben über Palästina und die Mitteilungen über jüdische Lebensgewohnheiten des öfteren ungenau (NIEDERWIMMER). **Daher wird Johannes Markus aus Jerusalem nicht der Verfasser des Mk.-Ev. gewesen sein, sondern ein sonst unbekannter Christ der zweiten Generation, der vielleicht den Namen Markus trug.**

Ebenso wenig wie sich Spuren einer petrinischen Theologie aufweisen lassen, kann eine nähere Beziehung zu Paulus aufgezeigt werden. Zwar wird hier wie dort der Begriff εὐαγγέλιον gebraucht (Mk. 1, 1; 1. Kor. 15, 1–5 u. ö.), der Ruf ἀββὰ ὁ πατήρ angestimmt (Mk. 14, 36; Gal. 4, 6; Röm. 8, 15) und vom stellvertretenden Tod Christi gesprochen (Mk. 10, 45; 1. Kor. 15, 3–5). Diese Berührungen sind jedoch auf gemeinsame urchristliche Tradition zurückzuführen, die Mk. und Paulus jeweils aufgenommen haben, so daß von einem Einfluß paulinischer Theologie auf das Mk.-Ev. nicht gesprochen werden kann (WERNER).

Der Verfasser des Mk.-Ev. schreibt einen einfachen, volkstümlichen Stil. Er reiht kurze Sätze durch καί – καί aneinander oder fährt mit εὐθύς fort. Perioden oder kunstvolle Bildungen fehlen, meist wird die Zeitform der Gegenwart bevorzugt und in direkter Rede gesprochen. Bisweilen werden sogar vulgäre Ausdrücke verwendet (2, 11: κράβατος), in einem Vers kann dreimal ein und dasselbe Wort gebraucht werden (4, 1: θάλασσα). An manchen Stellen ist noch die aramäische Sprachgrundlage der ältesten Jesusüberlieferung erhalten, so z. B.: 5, 41 Talitha kumi; 7, 34 Hephatha; 14, 36 Abba; 15, 34 Eloi, Eloi, lama sabhachtani.

e. Über *Zeit und Ort der Abfassung* sagt die altkirchliche Überlieferung bei Irenäus (adv. Haer. III 1, 1) und im sog. antimarcionitischen Evangelienprolog, das Mk.-Ev. sei bald nach dem Tod des Petrus entstanden. Die Entstehungszeit dürfte damit richtig angegeben sein. Im Mk.-Ev. findet sich kein Hinweis – auch nicht in der apokalyptischen Rede Kap. 13 – darauf, daß die Zerstörung Jerusalems vorausgesetzt wäre. Zwar halten manche Exegeten dennoch für möglich, daß das Mk.-Ev. erst nach 70 n. Chr. geschrieben ist. Aber als wahrscheinlicher wird die Ansicht gelten dürfen, daß es kurz vor 70 n. Chr. aufgezeichnet wurde. MARXSEN ist der Auffassung, das Mk.-Ev. sei in Palästina während des jüdischen Krieges (66–70 n. Chr.) entstanden und sei von der endzeitlichen Hoffnung der Christen erfüllt, in Galiläa werde sich die nahende Parusie ereignen (14, 28; 16, 7). Aber das Buch ist weder von unmittelbarer Enderwartung geleitet – Kap. 13 wird vielmehr mit einer

Folge apokalyptischer Geschehnisse vor dem Ende gerechnet – noch durch palästinischen Charakter ausgezeichnet. Sprache und Theologie sind durchaus von der hellenistischen Umwelt bestimmt. Es könnte daher möglich sein, daß entsprechend der altkirchlichen Angabe Rom tatsächlich der Entstehungsort war. Beweisen läßt sich das freilich nicht – schon gar nicht unter Berufung auf einige Latinismen, die sich finden, wie z. B. μόδιος (4, 21); Legion (5, 9); speculator (= Bote) (6, 27); census (12, 14); quadrans (12, 42); praetorium (15, 14); centurio (15, 39. 44 f.); vier Nachtwachen entsprechend der Posteneinteilung des römischen Heeres (6, 48; 13, 35). 10, 11 f. wird vorausgesetzt, daß eine Frau sich, wie es römischem – nicht jüdischem – Recht entspricht, von ihrem Mann scheiden kann. Doch bei all diesen Zügen handelt es sich ausnahmslos um Latinismen, die durch römische Soldaten in alle Teile des Römischen Reiches getragen wurden. Daher ist daraus kein sicherer Anhaltspunkt für den Abfassungsort zu gewinnen. Es läßt sich mithin nicht mehr sagen, als daß das Mk.-Ev. kurz vor 70 n. Chr. im Bereich der hellenistischen Christenheit entstanden ist.

§ 30   Das Matthäusevangelium

G. D. Kilpatrick, The Origins of the Gospel according to St. Matthew, 1946, [2]1950 – K. Stendahl, The School of St. Matthew, 1954, [2]1968 – W. Trilling, Das wahre Israel, 1959, [3]1964 – G. Bornkamm, G. Barth, H. J. Held, Überlieferung und Auslegung im Matthäusevangelium, 1960, [7]1975 – J. Kürzinger, Das Papiaszeugnis und die Erstgestalt des Matthäusevangeliums, BZ NF 4 (1960) 19–38 – J. Munck, Die Tradition über das Matthäusevangelium bei Papias, Neotestamentica et Patristica, Festschrift für O. Cullmann, 1962, 249–260 – G. Strecker, Der Weg der Gerechtigkeit, 1962, [3]1971 – R. Hummel, Die Auseinandersetzung zwischen Kirche und Judentum im Matthäusevangelium, 1963, [2]1966 – R. Walker, Die Heilsgeschichte im ersten Evangelium, 1967 – U. Luz, Das Evangelium nach Matthäus I, 1985, [2]1989 – J. Gnilka, Das Matthäusevangelium I[2], 1988; II, 1988.

a. Inhalt: Das Mt.-Ev. läßt sich als ein erweitertes Mk.-Ev. bezeichnen, das vor allem durch die Zusammenfassung von Logienüberlieferung in den großen Reden und durch Aufnahme von Sondergut, so z. B. in der Kindheitsgeschichte, über Mk. hinausgeht. 1–2 enthalten die Kindheitsgeschichte Jesu, zunächst den Stammbaum Jesu (1, 1–17), dann die Erzählungen von seiner Geburt in Bethlehem (1, 18–25), der Huldigung der Magier (2, 1–12) und der Flucht nach Ägypten, dem Kindermord in Bethlehem und der Rückkehr nach Nazareth (2, 13–23).
3, 1–4, 11 beschreiben den Anfang der Wirksamkeit Jesu: Johannes den Täufer, Taufe und Versuchung Jesu sowie die Vorbereitung seines öffentlichen Auftretens (überwiegend nach Mk.).
4, 12–13, 58 handeln von Jesu Wirksamkeit in Galiläa. Von seinem ersten Auftreten wird berichtet (4, 12–17), sodann von der Berufung der ersten Jünger (4, 18–22). Ein kurzes Summarium, das von Jesu Handeln in Wort und Tat spricht (4, 23–25 = 9, 35), rahmt den großen Zusammenhang ein, der zuerst Jesu Worte (Bergpredigt 5–7), dann seine Taten (Wundergeschichten 8–9) aufführt. Es folgt die Aussendungsrede an die Jünger (9, 36–11, 1). Dann werden Jesus und der Täufer einander gegenübergestellt (11, 2–19), es schließen sich Weherufe über die Städte Galiläas (11, 20–24) sowie der Jubel- und Heilandsruf Jesu (11, 25–30) an. 12 nimmt wieder den Faden des Mk.-Ev. auf (Mk. 2, 23–3, 35). 13 enthält eine

große Komposition aus sieben Gleichnissen, danach die Verwerfung Jesu in Nazareth (13, 53–58 = Mk. 6, 1–6).

14, 1–20, 34 sind von dem Rahmen, der Jesus auf der Wanderung zeigt, zusammengehalten: zunächst in Galiläa und den benachbarten Gebieten (14, 1–16, 12 = Mk. 6, 14–8, 21), dann auf dem Weg nach Jerusalem. Wie bei Mk. ist mit dem Petrusbekenntnis und der Ansage des Leidens eine deutliche Zäsur gesetzt. Der Weg nach Jerusalem wird angetreten (16, 13 f.). Mt. 16, 13–18, 9 entspricht weitgehend der Vorlage des Mk.-Ev. (Mk. 8, 27–9, 50). In 18 werden verschiedene Logien zur Gemeinderede verbunden. 19 und 20 nehmen Mk. 10, 1–52 auf, nur das Gleichnis von den Arbeitern im Weinberg ist 20, 1–16 eingefügt.

21–25 schildern Jesu letzte Tage in Jerusalem, 21/22 im wesentlichen nach Mk. 11/12. An den übernommenen Zyklus der Streitgespräche wird dann die letzte große Redekomposition angefügt: 23 die Rede gegen Pharisäer und Schriftgelehrte, 24/25 die über die letzten Dinge (zu 24 vgl. Mk. 13; 25 enthält drei Gleichnisse).

Mit der Geschichte von Passion und Auferstehung Jesu wird das Evangelium zu Ende geführt (26–28).

b. Die *Botschaft des Mt.-Ev.* tritt vor allem in den großen Redekompositionen deutlich hervor, die jeweils durch die Wendung »Und es geschah, nachdem Jesus diese Worte vollendet hatte« abgeschlossen werden (7, 28; 11, 1; 13, 53; 19, 1; 26, 1). Der lehrhafte Charakter des Buches führt auf der einen Seite dazu, daß die Wundergeschichten gestrafft werden, um jeweils das Wort Jesu als Pointe hervortreten zu lassen (HELD). So wird Mk. 2, 1–12 auf acht Verse gekürzt (Mt. 9, 1–8) und Mk. 5, 1–20 noch stärker zusammengestrichen (Mt. 8, 28–34). Auf der anderen Seite werden die Streitgespräche durch Aufnahme weiterer Logien oder atlicher Zitate ausgestaltet, so daß z. B. Mk. 2, 23–3, 6 zu dem umfangreicheren Zusammenhang von Mt. 12, 1–14 erweitert wird. Die Lehre Jesu steht also für den Evangelisten im Vordergrund seiner Darstellung und wird am Ende noch einmal besonders eingeprägt. Alle Völker sollen unterwiesen werden, alles zu halten, was Jesus gelehrt hat (28, 19 f.).

Was den Inhalt der Lehre angeht, wie Mt. sie entfaltet, so fällt der ständige Bezug auf das AT auf. Gegenüber der Synagoge soll dargelegt werden, daß in Jesus, dem Messias Israels, die Schriften erfüllt sind und daher die christliche Gemeinde Erbe der Verheißungen ist. Dieser Nachweis wird in der langen Reihe der Reflexionszitate geführt: »Das geschah aber, auf daß erfüllt würde, was durch den Propheten gesagt wurde« (1, 22; 2, 15. 17. 23; 4, 14; 8, 17; 12, 17; 13, 35; 21, 4; 26, 56; 27, 9). Dabei wird genau auf das Verhältnis von Weissagung und Erfüllung geachtet, um jeweils die Verwirklichung der prophetischen Worte zu demonstrieren (vgl. z. B. 21, 7: Sach. 9, 9). Weil Jesus der in den Schriften verheißene Messias Israels ist, wird an den Anfang des Mt.-Ev. Jesu Stammbaum gestellt, der in 3 mal 14 Gliedern von Abraham über David und die Generation des Exils zu Joseph und Jesus führt (1, 1–17). Er ist der Davidssohn, der König der Juden (2, 2), der in Bethlehem geboren wird (Mi. 5, 1: 1, 18–25). Er erfüllt Gesetz und Propheten (5, 17–20) und legt als der neue Mose mit Vollmacht die Thora aus (5, 21–48). Seine Wundertaten sind Zeichen dafür, daß die Worte der Propheten nun verwirklicht sind (11, 2–6). Als der Messias ist er zugleich der leidende Gottesknecht, wie er Jes. 53 beschrieben wurde (8, 17; 12, 18–21).

Doch das Unbegreifliche hat sich ereignet. Jesus ist der Messias Israels, sein Volk aber hat ihn verworfen. Der Heide Pontius Pilatus wäscht sich die Hände, um zu betonen, er habe keine Schuld am Tode Jesu. Die Juden aber rufen: »Sein Blut komme über uns und unsere Kinder« (27, 24 f.). Trotz der Ablehnung durch die Juden bleibt er der ihnen gesandte Messias, der als der König Israels am Kreuz stirbt.

Das Mt.-Ev. ist tief im jüdischen Erbe verwurzelt, darf doch kein Jota und kein Häkchen vom Gesetz vergehen (5, 18 f.) und kommt es auf das Tun der Gerechtigkeit an (5, 20). Auch von Judenchristen wird das Gesetz gehalten, der Sabbat beobachtet (24, 20), Almosen gegeben, gebetet und gefastet (6, 1–18) und der Tempel und das Opfer geachtet (17, 24–27; 5, 23 f.). Was die Schriftgelehrten sagen, geht auch die Christen an (23, 2), obwohl die Gelehrten selbst nicht tun, was sie lehren. Der Auftrag Jesu war an Israel gerichtet, wußte er sich doch zu den verlorenen Schafen Israels gesandt (15, 24) und schickte deshalb seine Jünger nicht zu Heiden und Samaritanern, sondern zum Haus Israel (10, 5 f.). Der auferstandene Herr aber sendet seine Jünger in alle Welt, um alle Völker durch Taufe und Lehre zu gewinnen (28, 19 f.).

Die Gemeinde des Mt.-Ev. ist bei aller scharfen Polemik, die gegen die Synagoge geführt wird, dennoch darum bemüht, am Gespräch mit den Juden festzuhalten (HUMMEL). Die Kirche aber – der Begriff ἐκκλησία findet sich in den Evangelien nur bei Mt. (16, 18; 18, 17) – bedarf der Unterweisung aus der Schrift und durch Jesu Wort, um danach zu handeln. Der Weg Israels wird ihr warnend vor Augen gehalten (21, 43), damit sie die Bewährung bestehe. Zwar kann sich das Kommen der Gottesherrschaft länger hinausziehen, aber die Kirche soll allezeit bereit sein (25, 1–13). Die Paränese enthält daher stets einen Hinweis auf das Endgericht, in dem sich herausstellen wird, wer sein Haus auf Sand, wer auf Fels gebaut hat (7, 24–27). Dann wird die Spreu vom Weizen, das Unkraut von der Frucht gesondert werden (13, 24–30. 36–43), werden die guten von den schlechten Fischen (13, 47–50), die Schafe von den Böcken geschieden (25, 31–46). Ekklesiologie und Eschatologie sind also im Mt.-Ev. eng aufeinander bezogen (BORNKAMM).

c. Als *Verfasser des Mt.-Ev.* wird in der altkirchlichen Tradition der Jünger und Apostel Matthäus genannt, dessen Berufung 9, 9 erzählt und dessen Name 10, 3 als »Matthäus der Zöllner« angegeben wird. Doch das Mt.-Ev. deutet mit keiner Silbe an, daß er der Verfasser gewesen sei. Ebenso wie beim Mk.-Ev. tritt auch im Mt.-Ev. der Name des Boten ganz hinter der Botschaft zurück, die er auszurichten hat.

Die altkirchliche Tradition setzt mit dem aus der Mitte des 2. Jahrhunderts stammenden Papiaszeugnis ein (Euseb H. E. III 39, 16): »Matthäus hat in hebräischer Sprache die Logien zusammengestellt, übersetzt hat sie aber jeder, so gut er konnte.« Zweifellos denkt Papias hier an das Mt.-Ev., nicht etwa an eine Sammlung von Herrenworten oder gar an die Logienquelle (s. S. 81). Die Angabe des Papiaszeugnisses wird in der Folgezeit weitergereicht. So sagt Irenäus (adv. Haer. III 1, 1), Matthäus habe sein Evangelium unter Hebräern in ihrer Sprache geschrieben, und Origenes (Euseb, H. E. VI 25, 4) beruft sich auf die Tradition, Matthäus habe das hebräisch verfaßte Evangelium für Judenchristen herausgegeben. Euseb selbst meint (H. E. III 24, 6): »Matthäus, der zunächst unter den Hebräern gepredigt hatte, schrieb, als er auch noch zu anderen Völkern gehen wollte, das von ihm verkündigte Evangelium in seiner Muttersprache; denn er suchte denen, von welchen er schied, durch die Schrift zu ersetzen, was sie durch sein Fortgehen verloren.« Die Angaben der Tradition stimmen so weit überein und lassen sich ausnahmslos auf das Papiaszeugnis zurückführen. Ihr Gewicht hat lange nachgewirkt – bis zum Entscheid der Päpstlichen Bibelkommission vom 19. 6. 1911, der Apostel Matthäus habe als erster sein Evangelium in hebräischer bzw. aramäischer Sprache verfaßt, und dieses Evangelium sei »quoad substantiam« identisch mit dem kanonischen Mt.-Ev. Doch seit sich die Zweiquellentheorie allgemein durchgesetzt hat, ist auch in der katholischen Bibelwissenschaft die traditionelle Ansicht weitgehend aufgegeben worden.

Die Papiasnotiz will – ähnlich wie das hinsichtlich des Mk.-Ev. der Fall ist – das Mt.-Ev. offensichtlich gegen Vorwürfe verteidigen, die gegen seine sprachliche Gestalt geltend gemacht worden sind. Dabei will Papias nicht lediglich davon reden, daß der Evangelist eine hebräische Denkweise erkennen lasse (so KÜRZINGER); sondern er meint zweifellos eine hebräische bzw. aramäische Urfassung. Diese Angabe trifft jedoch sachlich nicht zu, da das Mt.-Ev. – wie schon die Zweiquellentheorie beweist – nicht auf einen semitischen Urtext zurückgeht. Sie kann daher keine zuverlässige Auskunft über die Entstehung des Mt.-Ev. bieten, sondern soll vermutlich bestimmte Unterschiede des Mt.-Ev. im Vergleich zu den anderen Evangelien erklären. Für die Frage nach dem Verfasser muß das Papiaszeugnis daher ausscheiden; es läßt an seinem Teil vielmehr Einblick in die Zusammenordnung der Evangelien und die Anfänge der Kanonbildung gewinnen (MUNCK).

Das Mt.-Ev. selbst widerspricht eindeutig der Behauptung, ein Jünger und Augenzeuge der Wirksamkeit Jesu sei sein Verfasser gewesen. Denn der Evangelist schreibt nicht auf Grund eigener Anschauung, sondern wertet Quellen aus – Mk. und Q – und schöpft aus der ihm überkommenen Überlieferung – dem sog. Sondergut –, die er zu einem planmäßig gestalteten Werk zusammenfaßt. Der Mk.-Vorlage folgt er selbst dann, wenn ein atliches Zitat in einer vom Urtext abweichenden Fassung gebracht wird, so z. B. Mk. 1, 3 = Mt. 3, 3 (s. S. 77). Auch an anderen Stellen, an denen bei Mk. atliche Schriftworte angeführt werden, hält Mt. sich an seine Vorlage, z. B. Mt. 19, 4 = Mk. 10, 6 (Gen. 1, 27); 19, 5 = Mk. 10, 7 f. (Gen. 2, 24). Wo jedoch der Evangelist auf das AT unmittelbar zurückgreift, ohne an das Mk.-Ev. oder Q gebunden zu sein, führt er es meist nicht nach der Septuagintafassung, sondern im Anschluß an den Urtext an. Auch aus dem Gebrauch des AT ergibt sich also, daß der Evangelist von Quellen abhängig ist und sie auswertet.

Die Sprache des Mt.-Ev. ist durchweg gepflegter als die des Mk.-Ev. und enthält an manchen Stellen auch gehobene Wendungen, wie z. B. πέλαγος τῆς θαλάσσης = »das tiefe Meer« (18, 6); παλιγγενεσία = »Wiedergeburt« (19, 28); βατταλογεῖν = »plappern« (6, 7) und Wortspiele wie: ἀφανίζουσιν ... ὅπως φανῶσιν = »sie verbergen ihr Gesicht, um vor den Menschen als Fastende zu erscheinen« (6, 16); κακοὺς κακῶς ἀπολέσει = »er wird die Übeltäter übel umbringen« (21, 41); κόψονται καὶ ὄψονται = »sie werden wehklagen und sehen« (24, 30).

Benutzung und Auswertung der Quellen, die dem Evangelisten vorlagen, sowie die sprachliche Gestalt seines Werkes führen somit zu dem zwingenden Schluß, daß der Verfasser nicht aus dem Kreis der zwölf Jünger kommen kann. Der Name des Matthäus wurde im Anschluß an die 9, 9 und 10, 3 genannten Namen des ehemaligen Zöllners offensichtlich schon früh mit dem ersten Evangelium in Verbindung gebracht, um seine Entstehung auf einen Apostel zurückführen zu können. Tatsächlich bleibt jedoch der Name des Verfassers unbekannt. Aus dem Mt.-Ev. läßt sich nur erkennen, daß sein Autor aus dem Judenchristentum hervorgegangen ist. Sein Schriftgebrauch und seine Verwurzelung in jüdischer Tradition weisen deutlich auf diese Herkunft. Jüdische Bräuche und Sitten werden nicht erklärt, sondern bei den Lesern als bekannt vorausgesetzt. So wird 15, 2 im Unterschied zu Mk. 7, 1–4 nicht erläutert, warum die Juden vor Mahlzeiten die Hände waschen. Und 23, 5 werden Gebetsriemen und Quasten (am Gewand der Schriftgelehrten) erwähnt, ohne zu sagen, was das ist. Verfasser und Leser sind also mit jüdischer Lebensweise vertraut. Ihnen ist der Umgang mit der Schrift und ihre Auslegung geläufig, wie die Ausgestaltung der Schul- und Streitgespräche sowie die lange Reihe der Reflexionszitate zeigen. Wenn daraus auch kaum gefolgert werden kann, daß hinter dem Mt.-Ev. eine christliche Schule steht, die wie die Rabbinen eine bestimmte Auslegungstradition entwickelt hat (STENDAHL), so ist doch der Verfasser des Mt.-Ev. zweifellos ein Judenchrist, der schriftgelehrte Bildung erfahren hat und sie als »ein Schriftgelehrter, der zum Reich Gottes gelehrt ist« (13, 52), zur Entfaltung der Christusbotschaft und zu deren Begründung gegenüber jüdischen Einreden zu nutzen weiß.

Neuerdings ist dagegen verschiedentlich die These vertreten worden, die judenchristlichen Elemente des Mt.-Ev. seien ausschließlich der dem Evangelisten vorliegenden Tradition zuzuweisen, Mt. selbst aber sei nicht Juden-, sondern Heidenchrist (TRILLING, STRECKER), für den in der Situation nach der Zerstörung Jerusalems die Zeit Israels zu Ende gegangen und Israel endgültig verworfen sei (WALKER). Es trifft zu, daß der Evangelist den Auftrag zur Verkündigung des Evangeliums keineswegs mehr auf Israel begrenzt, sondern die Jünger zu allen Völkern gesandt weiß (28, 19 f.). Doch damit wird nicht eine Ablehnung des Auftrags an Israel sichtbar, dem Jesu Erdenwirksamkeit galt, sondern die grundlegende Wende betont, die mit der Auferstehung und Erhöhung Christi geschehen ist. Der Evangelist vertritt also nicht ein eng auf Israel begrenztes Judenchristentum, sondern er gehört judenchristlichen Kreisen an, die auf der einen Seite das Erbe Israels zu bewahren suchen, auf der anderen Seite aber die Existenz der Heidenkirche anerkennen und deshalb wissen, daß die Christusbotschaft aller Welt gilt.

d. *Zeit und Ort der Abfassung* lassen sich auf Grund folgender Überlegungen bestimmen. Das Mt.-Ev. setzt das Mk.-Ev. voraus, muß also später geschrieben worden sein. 22, 7 heißt es im Gleichnis von der königlichen Hochzeit, daß der König über die Abweisung seiner Einladung und die Mißhandlung seiner Boten zornig wurde, »seine Heere schickte und die Stadt verbrannte«. Damit ist unmißverständlich auf die Zerstörung Jerusalems 70 n. Chr. hingewiesen. Nach dem Mt.-Ev. stehen zwar die christlichen Gemeinden den Synagogen gegenüber, sie sind aber noch nicht endgültig voneinander getrennt. Daher wird man für die Abfassung des Mt.-Ev. die Zeit um 90 n. Chr. anzusetzen haben. Als Raum, in dem es entstanden ist, kommt am ehesten Syrien in Betracht, da hier Christen und Juden in enger Nachbarschaft lebten und es in der Kirche des Mt.-Ev. sowohl eine stattliche Judenchristenheit als auch eine rasch wachsende Heidenchristenheit gab.

§ 31   Das Lukasevangelium

B. H. STREETER, The Four Gospels, 1924 – E. SCHWEIZER, Eine hebraisierende Sonderquelle des Lukas? ThZ 6 (1950) 161–185 – H. CONZELMANN, Die Mitte der Zeit, 1954, ⁶1977 – E. LOHSE, Lukas als Theologe der Heilsgeschichte (1954), in: Die Einheit des NT, 1973, 145–164 – A. STROBEL, Lukas der Antiochener, ZNW 49 (1958) 131–134 – F. REHKOPF, Die lukanische Sonderquelle, 1959 – G. KLEIN, Lukas 1, 1–4 als theologisches Programm (1964), in: Rekonstruktion und Interpretation, 1969, 237–261 – H. FLENDER, Heil und Geschichte in der Theologie des Lukas, 1965 – H. SCHÜRMANN, Das Lukasevangelium I, 1969, ³1984 – P. v. D. OSTEN-SACKEN, Zur Christologie des lukanischen Reiseberichts, EvTh 33 (1973) 476–496 – G. SCHNEIDER, Das Evangelium nach Lukas, 1977, ²1984 – J. JEREMIAS, Die Sprache des Lukasevangeliums, 1980 – M. RESE, Neuere Lukas-Arbeiten, ThLZ 106 (1981) 225–237.

a. Inhalt: Der Aufriß des Lk.-Ev. ist durch eine Dreiteilung charakterisiert: Das Wirken Jesu in Galiläa – die Reise – Jesus in Jerusalem.

1–2 enthalten die Geburt- und Kindheitsgeschichte, in der jeweils durch Gegenüberstellung der Kindheitsgeschichte Johannes des Täufers mit der Jesu die Größe des Christus hervorgehoben wird. 3, 1–4, 13 wird der Anfang der Wirksamkeit Jesu beschrieben, die Predigt des Täufers, die Taufe Jesu, sein Stammbaum und seine Versuchung. 4, 14–9, 50 wird Jesu Wirken in Galiläa dargestellt, wobei Lk. sich weitgehend an Mk. hält mit Ausnahme der kleinen Einschaltung 6, 20–8, 3. In dieser Sammlung steht zunächst die Feldrede (6, 20–49), ferner die Geschichte vom Hauptmann von Kapernaum (7, 1–10), die Auferweckung des Jünglings zu Nain (7, 11–17), Worte Jesu über den Täufer (7, 18–35), die Erzählung von Jesus und der Sünderin (7, 36–50) und die Erwähnung, daß sich Frauen in der Nachfolge Jesu befanden (8, 1–3).

9, 51–19, 27 schließt sich der sog. Reisebericht an, der Jesus auf dem Weg nach Jerusalem zeigt. Darin gehören 9, 51–18, 14 zur großen Einschaltung, die ausschließlich nichtmarkinisches Gut darbietet, darunter so wichtige Stücke wie die Perikopen von den feindlichen Samaritanern (9, 51–56), von verschiedenen Nachfolgern Jesu (9, 57–62), von der Aussendung und Rückkehr der 70 Jünger (10, 1–20), das Gleichnis vom barmherzigen Samaritaner (10, 25–37), Worte gegen die Pharisäer und Schriftgelehrten (11, 37–54), die drei Gleichnisse vom Verlorenen (15), die Gleichnisse vom ungerechten Haushalter und vom reichen Mann und armen Lazarus (16), die Erzählung vom dankbaren Samaritaner (17, 11–19), Sprüche vom Reich Gottes und vom Kommen des Menschensohns (17, 20–37), die Gleichnisse vom ungerechten Richter und vom Pharisäer und Zöllner (18, 1–14). 18, 15 wird der Faden der Vorlage des Mk.-Ev. wieder aufgenommen: die Segnung der Kinder, der reiche Jüngling, die 3. Leidensweissagung und die Blindenheilung bei Jericho (18, 15–43). Es folgen die Geschichte vom Zöllner Zachäus (19, 1–10) und das Gleichnis von den anvertrauten Pfunden (19, 11–27).

19, 28–21, 38 wird Jesu Wirken in Jerusalem in weitgehender Anlehnung an Mk. geschildert: zunächst der Einzug in Jerusalem (19, 28–38), die Klage über die Stadt (19, 39–44), die Tempelreinigung (19, 45–48); die Kette der Streitgespräche (20) entspricht dann Mk. 11, 27–12, 40, die Rede von den letzten Dingen (21) Mk. 13. In dem Bericht über Leiden, Sterben und Auferstehen Jesu (22–24) ist Lk. teilweise von Mk. abhängig, teilweise nimmt er jedoch andere Überlieferungen auf, vor allem in der Ostergeschichte (24, 13–53: Emmausjünger, Erscheinung des Auferstandenen in Jerusalem und Himmelfahrt).

b. Die Frage nach den *Quellen des Lk.-Ev.* ist eingehend diskutiert und in der Forschung unterschiedlich beantwortet worden. Zunächst ist festzustellen, daß Lk. den *Mk.-Stoff* in großen Zusammenhängen übernommen hat:

4, 31–6, 19 (außer 5, 1–11)	= Mk. 1, 21–3, 19
8, 4–9, 50	= Mk. 4, 1–9, 41
18, 15–43	= Mk. 10, 13–52
19, 45–22, 13	= Mk. 11, 15–14, 16

Innerhalb des Mk.-Stoffes sind Stücke fortgelassen, die spezifisch jüdische Fragen behandeln (Mk. 7, 1–37); vor allem aber ist stilistisch geglättet und gebessert worden. Ein καί des Mk.-Ev. wird oft durch ein δέ ersetzt. Das Verbum wird an vielen Stellen vom Anfang des Satzes an das Ende gerückt. Die Übergänge zwischen den Perikopen werden geglättet, indem an die Stelle der kunstlosen Anreihung durch εὐθύς oder πάλιν eine Partizipialkonstruktion oder ein Nebensatz tritt.

Grundsätzlich hat sich jedoch Lk. an die Reihenfolge der Perikopen bei Mk. gehalten – mit zwei kleinen Ausnahmen: 6, 12–19 wird im Unterschied zu Mk. die Berufung der zwölf Jünger vor das Summarium über Zulauf und Heilungen gerückt, damit für die Feldrede ein entsprechendes Publikum bereitsteht. Und 8, 16–21 wird das Wort von den wahren Verwandten an den Schluß der Gleichnisrede und vor die Geschichte vom Seesturm gestellt, so daß die wahren Verwandten als die rechten Hörer der Gleichnisrede Jesu erscheinen. Lk. hat also zwar den Mk.-Stoff redaktionell bearbeitet, aber durchweg die Folge der Perikopen, die er in größeren Zusammenhängen aus Mk. übernahm, belassen.

Die Arbeitsweise, die sich an der Verwendung des Mk.-Stoffes bei Lk. beobachten läßt, wird auch für die Aufnahme und Redaktion der Q-*Überlieferung* anzunehmen sein. D. h. Lk. hat die Logientradition im wesentlichen in der Reihenfolge übernommen, in der sie ihm vorgegeben war, er hat jedoch die Formulierungen redaktionell überarbeitet. Spruchgut findet sich vornehmlich in den Stücken 3, 7–4, 13; 6, 20–7, 35; 9, 51–13, 35. Nicht sicher läßt sich sagen, ob die Q-Vorlage, die Lk. benutzte, ebenso ausgesehen hat wie die Q-Vorlage des Mt. (s. S. 82). Es ließe sich durchaus denken, daß Q in verschiedenen Fassungen umlief. Möglich ist auch, daß einige lukanische Stücke, zu denen sich keine Mt.-Parallele findet, gleichfalls aus Q, bzw. der Lk. vorliegenden Q-Fassung herrühren.

Abgesehen von Mk. und Q hat Lk. in beträchtlichem Umfang *Sondergut* verwendet. Die Stücke, zu denen es weder bei Mk. noch bei Mt. Parallelen gibt, machen fast die Hälfte des Lk.-Ev. aus: die Kindheitsgeschichte, Sätze der Täuferpredigt, der Stammbaum Jesu, die Antrittspredigt in Nazareth, sodann größere Teile in der kleinen (6, 20–8, 3) und der großen Einschaltung (9, 51–18, 14), Stücke in der Leidensgeschichte – die Abendmahlsüberlieferung weicht z. T. von Mk. ab – und in den Ostergeschichten. Nimmt man zum Sondergut die Q-Abschnitte hinzu, so zeigt sich, daß diese Teile im Unterschied zu den aus Mk. stammenden Stücken nicht nur bedeutend umfangreicher sind, sondern auch in großen Zusammenhängen stehen: 1–2; 3, 1–4, 30 (im wesentlichen); 6, 20–8, 3; 9, 51–18, 14; 19, 1–44 (außer V. 28–38); 22, 14–24, 52 (im wesentlichen, jedoch außer z. B. 24, 1–12). Aus dieser Beobachtung hat STREETER die Folgerung gezogen, daß die Abschnitte, die nicht aus dem Mk.-Ev. stammen, in sich ein selbständiges Evangelium darstellten (außer Kap. 1–2) und Lk. erst sekundär in diesen Rahmen auch die Mk.-Stücke eingefügt habe. Dieser Stoff + Q bilden nach STREETER den sog. Protolukas, der für unser Lk.-Ev. die Primärquelle gewesen sei, während Mk. erst die zweite Quelle sei. Zur Unterstützung dieser Theorie, die von JEREMIAS fortentwickelt wurde, wird u. a. darauf hingewiesen, daß bei Lk. eine Reihe von Mk.-perikopen fehlt, für die sich an anderer Stelle eine aus anderer Überlieferung übernommene Parallele findet, wie z. B. die Antrittspredigt Jesu in Nazareth (4, 16–30) statt Mk. 6, 1–6; die Salbung Jesu (7, 36–50) statt Mk. 14, 3–9. STREETER möchte diesen Sachverhalt durch die Annahme erklären, daß Lk. sich in erster Linie an den Protolukas gehalten habe und in den Fällen, in denen er zwei Fassungen einer Perikope vorfand – eine bei Lk. und eine bei Mk. –, die des Protolukas bevorzugte und die aus dem Mk.-Ev. ausließ.

Gegen diese Protolukastheorie ist jedoch einzuwenden, daß die Stoffe des Sonderguts höchst unterschiedlicher Art sind und im Text des Lk.-Ev. schlechterdings kein Hinweis darauf zu finden ist, daß sie bereits vor Aufzeichnung im Lk.-Ev. mit Q-Stücken zu einer schriftlichen Quelle verbunden worden wären. Sprachlich ist ohnehin das Lk.-Ev. durchgehend von der Hand des Evangelisten geprägt, so daß sich auf Grund stilistischer Kriterien keine Anhaltspunkte zur Quellenscheidung finden lassen. Dieser Einwand trifft auch den von E. Schweizer unternommenen Versuch, eine hebraisierende Sonderquelle aufspüren zu wollen. Hebraismen sind weitgehend auf den biblizistischen Stil des Evangelisten zurückzuführen, der seine Sprache an der griechischen Übersetzung des AT geschult hat, nicht aber als Indiz für die Durchführung von Quellenscheidungen zu werten. Daß Lk. tatsächlich von der Mk.-Vorlage ausgeht – und nicht von einem hypothetisch konstruierten Protolukas –, zeigt sich u. a. daran, daß die drei Leidensworte Jesu, die bei Mk. ungefähr durch den gleichen Abstand jeweils voneinander getrennt sind, bei Lk. infolge der Aufnahme umfangreicher Stücke aus Q und Sondergut weit auseinandergerissen worden sind: Lk. 9, 22. 43 ff. – 18, 31 ff. Indem Lk. viele Überlieferungen aus Q und Sondergut hereinnahm, hat er die Mk.-Vorlage erheblich verändert und insbesondere die Zweiteilung Galiläa – Jerusalem zur Dreiteilung seines Werkes erweitert: Galiläa – die Reise – Jerusalem. Lk. hat seine Quellen sorgfältig ausgewertet, sie aber zu einem Werk zusammengefügt, dem er den Stempel seiner Theologie aufdrückte.

Die Frage nach den Quellen des Lk. ist daher mit der Zweiquellentheorie zu beantworten, daß lediglich Mk. und Q mit Sicherheit als die schriftlichen Vorlagen angenommen werden können, die der Evangelist benutzte. Das umfangreiche Sondergut wird ihm durch mündliche Tradition zugekommen sein. Von einigen Exegeten wird jedoch die Ansicht vertreten, daß Lk. zur Passionsgeschichte noch eine Sonderquelle zur Verfügung gestanden habe (Schürmann, Rehkopf), da sich z. B. in der Darstellung von der Einsetzung des Abendmahls teilweise nicht unerhebliche Abweichungen von Mk. finden. Diese Annahme könnte zutreffen, ist jedoch nicht zwingend, da die Abweichungen von Mk. auch auf den Evangelisten zurückgeführt werden können, der in seine Vorlagen redaktionell eingegriffen hat, um die Botschaft hervorzuheben, die er mit seinem Werk ausrichten wollte.

c.   Die *Botschaft des Lk.-Ev.* wird in dem Proömium, das Lk. seinem Buch vorangestellt hat (1, 1–4), wie in einem Programm knapp zusammengefaßt (Klein, Lohse). Indem der Evangelist einleitend über die Quellen, die Methode ihrer Verwendung und das Ziel seines Werkes Rechenschaft ablegt, folgt er einem unter hellenistischen Schriftstellern üblichen Brauch. Zunächst werden Vorgänger genannt, welche schon einen Bericht von den Ereignissen aufgezeichnet haben, die Augenzeugen und Diener des Wortes überliefert haben. Ist dabei von »Vielen« die Rede, so entspricht deren Erwähnung der in derartigen Proömien üblichen Ausdrucksweise und läßt keinen Rückschluß auf eine Vielzahl von Quellen zu, die Lk. vorgelegen hätten. Für sein Werk hebt Lk. dann zwei methodische Grundsätze besonders hervor: 1. allem von vorn (ἄνωθεν) an genau nachgegangen zu sein (V. 3). Wenn zunächst die, die von Anfang an Augenzeugen waren, genannt werden (V. 2), so ist mit der ἀρχή offenbar der Tradition entsprechend der Beginn der öffentlichen Wirksamkeit Jesu gemeint (Mk. 1, 1; s. S. 74). Mit ἄνωθεν wird wahrscheinlich darauf verwiesen, daß Lk. selbst weiter zurückgreift und darüber hinaus auch die Kindheitsgeschichte bietet (1–2). 2. alles genau der Reihe nach (καθεξῆς) aufgeschrieben zu haben (V. 3). Lk. hat nicht wie ein moderner Historiker gearbeitet, der den tatsächlichen Ablauf der Ereignisse feststellen möchte. Sondern er hat eine verständliche Reihenfolge der Überlieferungsstücke herzustellen gesucht, indem er die Übergänge zwischen den einzelnen Perikopen glättete und auf den großen Zusammenhang der von Gott gelenkten Geschichte aufmerksam machte, der von dem Weg des Volkes Israel über die Wirksamkeit Jesu bis in die Gegenwart der Kirche reicht

Indem Lk. sein Evangelium mit einer Szene im Tempel von Jerusalem beginnt und schließt, hebt er den ununterbrochenen Fortgang der Heilsgeschichte hervor. Als Thema seiner Darstellung gibt er 1, 1 an, berichten zu wollen περὶ τῶν πεπληρο-φορημένων ἐν ἡμῖν πραγμάτων. Das bedeutet, daß von Ereignissen die Rede sein soll, die sich als heilsgeschichtliche Erfüllung zugetragen haben – nicht nur in der Geschichte Jesu, sondern auch ἐν ἡμῖν, d. h. in der Kirche. Diese thematische Bestimmung wird im Verlauf der Darstellung verschiedentlich wieder aufgenommen. So wird die sog. große Einschaltung mit den Worten eingeleitet: ἐγένετο δὲ ἐν τῷ συμπληροῦσθαι τὰς ἡμέρας τῆς ἀναλήμψεως αὐτοῦ (9, 51). Mit der Hinaufnahme Jesu ist dabei zugleich sein Weg nach Jerusalem und die Erhöhung in der Himmelfahrt gemeint. Der ganze Reisebericht steht daher unter der Überschrift der sich verwirklichenden heilsgeschichtlichen Erfüllung. Daß diese sich in der Kirche fortsetzt, wird Apg. 2, 1 besonders betont: καὶ ἐν τῷ συμπληροῦσθαι τὴν ἡμέραν τῆς πεντηκοστῆς, d. h. »als der heilsgeschichtlich bestimmte Tag der Pfingsten anbrach«. Im Vorwort zum Lk.-Ev. wird also auch schon auf die Apg. hingewiesen, die mit dem Ev. ein einziges Doppelwerk bildet. Die Geschichte Jesu ist »die Mitte der Zeit« (CONZELMANN), auf die die Zeit der Verheißung hinlief und von der die Zeit der Kirche herkommt.

d. Der *Name des Verfassers* wird nirgendwo im lukanischen Doppelwerk genannt. Ein Papiaszeugnis wie zu Mk. und Mt. ist nicht erhalten. Die altkirchliche Tradition setzt erst mit der Angabe des Irenäus ein, Lukas, der Begleiter des Paulus, habe das von ihm verkündete Evangelium in seinem Buch niedergelegt (adv. Haer. III, 1, 1). Wahrscheinlich ist diese Überlieferung, die Lk. mit Paulus in Zusammenhang bringt und damit das dritte Ev. wenigstens indirekt auf einen Apostel zurückführt, schon älteren Ursprungs. Denn wenn Marcion neben zehn Paulusbriefen nur das Lk.-Ev. zu seinem Kanon gerechnet hat (s. S. 13 f.), so war ihm vermutlich die Tradition bereits bekannt, Lk., der Reisebegleiter des Paulus, sei der Verfasser des Lk.-Ev. Der sog. antimarcionitische Prolog äußert sich ausführlicher, indem es heißt: »Lukas ist ein antiochenischer Syrer, seines Gewerbes ein Arzt, ein Schüler von Aposteln; später hat er Paulus bis zu dessen Martyrium begleitet. Nachdem er dem Herrn unbeirrt, unbeweibt, kinderlos gedient hatte, entschlief er, 84 Jahre alt, in Böotien, voll heiligen Geistes. Da es nun schon Evangelien gab – das nach Mt. in Judäa, das nach Mk. in Italien geschrieben –, schrieb er, getrieben vom Heiligen Geist, in den Gegenden um Achaja dieses ganze Evangelium, durch die Vorrede eben dieses kundgebend, daß vor demselben andere (Evangelien) geschrieben seien und es notwendig war, den Gläubigen aus den Heiden eine genaue Erzählung der Heilsveranstaltung vorzutragen, damit sie nicht durch jüdische Mythologien hin- und hergezerrt würden noch, getäuscht durch die ketzerischen und nichtigen Phantastereien, die Wahrheit verfehlten.« Zur kritischen Beurteilung dieser Angaben der altkirchlichen Tradition ist zu prüfen, ob es im lukanischen Doppelwerk Anhaltspunkte dafür gibt, daß Lukas, der Arzt, der zeitweise Mitarbeiter des Paulus gewesen ist (Phm. 24; Kol. 4, 14; 2. Tim. 4, 11), der Verfasser des Lk.-Ev. gewesen ist. Zwei Fragen sind in diesem Zusammenhang von besonderer Bedeutung:

1. Sollten sich Anzeichen dafür finden lassen, daß der Verfasser des Lk.-Ev. und der Apg. *Arzt* war? Gelegentlich wird der Befund bei Kranken genauer angegeben, so Lk. 4, 38, daß die Schwiegermutter des Petrus von starkem Fieber gepackt war, oder Lk. 5, 12, daß ein Mann, der über und über mit Aussatz bedeckt war, Jesus begegnete. Vgl. weiter Lk. 8, 44; 13, 11; Apg. 28, 9 f. Während es Mk. 5, 26 heißt, mit der blutflüssigen Frau, die all ihr Geld zur Bezahlung der Ärzte aufwandte, sei es trotzdem immer schlechter geworden, fehlt Lk. 8, 43 diese

Bemerkung. Sollte der Verfasser des Lk.-Ev. ein Arzt gewesen sein, der auf seinen Stand nichts Nachteiliges kommen lassen wollte? Tatsächlich aber gehen die Beschreibungen der Krankheiten nirgendwo über das Maß von Schilderungen hinaus, wie sie sich auch sonst in der hellenistischen Literatur der damaligen Zeit finden. Überdies gab es in der Antike noch keine ausgebildete medizinische Fachsprache. Es läßt sich also nicht erweisen, daß der Verfasser des lukanischen Doppelwerkes Arzt gewesen sei.

2. Gewichtiger ist die Frage nach dem Verhältnis des Lk.-Ev. *zur paulinischen Theologie.* Das Problem, ob sich in der Apg. Einflüsse der Theologie des Apostels finden lassen, wird noch zu erörtern sein (s. S. 101). Was jedoch das Lk.-Ev. betrifft, so deutet nichts auf Spuren paulinischer Gedanken hin. Weder das Gleichnis vom Verlorenen Sohn (15, 11–32) noch das vom Pharisäer und Zöllner (18, 9–14) läßt einen unmittelbaren Zusammenhang mit der paulinischen Rechtfertigungslehre erkennen.

Die Angabe der altkirchlichen Tradition, der Verfasser des Lk.-Ev. stamme aus Antiochien, wird schwerlich eine unabhängige Überlieferung darstellen (so STROBEL), sondern könnte durchaus später entstanden sein, indem man aus Apg. 11, 28 D und dem damit eingeleiteten sog. Wir-Bericht schloß, der Verfasser des Doppelwerks sei Antiochener. Die Daten der altkirchlichen Tradition sind daher durch eine Überprüfung an Lk.-Ev. und Apg. nicht zu erhärten. Das lukanische Werk selbst läßt nur erkennen, daß sein Verfasser ein hellenistisch gebildeter Heidenchrist war, der durch seine Darstellung der Geschichte Jesu und der Anfänge der Kirche die christliche Botschaft in die hellenistische Welt hinaustragen möchte.

e. Was Ort und Zeit der Abfassung betrifft, so ist das Lk.-Ev. mit Sicherheit nach dem Mk.-Ev. entstanden. Das apokalyptische Logion von Mk. 13, 14 wird Lk. 21, 20 in deutlicher Anspielung auf die bereits geschehene Zerstörung Jerusalems wiedergegeben: »Wenn ihr aber Jerusalem von Heeren eingeschlossen seht, dann wißt, daß ihre Verwüstung herbeigekommen ist.« Und einige Verse später heißt es: »Und Jerusalem wird von den Völkern zertreten werden, bis die Zeiten der Völker voll geworden sind.« (V. 24) Auch 19, 43 f. wird unmißverständlich auf den Untergang der Stadt hingewiesen: »Denn es werden Tage über dich kommen, da werden deine Feinde einen Wall um dich her aufwerfen und dich einschließen und dich von allen Seiten bedrängen und werden dich dem Erdboden gleich machen und keinen Stein in dir auf dem anderen lassen, weil du nicht die Zeit deiner Heimsuchung erkannt hast.« Das Lk.-Ev. muß also nach 70 n. Chr. abgefaßt worden sein. Da der Evangelist etwa gleichzeitig mit Mt. – aber unabhängig von ihm – schreibt, wird die Zeit um 90 n. Chr. für die Entstehung des Lk.-Ev. anzusetzen sein.

Der Ort der Abfassung läßt sich nicht mehr ermitteln. Der sog. antimarcionitische Prolog nennt Achaja. Aus dem Lk.-Ev. selbst läßt sich jedoch nicht mehr entnehmen, als daß es irgendwo im Bereich des hellenistischen Christentums entstanden sein muß.

§ 32   Die Apostelgeschichte

J. JEREMIAS, Untersuchungen zum Quellenproblem der Apostelgeschichte (1937), in: Abba 1966, 238–255 – PH. VIELHAUER, Zum Paulinismus der Apostelgeschichte (1950), in: Aufsätze zum NT, 1965, 9–27 – M. DIBELIUS, Aufsätze zur Apostelgeschichte, 1953, [5]1968 – E. HAENCHEN, Die Apostelgeschichte, 1956, [7]1977 – R. BULTMANN, Zur Frage nach den Quellen der Apostelgeschichte (1959), in: Exegetica, 1967, 412–423 – G. KLEIN, Die zwölf

Apostel, 1961 – U. Wilckens, Die Missionsreden der Apostelgeschichte, ²1963, ³1974 – H. Conzelmann, Die Apostelgeschichte, 1963, ²1972 – Ch. Burchard, Der dreizehnte Zeuge, 1970 – E. Plümacher, Lukas als hellenistischer Schriftsteller. Studien zur Apg., 1972 – ders., Wirklichkeitserfahrung und Geschichtsschreibung bei Lukas, ZNW 68 (1977) 2–22 – J. Roloff, Die Apostelgeschichte, 1981 – G. Lüdemann, Das frühe Christentum nach den Traditionen der Apostelgeschichte, 1987.

a. *Inhalt:* Kap. 1–12 handeln von der Ausbreitung des Wortes in Jerusalem und Palästina. Zunächst wird das Leben der Urgemeinde in Jerusalem beschrieben (1–5): Einleitung des Buches, Himmelfahrt Jesu (1, 1–14), Wahl des Apostels Matthias (1, 15–26), Pfingstgeschichte (2, 1–41), Summarium über das Leben der Urgemeinde (2, 42–47), Heilung eines Lahmen durch Petrus und Predigt im Tempel (3, 1–26), Petrus und Johannes vor dem Synedrium (4, 1–31), Summarium über das Leben der Urgemeinde (4, 32–37), Ananias und Saphira (5, 1–11), Heilungswunder der Apostel (5, 12–16), die Apostel vor dem Synedrium, der Rat des Gamaliel (5, 17–42).

Im folgenden Abschnitt (6, 1–8, 3) ist von der Einsetzung der Sieben (6, 1–7), der Anklage, Verteidigungsrede und dem Tod des Stephanus (6, 8–8, 1a), sowie der Verfolgung der Gemeinde (8, 1b–3) die Rede. Sodann wird die Mission in Palästina und Syrien geschildert (8, 4–12, 25): die Anfänge der Mission in Samaria (8, 4–25), Philippus und der Kämmerer aus Äthiopien (8, 26–40), die Bekehrung des Saulus (9, 1–30), Petrus in Lydda und Joppe (9, 31–43), Petrus und der Hauptmann Cornelius in Caesarea (10, 1–11, 18), die ersten Christen in Antiochia (11, 19–30), Verfolgung der Gemeinde durch König Herodes Agrippa (12, 1–25).

Kap. 13–28 wird von der Ausbreitung des Wortes in der hellenistischen Welt bis nach Rom erzählt. Die sog. erste Missionsreise bringt Paulus nach Zypern, Antiochia in Pisidien, Ikonium und Lystra (13–14). In Jerusalem findet der Apostelkonvent statt (15, 1–35). Die sog. zweite Missionsreise führt durch Kleinasien nach Troas, zum Übergang nach Europa, dann nach Philippi, Thessalonich, Beröa, Athen, Korinth und auf der Rückreise über Ephesus wieder nach Antiochia (15, 36–18, 22). Für die sog. dritte Missionsreise (18, 23–21, 14) werden folgende Stationen genannt: Apollos in Ephesus (18, 24–28), Paulus in Ephesus (19), Reise nach Makedonien und Griechenland. Weiterreise über Troas nach Milet (20, 1–16), Abschiedsrede des Paulus an die Ältesten in Milet (20, 17–38), Weiterreise und Aufenthalt in Caesarea (21, 1–14).

Ausführlich wird dann über die Reise des Paulus nach Jerusalem, seine Festnahme und Gefangenschaft in Caesarea berichtet: zunächst von seiner Ankunft in Jerusalem und dem Besuch der Urgemeinde (21, 15–26), dann von der Verhaftung des Paulus (21, 27–40), von seiner persönlichen Verteidigungsrede (22, 1–29), von Paulus vor dem Synedrium (22, 30–23, 11), von dem Anschlag der Juden gegen Paulus (23, 12–22), von der Überführung des Paulus nach Caesarea (23, 23–35) und seiner dortigen Gefangenschaft (24–26). Paulus reist zu Schiff nach Rom und trifft am Ende in der Welthauptstadt ein, um dort – wenn auch als Gefangener – mit allem Freimut ungehindert die christliche Botschaft zu verkündigen (28, 17–31).

b. Die Frage nach den *Quellen der Apg.* muß für die beiden Hauptteile der Apg. gesondert erörtert werden. In der zweiten Hälfte der Apg. wird in einigen Abschnitten in Wir-Form berichtet, so daß sich die Annahme nahelegte, mit einer sog. Wir-Quelle zu rechnen. So wird 16, 10 plötzlich mit dem Satz eingesetzt: »Sofort suchten wir nach Makedonien zu kommen.« Bis 16, 17 wird dann in der 1. Person Plur. gesprochen. Nach längerer Unterbrechung kehrt die Wir-Form 20,

5–15 wieder (von Philippi bis Milet), ferner 21, 1–18 (von Milet bis Jerusalem) und schließlich 27, 1–28, 16 (von Caesarea bis Rom). Sollten diesen Abschnitten Aufzeichnungen eines Reisebegleiters zugrunde liegen? Zur Beurteilung dieser Wir-Stücke ist die Feststellung von Bedeutung, daß sie sich durch Sprache und Stil nicht von der übrigen Apg. unterscheiden. Daraus folgt, daß die Wir-Stücke denselben Verfasser haben müssen wie das ganze Buch. Steht dann hinter der Apg. ein Mitarbeiter des Paulus? Diese Folgerung läßt sich aus den Wir-Stücken nicht ableiten. Denn in Romanen und Erzählungen der hellenistischen Literatur wurde verschiedentlich das Stilmittel benutzt, vom Bericht in die Wir-Form überzugehen, um dadurch größere Anschaulichkeit der Darstellung zu erreichen. So wird auch in der zweiten Hälfte der Apg. mehrfach die Wir-Form gebraucht, jedoch immer dann verlassen, wenn Paulus allein handelt: in Philippi, Milet, Jerusalem und Rom. Das Wir erlaubt also keinen Rückschluß auf eine Quelle der Apg., sondern wird vom Verfasser der Apg. verwendet, um »seinen Lesern sich, den Verf. der Apg., als weitgereisten ... Mann zu präsentieren« (PLÜMACHER, ZNW 1977, 14). Für den zweiten Teil der Apg. hat daher dem Verfasser der Apg. vermutlich nur ein Verzeichnis der Stationen zur Verfügung gestanden, die Paulus besucht hat (DIBELIUS). Eine genaue Rekonstruktion dieses Itinerars ist nicht möglich; dennoch wird man annehmen dürfen, daß der Verfasser der Apg. nicht nur einzelnes Material, sondern einen kurzen Reisebericht benutzen konnte (VIELHAUER). Denn einzelne Orte werden nur eben erwähnt, ohne daß vom Aufenthalt in ihnen Näheres berichtet wird (14, 24–26; 17, 1; 20, 13–15). Daher war die Aufzählung der Reisestationen dem Verfasser der Apg. vorgegeben und konnte er das Itinerar seiner Darstellung zugrundelegen.

Für den ersten Teil der Apg. haben viele Forscher die Annahme vertreten, daß eine zusammenhängende Quelle verwendet worden sei. 6,1 liegt ein gewisser Neuansatz vor, indem zum ersten Mal von den μαθηταί die Rede ist und die Hellenisten in der Urgemeinde erwähnt werden. Nach JEREMIAS, der an Überlegungen von v. HARNACK anknüpft, wird der Zusammenhang 6, 1–8, 4 in 9, 1–30 fortgeführt, indem erzählt wird, wie es mit Saulus, dem Verfolger des Stephanus, weiterging. 11, 19–30 wird die Ausbreitung des Wortes bis Antiochia beschrieben, 12, 25–14, 28 und 15, 35 ff. die von Antiochia ausgehende Missionsarbeit. Diese sog. antiochenische Quelle umfaßte somit nach JEREMIAS 6, 1–8, 4; 9, 1–30; 11, 19–30; 12, 25–14, 28; 15, 35 ff. Auch BULTMANN möchte mit einer antiochenischen Quelle rechnen und weist ihr folgende Stücke zu: 6, 1–12a; 7, 54–8, 4; 11, 19–26; 12, 25; 13, 2. Aber diese Thesen lassen sich nicht beweisen; denn sprachlich ist die Apg. durchaus einheitlich gestaltet, so daß stilkritische Argumente zur Abgrenzung einer Quelle fehlen. HAENCHEN dürfte daher im Recht sein, wenn er im Anschluß an DIBELIUS für den ersten Teil der Apg. keine größere schriftliche Vorlage annimmt, sondern meint, daß der Verfasser der Apg. lediglich einzelne Überlieferungen wie Namenlisten (1, 13: die 12 Apostel; 6, 5: die Sieben; 13, 1: Propheten und Lehrer in Antiochia) und kurze Angaben aus der Urgemeinde (1, 18 f.: vom Ende des Judas; 5, 1–5: von Ananias und Sapphira u. a.) hat benutzen können.

Die in Kap. 2, 3, 4, 5, 10, 13, 17 dargebotenen Reden sind zwar unter Aufnahme traditioneller Wendungen (s. S. 19), aber doch je nach dem Kontext, in dem sie stehen, vom Verfasser der Apg. gestaltet worden (WILCKENS). Anders verhält es sich mit der Stephanusrede in Kap. 7, für die eine durchgehende Quelle angenommen werden kann, da einige Sätze – so 7, 58b. 59a; 8, 1. 3 – nur als Interpolation in einem vorgegebenen Text befriedigend zu erklären sind (VIELHAUER u. a.). Auch die drei Beschreibungen der Bekehrung des Paulus (9; 22; 26) sind nicht auf schriftliche Vorlagen zurückzuführen. Sondern nach erbaulichen Gesichtspunkten hat der Verfasser der Apg. die Überlieferung von der Bekehrung des Saulus dreimal in unterschiedlicher Weise erzählt und dadurch ihre große Bedeutung für die Geschichte der jungen Christenheit unterstrichen (BURCHARD). Dem Verfasser der Apg. lag also keineswegs eine Fülle von Traditionen, sondern nur ein spärliches Maß an Überlieferungen vor. Seine Kunst bewies er darin, daß er die Nachrichten und Daten, die ihm bekannt waren, geschickt kombinierte und einen durchgehenden Erzählungsfaden herstellte, an dem er die einzelnen Geschichten aufreihte.

c. Die Apg. soll der Ausrichtung einer bestimmten *Botschaft* dienen. Die spätere Überlieferung hat diese kennzeichnen wollen, indem sie dem Buch den Titel πράξεις ἀποστόλων voranstellte. In der Antike gab es eine reichhaltige πράξεις-Literatur, die Berichte von hervorragenden Männern – wie Herakles, Alexander d. Gr. u. a. – oft in romanhafter Ausschmückung darbot. Tatsächlich aber enthält die Apg. gar keine Darstellung der Taten der Apostel, sondern es wird von der Wirksamkeit des Petrus und dann der des Paulus erzählt, der aber – mit Ausnahme von 14, 4. 14 – nicht Apostel genannt wird. Die alte Kirche kennt daneben auch andere Bezeichnungen für die Apg., so bei Irenaeus: Lucae de apostolis testificatio (adv. Haer. III 31, 3), und bei Tertullian: commentarius Lucae (de jejunio 10). Offensichtlich ist das Werk in der ältesten Zeit ohne Titel überliefert worden.

In der Einleitung zur Apg. wird auf das Proömium zum Lk.-Ev. Bezug genommen: Der πρῶτος λόγος handelte περὶ πάντων, ὧν ἤρξατο ὁ Ἰησοῦς ποιεῖν τε καὶ διδάσκειν (1, 1) bis zu seiner Himmelfahrt. Nun wird zur Darstellung der Ausbreitung des Wortes in der Welt übergeleitet, indem als Thema in 1, 8 angegeben wird: »Ihr werdet die Kraft des heiligen Geistes empfangen, der auf euch kommt, und ihr werdet meine Zeugen sein in Jerusalem und in ganz Judäa und Samaria und bis an das Ende der Erde.« Von diesem Thema ist der Gang der Darstellung bestimmt: zunächst die Urgemeinde in Jerusalem, dann die Ausbreitung in Palästina und Samaria und schließlich in der ganzen alten Welt. Das Bild, das der Verfasser entwerfen will, ist abgerundet, indem er zeigen kann, daß Paulus in Rom ist, κηρύσσων τὴν βασιλείαν τοῦ θεοῦ καὶ διδάσκων τὰ περὶ τοῦ κυρίου Ἰησοῦ Χριστοῦ μετὰ πάσης παρρησίας ἀκωλύτως (28, 31). Es würde sich zu der im Thema gestellten Aufgabe nicht fügen, wenn auch noch vom Martyrium des Paulus gesprochen würde. Denn der Lauf der christlichen Predigt hat die Hauptstadt der alten Welt erreicht. Damit ist das Werk des Lukas, das περὶ τῶν πεπληροφορημένων ἐν ἡμῖν πραγμάτων (Lk. 1, 1) handeln soll, zum Abschluß gebracht.

Dem gestellten Thema entspricht es, daß alle Prediger ein und dieselbe Verkündigung ausrichten. Die Apg. kennt keine Unterschiede zwischen der Lehre des Petrus und der des Paulus; kein Wort wird von dem scharfen Konflikt erwähnt, den die beiden in Antiochia ausgetragen haben (Gal. 2, 11–21). Das Leben der Urgemeinde wird als friedliche Gemeinschaft aller, die zu ihr gehören, gezeichnet. Und wo einmal ein Problem auftaucht wie bei der Versorgung des hellenistischen Teils der Urgemeinde (6, 1), da wird es alsbald in allseitigem Einvernehmen geregelt. Wie Petrus und Jakobus ist auch Paulus ein treuer Beobachter des von den Vätern ererbten Gesetzes. Er beschneidet den Timotheus (16, 3), reist zu den jüdischen Festtagen nach Jerusalem, ordnet sich bereitwillig der Leitung der Urgemeinde unter und übernimmt die Kosten für das Opfer einiger Nasiräer (21, 15 ff.). Beim Bericht über den Apostelkonvent wird nichts davon erwähnt, daß Paulus sich weigerte, Titus zu beschneiden (Gal. 2, 3). In der Darstellung der Wirksamkeit des Paulus ist nicht davon die Rede, wie er um die Freiheit des Evangeliums vom

Gesetz ringen mußte. Paulus und die Urapostel sind vielmehr einträchtig tätig im gemeinsamen Werk der Ausbreitung des Wortes.

Der Inhalt der christlichen Botschaft wird in einer einfachen Christologie ausgesagt: Gott hat Jesus durch seine Wundertaten legitimiert (2, 22). Gleichwohl haben die Juden ihn abgewiesen und ans Kreuz geschlagen (2, 23), während Pilatus ihn freilassen wollte (3, 13). In Jesu Tod hat sich das im AT geweissagte Sterben und Auferstehen des Messias erfüllt. Durch die Auferstehung hat Gott ihn erhöht und zur Rechten eingesetzt (2, 36; 5, 31; 13, 23). Dadurch ist er zum κύριος und σωτήρ geworden, so daß in seinem Namen aller Welt Rettung zuteil wird (4, 12). Um das Heil zu empfangen, bedarf es der Buße und Bekehrung (2, 36; 3, 19) sowie der Taufe (2, 38 u. ö.). Wer zu Jesus gehört, der wird im kommenden Gericht gerettet werden (10, 42; 15, 11; 17, 31); denn als der ἀρχηγὸς τῆς ζωῆς führt er zum ewigen Leben (3, 15; 5, 31).

Von dieser weltweiten Ausrichtung der christlichen Botschaft ist auch die Stellung der Apg. zu Juden und Heiden bestimmt. Die Missionare gehen stets zuerst in die Synagogen und predigen den Juden. Doch regelmäßig werden sie dort abgewiesen und wenden sich dann zu den Heiden (13, 46; 18, 6; 28, 28 u. ö.). Die Christen wissen von der Erfüllung der atlichen Verheißung zu sagen und verkündigen nichts anderes, als was bei Mose und den Propheten steht (26, 22). Sie stimmen mit den Pharisäern im Glauben an die Auferstehung der Toten überein (23, 8); und auch die Heidenchristen erfüllen die gesetzlichen Mindestforderungen (15, 20. 29; 21, 25). Daher können die Christen zu Recht den Anspruch erheben, als wahre Israeliten verstanden zu werden und den Schutz durch die römischen Behörden zu genießen.

Mit der christlichen Botschaft ist aber auch die Hoffnung der Heiden erfüllt. Denn der unbekannte Gott, nach dem sie ausschauten, hat sich nun bekannt gemacht (17, 22–31). Paulus tritt als Zeuge Christi vor römischen Offizieren und Statthaltern auf, die ihm ein geneigtes Ohr leihen. Der König Agrippa ist von seiner Rede so beeindruckt, daß er sagt, es fehle nicht viel, um ihn zu überzeugen, daß er Christ werde (26, 28). Man hätte Paulus aus der Gefangenschaft freilassen können, wenn er nicht an den Kaiser appelliert hätte (26, 32). So wird die Botschaft in alle Welt hinausgetragen, sie läuft von den Juden zu den Heiden und wird auch von hochgestellten Leuten beachtet.

d. Das Problem, welcher *Geschichtswert* der Apg. zukommt, läßt sich an den Stellen eindeutig klären, zu denen Vergleichsmaterial zur Verfügung steht. So können die Angaben über die Wirksamkeit des Paulus an einigen Punkten auf Grund authentischer Aussagen überprüft werden. Während Paulus nur in einem Nebensatz von seiner Bekehrung spricht (Gal. 1, 15 f.), wird diese in der Apg. dreimal in einer ausführlichen Erzählung geschildert (9; 22; 26). Hinsichtlich seines weiteren Weges versichert Paulus bei Anrufung Gottes die Glaubwürdigkeit der Aussagen, die er im Gal. macht (1, 20). Sein erster Besuch in Jerusalem erfolgte erst drei Jahre später und dauerte nur zwei Wochen, lediglich Petrus und den Herrenbruder Jakobus hat er dabei gesehen (1, 18 f.). Dann ist er erst 14 Jahre später zum Apostelkonvent wieder nach Jerusalem gekommen (2, 1). Anders die Schilderung in der Apg.: Nach der Bekehrung zieht Paulus von Damaskus nach Jerusalem und wird durch Barnabas in die Urgemeinde eingeführt (9, 26 ff.). Zu einem zweiten Besuch gelangen Barnabas und Paulus nach Jerusalem als Abgesandte der Gemeinde von Antiochia (11, 30), um der notleidenden Urgemeinde Unterstützung zu bringen. Schließlich reisen sie abermals von Antiochia nach Jerusalem, um am Apostelkonvent teilzunehmen (15, 1 ff.). Hier liegt also ein deutlicher Widerspruch vor. Während Paulus nachdrücklich versichert, er habe zwischen seiner Bekehrung und dem Apostelkonvent nur einmal die Urgemeinde besucht, ist er nach der Apg. zweimal dorthin gekommen. Die Apg. läßt den soeben bekehrten Paulus alsbald mit Jerusalem in Kontakt kommen, weil die Christenheit von dort ihren Ausgang genommen hat und Paulus als auserwähltes Rüstzeug Gottes deshalb mit der Urgemeinde in Verbindung gebracht werden muß. Damit gibt die Apg. aber nicht den historischen Sachverhalt wieder, sondern entwickelt sie die theologische Konzeption heilsgeschichtlicher Kontinuität. Der tatsächliche Hergang der Ereignisse ist daher nicht aus der Apg., sondern allein aus Gal. 1–2 zu erfahren.

Zu Apg. 15 bietet sich ein Vergleich mit Gal. 2, 1–10 an. Paulus betont, es sei in Jerusalem eine Vereinbarung hinsichtlich der Teilung der Missionsaufgabe und einer Kollekte der Heidenchristenheit für die Urgemeinde getroffen worden. Die Apg. gibt eine ausführliche Schilderung der Versammlung in Jerusalem mit langen Reden des Petrus und des Herrenbruders. Jakobus zitiert dabei Am. 9, 11 nach der LXX – nicht nach dem hebräischen Text, wie man es bei einem Jerusalemer Judenchristen erwarten sollte – und spricht sich dafür aus, den Heiden lediglich die Innehaltung gesetzlicher Mindestforderungen aufzuerlegen, um ein Zusammenleben von Judenchristen und Heidenchristen zu ermöglichen (15, 20. 29). Paulus dagegen betont Gal. 2, 6, daß die Jerusalemer Autoritäten ihm keine weiteren Auflagen gemacht haben. Daraus aber folgt, daß das sog. Apesteldekret, wie es Apg. 15, 20. 29 angeführt wird, auf dem Apostelkonvent nicht beschlossen worden sein kann. Der Verfasser der Apg. hat vielmehr ein Dokument, das ursprünglich nur in den Gemeinden in Antiochia, Syrien und Kilikien (Apg. 15, 23) galt, verwendet, um es als krönenden Abschluß der Beratungen in Jerusalem einzusetzen. Die Beschreibung des Apostelkonvents ist also in der Apg. nach erbaulichen und werbenden Gesichtspunkten entfaltet, während der historisch zutreffende Bericht Gal. 2 vorliegt.

In den übrigen Kapiteln, die von Predigt und Wirksamkeit des Paulus handeln, wird weder Kenntnis der paulinischen Theologie noch der Briefe des Apostels erkennbar. Der Verfasser hat offensichtlich die Schriften des Paulus nicht gekannt und von seiner Lehre nur recht allgemeine Vorstellungen gehabt. Der Kampf um Christus als das Ende des Gesetzes ist vergessen, von der Rechtfertigung allein aus Glauben wird nicht mehr gesprochen, Paulus ist vielmehr ein Missionar und Prediger der una sancta ecclesia (VIELHAUER). Allein deren Repräsentanten, die von der heiligen Stadt ausgehen, bringen die rechte Botschaft. Deshalb müssen auch die Anfänge der Samaritanermission nachträglich von Jerusalem aus inspiriert und legitimiert werden (8). Was schließlich das Bild betrifft, das von der Zeit der Urgemeinde gezeichnet wird, so waren dem Verfasser wahrscheinlich nur wenige Nachrichten, einige Listen und formelhafte Wendungen urchristlicher Predigt überliefert. Zitate aus dem AT werden durchweg nach der LXX angeführt, beruhen also nicht auf alter Tradition, die in die Anfänge der palästinensischen Christenheit zurückreicht. Der Befund zwingt somit zu der Feststellung, daß die Apg. keinen historisch exakten Bericht bietet, sondern eine Darstellung von der Ausbreitung der christlichen Botschaft entwirft, die dem Bild entspricht, das man sich zur Zeit der Abfassung der Apg. von der ersten Zeit der Kirche machte.

e. Die *Abfassung der Apg.* muß im Zusammenhang mit der Entstehung des Lk.-Ev. gesehen werden. Die Tradition schreibt sie ebenso wie das Lk.-Ev. »Lukas, dem geliebten Arzt« zu. Da diese Angabe für das Lk.-Ev. sicher nicht zutrifft, wird man auch hinsichtlich der Apg. feststellen müssen, daß ein Verfasser, der so geringe Kenntnisse der paulinischen Theologie besaß, nicht der Reisebegleiter des Apostels gewesen sein kann. Die Apg. ist sicherlich nach dem Lk.-Ev. entstanden, darf aber von diesem nicht weit abgerückt werden, da das Proömium Lk. 1, 1–4 bereits auf die Apg. hinweist (s. S. 94 f.). Daß der Verfasser das Werk des jüdischen Geschichtsschreibers Josephus, der seine Jüdischen Altertümer 93/94 n. Chr. in Rom veröffentlichte, gekannt haben sollte, läßt sich nicht beweisen. Zwar ist verschiedentlich erwogen worden, die Entstehung der Apg. in die Zeit um 120–130 zu rücken (KLEIN) und sie in eine antimarcionitische Front einzureihen; aber so spät wird man die Abfassung schwerlich ansetzen dürfen. Denn die Apg. kennt noch keine ausgeprägte frühkatholische Verfassung der Kirche und vertritt auch noch nicht den Gedanken einer successio apostolica (CONZELMANN). Daher wird als Zeit der Abfassung am ehesten das Ende des 1. Jahrhunderts in Betracht kommen. Der Ort ihrer Entstehung kann ebenso wie der des Lk.-Ev. nicht sicher bestimmt werden; es läßt sich nur so viel sagen, daß sie in den Bereich des hellenistischen Heidenchristentums gehört.

f. Der Text der Apg. gibt einige besondere Probleme auf, da der ägyptisch-alexandrinische und der westliche Text – vertreten durch D und E sowie p[38.41.48] und die altlateinischen Übersetzungen – an vielen Stellen erheblich voneinander abweichen. So läßt D den Wir-Bericht schon 11, 28 beginnen, indem die Situation der antiochenischen Gemeinde nach Ankunft der Propheten aus Jerusalem mit den Worten beschrieben wird: »Und es herrschte große Freude. Als *wir* aber versammelt waren, sprach einer von ihnen, mit Namen Agabus.« Der Text des sog. Aposteldekrets ist 15, 20. 29 aus einer viergliedrigen zu einer dreigliedrigen Fassung verkürzt, indem nicht mehr von »Ersticktem« – d. h. nicht vorschriftsmäßig geschlachtetem Fleisch –, sondern nur noch von ethisch verstandenen Geboten die Rede ist: Götzendienst, Blut (= Mord) und Hurerei werden untersagt. Das Problem, wie sich ägyptisch-alexandrinischer und westlicher Text zueinander verhalten, ist inzwischen zu einer grundsätzlichen Klärung gebracht worden (DIBELIUS, HAENCHEN). Zwar wird die Frage der ursprünglichen Textfassung von Stelle zu Stelle geprüft werden müssen, in den allermeisten Fällen aber erweisen sich die Fassungen des westlichen Textes als sekundäre Veränderungen, Erweiterungen oder Ausschmückungen. Im 2. Jahrhundert war der Text der Apg. noch nicht als heiliger Text unveränderlich festgelegt, sondern durchaus noch für Abwandlungen offen. Der westliche Text, dessen Anfänge sicher in diese frühe Zeit zurückreichen, hat an vielen Stellen Verdeutlichungen oder Anpassungen an die seit Entstehung der Apg. veränderte Situation vorgenommen. So dient die Einfügung des Wir in 11, 28 dazu, größere Anschaulichkeit herzustellen. Und die Abwandlung des Aposteldekrets in eine Summe ethischer Gebote soll zeigen, daß es nicht um kultgesetzliche Fragen, sondern um sittliche Anweisungen der Apostel für die ganze Kirche gegangen ist. Auch sonst finden sich Veränderungen oder Zusätze, die ausschmücken oder verdeutlichen, wie z. B. 6, 8: Stephanus tat große Zeichen und Wunder vor dem Volk, D: + διὰ τοῦ ὀνόματος κυρίου Ἰησοῦ Χριστοῦ in Aufnahme einer liturgischen Wendung; 12, 10: Petrus wird vom Engel aus dem Gefängnis befreit und hinausgeleitet, D: + »und sie stiegen die sieben Stufen hinab«.

VII. Das Johannesevangelium und die johanneischen Briefe

§ 33 Das Johannesevangelium

J. Wellhausen, Erweiterungen und Änderungen im 4. Evangelium, 1907 – E. Schwartz, Aporien im 4. Evangelium, NGGW 1907/08 – H. Windisch, Johannes und die Synoptiker, 1926 – E. Hirsch, Studien zum vierten Evangelium, 1936 – ders., Stilkritik und Literaranalyse im vierten Evangelium, ZNW 43 (1950/51) 128–143 – E. Schweizer, Ego Eimi 1939, ²1965 – J. Jeremias, Johanneische Literarkritik, ThBl 20 (1941) 33–46 – R. Bultmann, Das Evangelium des Johannes, 1941, ¹²1986 – ders., RGG³ III, 840–850 – E. Ruckstuhl, Die literarische Einheit des Joh.-Ev., 1951/1988 – C. H. Dodd, The Interpretation of the Fourth Gospel, 1953 – ders., Some Johannine ›Herrenworte‹, NTS 2 (1955/56) 75–86 – ders., Historical Tradition in the Fourth Gospel, 1963 – B. Noack, Zur johanneischen Tradition, 1954 – W. Wilkens, Die Entstehungsgeschichte des vierten Evangeliums, 1958 – E. Haenchen, Johanneische Probleme (1959), in: Gott und Mensch, 1965, 78–113 – S. Schulz, Komposition und Herkunft der johanneischen Reden, 1960 – E. Lohse, Wort und Sakrament im Johannesevangelium (1960/61), in: Die Einheit des NT, 1973, 193–208 – H. Braun, Qumran und das NT II, 1966, 118–144 – J. Becker, Die Abschiedsreden im Johannesevangelium, ZNW 61 (1970) 215–246 – F. Schneider / W. Stenger, Johannes und die Synoptiker, 1971 – O. Cullmann, Der johanneische Kreis, 1975 – R. Schnackenburg, Das Johannesevangelium I ⁴1979, ⁶1986; II ³1980, ⁴1983, III ³1979, ⁵1986 – R. E. Brown, The Community of the Beloved Disciple, 1979 – E. Haenchen, Das Johannesevangelium, 1980 – C. K. Barrett, Das Evangelium nach Johannes, 1990.

a. Inhalt: Kap. 1 ist einleitend vorangestellt: der Prolog (1, 1–18), dann das Zeugnis des Täufers (1, 19–34) und die ersten Jünger (1, 35–51).
Der erste Hauptteil beschreibt die Offenbarung der Herrlichkeit Jesu vor der Welt (2–12). Zunächst wird der Beginn der öffentlichen Wirksamkeit Jesu dargestellt (2–4): Hochzeit zu Kana (2, 1–12), Tempelreinigung (2, 13–22), Überleitung (2, 23–25), Jesus und Nikodemus (3, 1–21), nochmaliges Zeugnis des Täufers (3, 22–36), Jesus und die Samaritanerin (4, 1–42), Heilung des Sohnes eines königlichen Beamten (4, 43–54).
Die folgenden Kapitel schildern die Auseinandersetzung Jesu mit dem ungläubigen Kosmos: Heilung des Kranken von Bethesda (5), das Brot des Lebens (6), Jesus in Jerusalem (7/8), Heilung eines Blindgeborenen (9), der gute Hirte (10, 1–18), Jesus auf dem Tempelweihfest in Jerusalem (10, 19–39), Überleitung (10, 40–42), Auferweckung des Lazarus (11), Salbung Jesu in Bethanien (12, 1–11), Einzug Jesu in Jerusalem (12, 12–19), Jesus und die Griechen (12, 20–36), Rückblick auf die öffentliche Wirksamkeit Jesu (12, 37–50).
Der zweite Hauptteil hat die Offenbarung der Herrlichkeit Jesu vor seinen Jüngern zum Thema: das letzte Mahl Jesu mit den Jüngern (13, 1–30), die Abschiedsreden (13, 31–16, 33) und das hohepriesterliche Gebet Jesu (17).
Kap. 18–20 handeln von Passion (18/19) und Auferstehung Jesu (20). Die johanneische Ostergeschichte erzählt von der Entdeckung des leeren Grabes (1–10) sowie den Erscheinungen des Auferstandenen vor Maria Magdalena (11–18), den Jüngern (19–23) und dem ungläubigen Thomas (24–29). Ein kurzer Abschluß des ganzen Buches steht am Ende (30 f.).
Kap. 21 stellt einen Nachtrag dar, in dem von galiläischen Erscheinungen Jesu die Rede ist: Offenbarung des Auferstandenen am See von Tiberias (1–14) und seine Begegnung mit Petrus und dem Lieblingsjünger (15–24) sowie ein Schlußwort (25).

b. Das *Verhältnis des Joh.-Ev. zu den Synoptikern* ist einerseits durch einige Gemeinsamkeiten und andererseits durch erhebliche Unterschiede gekennzeichnet. Wie die Synoptiker berichtet auch Joh. am Anfang von Johannes dem Täufer und am Ende von der Passion und Auferstehung Jesu. Zwischen Anfang und Schluß sind einige Perikopen Joh. und den Synoptikern *gemeinsam:*

2, 13–22	Tempelreinigung	Mk. 11, 15–17 Par.
4, 43–54	Heilung des Sohnes eines königlichen Beamten	Mt. 8, 5–13; Lk. 7, 1–10
6, 1–13	Speisung der 5000	Mk. 6, 32–44 Par.; 8, 1–10 Par.
6, 16–21	Seewandeln Jesu	Mk. 6, 45–52 Par.
12, 1–8	Salbung Jesu in Bethanien	Mk. 14, 3–9 Par.
12, 12–16	Einzug Jesu in Jerusalem	Mk. 11, 1–10 Par.
13, 21–30	Bezeichnung des Verräters	Mk. 14, 18–21 Par.
13, 36–38	Vorhersage der Verleugnung des Petrus	Mk. 14, 29–31 Par.

An einigen Stellen finden sich sogar gleichlautende Formulierungen einzelner Sätze und Satzteile. So wird der Verrat des Judas Joh. 13, 21 = Mk. 14, 18 mit den Worten angekündigt: ἀμὴν λέγω ὑμῖν ὅτι εἷς ἐξ ὑμῶν παραδώσει με. Joh. 12, 8 stimmt wörtlich mit Mt. 26, 51 (vgl. Mk. 14, 7) überein; ebenso Joh. 5, 8 mit Mk. 2, 9. 11 Par.

Dieser Befund könnte die Annahme naheliegen, in allen diesen Fällen sei Joh. von den Synoptikern abhängig. Wenn Joh. die Synoptiker kannte, warum hat er dann sein Evangelium geschrieben? Wollte er sie ergänzen, oder wollte er sie gar ersetzen und verdrängen (WINDISCH)? Diese Frage kann jedoch nur dann gestellt werden, wenn geklärt ist, ob Joh. wirklich literarisch von den Synoptikern abhängig war.

Um dieses Problem lösen zu können, müssen den Gemeinsamkeiten zwischen Joh. und den Synoptikern die *Unterschiede* gegenübergestellt werden. Sie zeigen sich zunächst darin, daß es zu einer beträchtlichen Zahl von Perikopen, die das vierte Evangelium bietet, keinerlei Parallelen bei den Synoptikern gibt. Zwar berichtet auch Joh. in Kap. 20 von der Entdeckung des leeren Grabes, aber alle weiteren Ostergeschichten sind Sondergut – nicht nur in Kap. 20, sondern auch in 21, wo zu dem wunderbaren Fischzug freilich Lk. 5, 1–11 zu vergleichen ist. Auch in der Passionsgeschichte geht das vierte Evangelium vielfach eigene Wege. Innerhalb der Darstellung der Wirksamkeit Jesu sind folgende Perikopen nur Joh. eigen: Hochzeit zu Kana (2, 1–12), Jesus und Nikodemus (3, 1–21), Jesus in Samaria (4, 1–42), Heilung des Kranken von Bethesda (5; doch vgl. Mk. 2, 1–12 Par.), Jesus und seine Brüder (7, 1–10), Heilung des Blindgeborenen (9), Auferweckung des Lazarus (11), Jesus und die Griechen (12, 20–36), Fußwaschung (13, 4–11). Die Synoptiker bieten kurze Berichte, in denen erzählt wird, wie Jesus sich armer und elender Menschen erbarmt. Bei Joh. sind Jesu Taten Demonstrationen seiner Doxa – am nachdrücklichsten bei der Auferweckung des Lazarus, der bereits den vierten Tag im Grab lag (11, 39).

Noch stärker als in den Perikopen, die von Taten Jesu berichten, wird der Unterschied zwischen Joh. und den Synoptikern in den Reden Jesu sichtbar. Die Synoptiker bieten durchweg kurze Sprüche und Gleichnisse Jesu, in denen das Kommen der Gottesherrschaft angesagt wird. Bei Joh. finden sich dagegen lange Reden, die in bisweilen monoton anmutenden Meditationen immer denselben Inhalt haben: Jesus ist vom Vater gesandt; wer ihn im Glauben annimmt, der hat das Brot des

Lebens, das Licht der Welt, die Auferstehung und das Leben, den Weg, die Wahrheit und das Leben usw.

Was schließlich den Aufriß des Joh.-Ev. betrifft, so ist dieser von dem der Synoptiker beträchtlich unterschieden. Während nach den Synoptikern an eine etwa einjährige öffentliche Wirksamkeit Jesu zu denken ist, in der Jesus zunächst in Galiläa auftrat und dann nach Jerusalem zog, wechselt bei Joh. der Schauplatz mehrfach zwischen Galiläa und Jerusalem. Dreimal ist von einem Passafest die Rede (2, 13; 6, 4; 11, 55), viermal macht Jesus sich nach Jerusalem auf den Weg (2, 13; 5, 1; 7, 10; 12, 12). Nach den Synoptikern fand Jesu letztes Mahl mit den Jüngern im Rahmen eines Passamahles statt (Mk. 14, 12–26 Par.), nach Joh. aber stirbt Jesus als das wahre Passalamm noch vor dem Fest zu der Stunde, in der die Passalämmer geschlachtet werden (Joh. 18, 28; 19, 14).

Unterschiede und Gemeinsamkeiten zwischen Joh. und den Synoptikern nötigen zu einem differenzierten Urteil in der Frage, ob der vierte Evangelist die Synoptiker benutzt hat. Mit Bestimmtheit kann zunächst gesagt werden, daß das Joh.-Ev. die synoptische Tradition voraussetzt. Daß sie dem Evangelisten bekannt war, geht aus den vorhandenen Übereinstimmungen eindeutig hervor. Doch die beträchtlichen Unterschiede zwischen dem Joh.-Ev. und den Synoptikern legen es nahe, diese Berührungen auf mündlich überlieferte Tradition zurückzuführen, die dem vierten Evangelisten vorlag. Bestimmte einprägsame Sätze können auch dann gleichlautend wiedergegeben worden sein, wenn keine unmittelbare literarische Abhängigkeit bestand. Zur Klärung des gegenseitigen Verhältnisses zwischen Joh. und den Synoptikern ist der Vergleich von einzelnen Herrenworten von Bedeutung (NOACK, DODD), wie z. B.:

Joh. 13, 16   οὐκ ἔστιν δοῦλος μείζων τοῦ κυρίου
              οὐδὲ ἀπόστολος μείζων τοῦ πέμψαντος αὐτόν.

Lk. 6, 40   οὐκ ἔστιν μαθητὴς ὑπὲρ τὸν διδάσκαλον.

Mt. 10, 24   οὐκ ἔστιν μαθητὴς ὑπὲρ τὸν διδάσκαλον
              οὐδὲ δοῦλος ὑπὲρ τὸν κύριον αὐτοῦ.

(vgl. Joh. 13, 20 οὐκ ἔστιν δοῦλος μείζων τοῦ κυρίου).

Die Gegenüberstellung δοῦλος/κύριος findet sich nur Joh. 13, 16. 20 und Mt. 10, 24. Bei Mt./Lk. heißt es μαθητής/διδάσκαλος, dagegen nur bei Joh. ἀπόστολος/πέμψας. Gemeinsamkeiten wie Unterschiede deuten darauf hin, daß der sprichwortartige Satz mündlicher Tradition entnommen wurde.

Oder: Joh. 20, 23 ἄν τινων ἀφῆτε τὰς ἁμαρτίας, ἀφέωνται αὐτοῖς ·
                 ἄν τινων κρατῆτε, κεκράτηνται.

        Mt. 16, 19 ὃ ἐὰν δήσῃς ἐπὶ τῆς γῆς, δεδεμένον ἐν τοῖς οὐρανοῖς,
                    καὶ ὃ ἐὰν λύσῃς ἐπὶ τῆς γῆς, ἔσται λελυμένον ἐν τοῖς οὐρανοῖς.

        Mt. 18, 18 ὅσα ἐὰν δήσητε ἐπὶ τῆς γῆς, ἔσται δεδεμένα ἐν οὐρανῷ,
                    καὶ ὅσα ἐὰν λύσητε ἐπὶ τῆς γῆς, ἔσται λελυμένα ἐν οὐρανῷ.

Bei Mt. stehen einander gegenüber Binden/Lösen – Erde/Himmel, bei Joh. ist eine andere Terminologie gebraucht: Vergeben/Behalten; von Erde und Himmel ist nicht gesprochen. Auch dieses Logion, das bei Joh. und Mt. unterschiedliche Fassungen hat, ist also aus mündlicher Tradition übernommen und von den Evangelisten jeweils in ganz verschiedene Zusammenhänge eingeordnet worden.

Sowohl die Musterung des gesamten Überlieferungsbestandes als auch die Einzel-
untersuchung führt zu dem Ergebnis, daß das Joh.-Ev. nicht in einer unmittelbaren literarischen Abhängigkeit von den Synoptikern steht. Anzunehmen ist
freilich, daß der Evangelist aus der Verlesung im Gottesdienst Kenntnis wenigstens
eines der synoptischen Evangelien hatte. Denn sonst wäre kaum zu erklären, wie er
zu der literarischen Gestalt des Evangeliums gekommen wäre, in der alle Geschichten von Jesu Wirksamkeit auf den Bericht von seiner Passion und Auferstehung zulaufen, der am Ende als Höhepunkt und Abschluß des Ganzen steht.
An einigen Stellen hat sich im Joh.-Ev. historische Überlieferung erhalten, die sich
bei den Synoptikern nicht findet (DODD) – z. B. in der Angabe, daß die ersten
Jünger Jesu aus dem Täuferkreis kamen (1, 35 ff.), oder in der genauen Lokal-
beschreibung von Bethesda (5, 2).
Die Eigenart des Joh.-Ev., die durch den Vergleich mit den Synoptikern deutlich
hervortritt, hat einst Clemens von Alexandrien so beschrieben: Joh. habe erkannt,
daß das Äußere (τὰ σωματικά) der Wirksamkeit Jesu in den anderen Evangelien
hinlänglich dargestellt sei. Daher habe er ein πνευματικὸν εὐαγγέλιον geschrieben
(Euseb H.E. VI 14, 7). Auf die Formel Somatisch-Pneumatisch kann jedoch der
Unterschied zwischen dem Joh.-Ev. und den Synoptikern sicher nicht gebracht werden. Denn auch Joh. berichtet »Somatisches«, und die Synoptiker verzichten keineswegs auf das »Pneumatische«. Der vierte Evangelist entfaltet vielmehr das Christuszeugnis, wie es sich dem Glauben an die offenbarte Herrlichkeit Jesu erschließt.
Daher wird bei ihm nichts von verborgener Offenbarung gesagt, sondern von Anfang an steht Jesus als der Gesandte Gottes vor der Welt, als der Sohn des Vaters
vor den Seinen. Die Hoheit Jesu findet ihre Vollendung darin, daß er freiwillig
sein Leben dahingibt (10, 18). Worte und Taten Jesu interpretieren einander. Die
Taten sind Zeichen, an denen seine Herrlichkeit erkennbar wird und die auf die
Predigt Jesu hinweisen. Seine Worte aber, die den Sinn seiner Taten unmißverständlich festlegen, verkündigen, daß in ihm allein Heil und Rettung gegeben sind.
c. Die *johanneische Literarkritik* sucht die Frage zu klären, ob das Joh.-Ev. in
seiner uns vorliegenden Gestalt eine literarische Einheit ist oder nicht. Bei näherem
Zusehen zeigen sich an manchen Stellen Brüche in der Darstellung des Ev. So hebt
sich das Stück 7, 53–8, 11 deutlich heraus und finden sich auffallende Unterschiede
zwischen den weit ausholenden Reden und den kurz beschriebenen Taten Jesu wie
2, 1–12; 4, 43–54; 12, 1–8, deren knappe Gestalt eher an synoptische Perikopen
erinnert. Nachdem 20, 30 f. das Buch abgeschlossen ist, folgt dann doch noch
Kap. 21 mit einem eigenen Schlußwort (21, 25). 14, 31 heißt es: »Steht auf, laßt
uns fortgehen.« Tatsächlich aber gehen Jesus und die Jünger nicht fort, sondern
werden die Abschiedsreden in Kap. 15/16 weitergeführt. 6, 1 wird berichtet: »Danach ging Jesus auf die andere Seite des Meeres Galiläas von Tiberias.« Damit ist
vorausgesetzt, daß er vom Westufer auf die östliche Seite hinüberwechselte. Bis
Kap. 5/Ende aber hielt sich Jesus in Jerusalem auf. 7, 15–24 wird wieder auf den
Sabbatkonflikt Bezug genommen, der sich an der Heilung des Kranken von
Bethesda entzündet hatte. Und 10, 19–21 wird noch einmal auf die Blindenheilung
von Kap. 9 zurückgegriffen; dazwischen aber steht der Abschnitt 10, 1–18.
Diese eigentümlichen Unstimmigkeiten mußten dazu einladen, die Brüche im Joh.-
Ev. durch die Annahme von Quellen und deren späterer Bearbeitung zu erklären.
Wiederholt ist der Versuch unternommen worden, zwischen einer *Grundschrift und
ihrer Überarbeitung* zu unterscheiden. So nahmen WELLHAUSEN und SCHWARTZ
an, es liege im vierten Evangelium eine wesentlich kürzere Grundschrift vor, die
dann erweitert worden sei. In der Grundschrift fand 14, 31 in 18, 1 seine unmittel-

bare Fortsetzung; alles, was jetzt dazwischenliegt, sei später hinzugekommen. Nach E. HIRSCH (1936!) stammte eine Grundschrift, die von jüdischem Geist frei war, aus der Zeit um 100 n. Chr.; ein kleinasiatischer Theologe habe dann um 130/40 eine kirchliche Redaktion vorgenommen. In veränderter Form hat zuletzt W. WILKENS die Frage nach Grundschrift und Überarbeitung wieder aufgegriffen: ein Grundevangelium habe eine Reihe von Zeichen enthalten; es sei dann um Redestücke erweitert worden, die die Zeichen interpretieren sollten, und schließlich sei das Ganze zum Passionsevangelium ausgestaltet worden. Grundevangelium und später hinzugefügte Schichten werden jedoch im Unterschied zu den älteren Theorien ein- und demselben Verfasser zugeschrieben. Damit wird dem unbestreitbaren Sachverhalt Rechnung getragen, daß das Joh.-Ev. sprachlich und stilistisch eine Einheit darstellt und sich daher keine sprachlichen und stilistischen Kriterien nachweisen lassen, um mit ihrer Hilfe Grundschrift und spätere Redaktionen voneinander abheben zu können. Wenn jedoch angenommen wird, daß das Joh.-Ev. aus übereinandergelegten Schichten entstanden ist, alle Schichten aber auf denselben Autor zurückgeführt werden, dann ist damit tatsächlich der Versuch aufgegeben worden, zwischen Grundschrift und Bearbeitung zu unterscheiden.

Im Joh.-Ev. finden sich durchgehend bestimmte Stilmerkmale, die für den Evangelisten charakteristisch sind (SCHWEIZER, RUCKSTUHL), z. B.: 1. Nachgestelltes Possessivpronomen mit Artikel: Der Freund freut sich mit dem Bräutigam, αὕτη οὖν ἡ χαρὰ ἡ ἐμὴ πεπλήρωται (3, 29). 2. Typisch johanneisch ist der epexegetische ἵνα-Satz: ἐμὸν βρῶμά ἐστιν, ἵνα ποιῶ τὸ θέλημα τοῦ πέμψαντός με (4, 34). 3. Besonders häufig ist die Verwendung von ἐκεῖνος als selbständigem personalen Singular: ἀπεκρίνατο οὖν ὁ Ἰησοῦς καὶ ἔλεγεν αὐτοῖς· ἀμὴν ἀμὴν λέγω ὑμῖν, οὐ δύναται ὁ υἱὸς ποιεῖν ἀφ' ἑαυτοῦ οὐδέν, ἂν μή τι βλέπῃ τὸν πατέρα ποιοῦντα· ἃ γὰρ ἂν ἐκεῖνος ποιῇ, ταῦτα καὶ ὁ υἱὸς ὁμοίως ποιεῖ (5, 19). 4. Kennzeichnend für das Joh.-Ev. ist vorangestelltes doppeltes ἀμήν: ἀμὴν ἀμὴν λέγω ὑμῖν (5, 19). Diese und andere johanneische Charakteristika sind über das ganze Evangelium gestreut – mit einer Ausnahme: 7, 53–8, 11 steht nicht eine einzige johanneische Stileigentümlichkeit. Diese Perikope stellt also einen Fremdkörper im Joh.-Ev. dar, ein verwehtes Blatt, das vielleicht aus dem Hebräerevangelium stammt (Euseb, H.E. III 39, 17) und in manchen ntlichen Handschriften hinter Lk. 21, 38 eingefügt wurde.

Die Beobachtung, daß das Joh.-Ev. sprachlich und stilistisch einheitlich geprägt ist, ist auch zur Beurteilung aller Versuche von Bedeutung, *Quellenscheidungen* vorzunehmen. Alle älteren Hypothesen sind inzwischen durch die Arbeiten von R. BULTMANN überholt. Nach BULTMANN hat der Evangelist schriftliche Quellen vor sich gehabt und verarbeitet: 1. Auf die sog. Semeia-Quelle deuten die Notizen hin, mit denen 2, 11 das erste und 4, 54 das zweite der Zeichen Jesu registriert wird. Ihr Anfang liegt 1, 35–50 vor, sodann gehören dazu der Grundbestand der Wundergeschichten: Hochzeit zu Kana, Heilung des Sohnes eines königlichen Beamten, Heilung des Gelähmten von Bethesda, Speisung und Seewandeln, Jesus und seine Brüder, Heilung des Blindgeborenen, Auferweckung des Lazarus sowie (vielleicht) Salbung Jesu und Einzug in Jerusalem. Die Quelle endete mit dem Rückblick 12, 37 f. und dem Schlußwort 20, 30 f. 2. Daneben benutzte der Evangelist eine zweite Quelle, die Erzählungsstoff enthielt, der Verwandtschaft zu synoptischen Berichten erkennen läßt, aber nicht mit der Fassung eines der synoptischen Evangelien identisch ist: Tempelreinigung, Petrusbekenntnis, (vielleicht) Salbung Jesu und Einzug in Jerusalem, Fußwaschung und Teile der Passionsgeschichte. 3. Zur Quelle der sog. Offenbarungsreden werden insgesamt 157 Verse gerechnet: Ur-Prolog, Nikodemusgespräch, Stücke in Kap. 4 und 5, Brotrede, Teile der Rede vom Licht der Welt, vom guten Hirten, das Wort von Auferstehung und Leben, Stücke aus Kap. 12 und vor allem die Abschiedsreden und das hohepriesterliche Gebet Jesu. Die Offenbarungsreden sind religionsgeschichtlich durch eine orientalische Gnosis geprägt, wie sie in Täuferkreisen anzunehmen ist, d. h. es handelt sich um eine vorchristliche Vorlage. Der Evangelist Joh. denkt und schreibt in Fortsetzung der Gedankenführung dieser Quelle, indem er seinerseits die Vorlage in einer an das AT angelehnten Redeweise in christlichem Sinne kommentiert.

BULTMANNS scharfsinnige Quellenanalyse ist in der Forschung eingehend diskutiert worden. Am ehesten hat die These Zustimmung gefunden, daß für die Wunderberichte dem Evangelisten eine Vorlage zur Verfügung gestanden haben könnte. Die Notizen 2, 11 und 4, 54 sowie der knappe Stil, in dem durchweg das Wundergeschehen selbst dargestellt wird, können in der Tat auf eine schriftliche Vorlage deuten. Die Annahme einer Semeia-Quelle ist daher durchaus möglich, bleibt jedoch hypothetisch (SCHNACKENBURG). Daß der Evangelist in seiner Fassung der Passionsgeschichte sich teilweise auf einen schriftlichen Bericht hat stützen können, der nicht mit einem der synoptischen Evangelien gleichzusetzen ist, ließe sich denken, wenn auch nicht beweisen. Überaus problematisch bleibt jedoch die Hypothese, der Evangelist habe eine Redenquelle benutzt. BULTMANN ist sich der Schwierigkeiten bewußt, die durch die sprachliche Einheit des Evangeliums gegeben sind. Er möchte ihrer Herr werden, indem er auf die inhaltliche Eigenart der Reden hinweist und annimmt, der Evangelist rede in Fortführung des Stils seiner Vorlage. Seine Analyse suchte BULTMANN vom Prolog her zu begründen, in dem sich Vorlage und Bearbeitung – vor allem auf Grund der Prosaeinschübe V. 6–8 und 15 – deutlich voneinander scheiden lassen. Da jedoch der Prolog auf einen hymnischen Urprolog zurückgeht und somit ein Stück sui generis darstellt, kann die Analyse des Prologs keine Beweiskraft für das übrige Evangelium haben. Die Reden selbst sind nicht in rhythmischer Gliederung gestaltet, so daß man feste Zeilen herausheben könnte, sondern in gehobener Prosa gehalten. Es bieten sich daher weder sprachliche und stilistische Kriterien noch eindeutige formale Kennzeichen an, um eine Vorlage vom übrigen Evangelium abheben zu können. Deshalb muß es als unwahrscheinlich gelten, daß eine schriftliche Redenquelle dem Evangelisten vorgelegen hat. Vielmehr hat er ihm überkommene Logien in eigener theologischer Reflexion weitergeführt und ausgestaltet.

Um die Brüche in der Darstellung des Joh.-Ev. zu beseitigen, hat BULTMANN zahlreiche Umstellungen vorgenommen und so eine vom Evangelisten ursprünglich beabsichtigte Reihenfolge herstellen wollen. Dabei werden auch wenige Verse oder gar Versteile versetzt, ohne daß erklärt werden könnte, warum sie an ihren jetzigen Platz geraten sind. Man wird daher weit behutsamer verfahren müssen. In der Überlieferung antiker Literatur sind gelegentlich Textumstellungen infolge von Blattvertauschungen eingetreten. So steht z. B. Jes. Sir. 33, 13b–36, 16a in allen griechischen Handschriften zwischen 30, 24 und 25, und Joh. 7, 53–8, 11 ist durch die spätere Überlieferung an verschiedenen Stellen des NT eingeordnet worden. Legt man für den Umfang eines Papyrusblattes etwa 760 Buchstaben zugrunde, so läßt sich folgende Rechnung aufmachen: Kap. 5: 3795 = 5 mal 759 Buchstaben = 5 Blätter; 6, 1–59: 4619 = 6 mal 770 Buchstaben = 6 Blätter; 7, 15–24: 763 Buchstaben = 1 Blatt; 10, 1–18: 1495 = 2 mal 748 Buchstaben = 2 Blätter; 10, 19–29 = 775 Buchstaben = 1 Blatt (SCHWEIZER). Wenn das Joh.-Ev. zunächst auf einzelne Blätter geschrieben wurde, so wäre denkbar, daß bei der Zusammenordnung – durch den Herausgeber? – einzelne Blätter von dem ursprünglichen Platz fortgerückt worden sind. Es ließen sich mit dieser Annahme Kap. 6, 1–59 vor

Kap. 5 bringen, 7, 15–24 als Abschluß mit Kap. 5 verbinden und 10, 19–29 vor 10, 1–18 rücken. Nicht lösbar ist jedoch auf diesem Wege das mit 14, 31 gegebene Problem der joh. Abschiedsreden. Hier ist entweder damit zu rechnen, daß zwei Parallelentwürfe der Abschiedsreden durch die Redaktion hintereinander gestellt wurden, oder daß ein ursprünglich kürzeres Stück, das bis 14, 31 reichte, um spätere Erweiterungen in Kap. 15/16 vergrößert wurde (BECKER). Abgesehen vom Problem der Abschiedsreden aber läßt sich mit Hilfe der Annahme von Blattvertauschungen ein Weg finden, um wenigstens die härtesten Anstöße in der Komposition des Buches zu beseitigen (SCHWEIZER).

Daß das Evangelium noch eine abschließende Redaktion erfahren hat, geht aus dem doppelten Schluß (20, 30 f.; 21, 25) eindeutig hervor. Diese Redaktion hat aber, wie BULTMANN gezeigt hat, nicht nur in Kap. 21 einen Nachtrag hinzugefügt, sondern auch an anderen Stellen eingegriffen und die Aussagen des Evangeliums stärker an gemeinchristliche Auffassungen angeglichen. Dabei wurden Hinweise auf die futurische Eschatologie (5, 28 f.) und die Sakramente von Taufe und Abendmahl (3, 5; 6, 51b–58; 19, 34b. 35) eingearbeitet. Diese redaktionellen Zusätze lassen sich auf Grund sprachlicher und inhaltlicher Beobachtungen vom Kontext abheben und damit als sekundär erweisen (LOHSE).

d. Der *religionsgeschichtliche Hintergrund des Joh.-Ev.* ist nicht einfach zu bestimmen. Die Vorschriften des jüdischen Gesetzes – so z.B. das Gebot der Sabbatruhe (5, 9 f.; 7, 22–24) – sind als bekannt vorausgesetzt. Die messianische Erwartung des Judentums ist dem Evangelisten und seinen Lesern vertraut, sowohl hinsichtlich ihrer Titel (1, 20 ff.) als auch der Vorstellungen vom verborgenen Messias (7, 27) und von der Herkunft des Messias aus Bethlehem, bzw. aus dem Geschlecht Davids (7, 42). Auf jüdische Feste und Festsitten wird wiederholt Bezug genommen (2, 13; 6, 4; 7, 2 f. 8. 37; 10, 22; 18, 28; 19, 31. 42). Auffallend genaue geographische Angaben über Ortslagen in Palästina werden gemacht: zum Jakobsbrunnen in Sychar (4, 6), zu Bethesda (5, 2), zur Lage von Gethsemane (18, 1) u. a. So wird an vielen Stellen des Joh.-Ev. palästinische Überlieferung sichtbar – unbeschadet der schroffen Trennung von der Synagoge (9, 22; 12, 42; 16, 2), die dazu geführt hat, daß die Juden als ein geschlossener Block dargestellt werden, der als Repräsentant des im Unglauben verharrenden Kosmos auftritt.

Der palästinische Hintergrund des Joh.-Ev. ist durch die *Qumrantexte* in ein deutlicheres Licht gerückt worden. Die Lehre der Gemeinde von Qumran ist durch einen ausgeprägten Dualismus gekennzeichnet. Die Söhne des Lichts sind von denen der Finsternis geschieden, Wahrheit steht gegen Frevel, Gehorsam gegenüber dem Gesetz gegen Ungehorsam und Verachtung der Thora. Manche Sätze des Joh.-Ev. sind in Begriffen gehalten, wie sie ganz ähnlich in den Qumrantexten gebraucht sind. So heißt es 1 QS III, 18 ff., daß die Söhne der Gerechtigkeit auf den Wegen des Lichts wandeln, die des Frevels aber auf den Wegen der Finsternis. Joh. 8, 12 ist gesagt: »Das Licht der Welt bin ich. Wer mir nachfolgt, der wandelt nicht in der Finsternis, sondern wird das Licht des Lebens haben.« Söhne des Lichts sind nach dem Joh.-Ev. nicht diejenigen, die das Gesetz halten, sondern die Glaubenden (12, 36). Hier wie dort ist unter der Wahrheit nicht eine theoretische Erkenntnis verstanden, sondern die Wahrheit will getan werden. Der Dualismus ist im Joh.-Ev. wie in der Lehre der Gemeinde von Qumran nicht kosmologisch, sondern ethisch gefaßt: »Das aber ist das Gericht, daß das Licht in die Welt gekommen ist und die Menschen die Finsternis mehr liebten als das Licht. Denn ihre Werke waren böse. Denn jeder, der Böses tut, haßt das Licht. Wer aber die Wahrheit tut, kommt an das Licht, damit offenbar wird, daß seine Werke in Gott getan sind.« (Joh. 3, 19–21)

In der Gemeinde von Qumran wird die Wahrheit gleichfalls als Verpflichtung zu rechtem Tun begriffen, das sich im Befolgen der Gebote des Gesetzes zeigt. Der Geist der Verderbtheit dagegen führt zu bösen Taten. Wer im bösen Geist wandelt, wird mit vielen Plagen heimgesucht werden und ewigem Verderben anheimfallen (1 QS IV, 12). Ist auf der einen Seite eine unverkennbar parallele Struktur des Dualismus in den Qumrantexten und im Joh.-Ev. festzustellen, so bestehen doch auf der anderen Seite auch erhebliche Unterschiede. Denn in der Lehre der Gemeinde von Qumran ist der Dualismus nicht mit der messianischen Erwartung verbunden, während im Joh.-Ev. die Gegensätze von Licht/Finsternis, Wahrheit/Lüge, Leben/Tod von der Christologie her bestimmt sind. Das Licht der Welt, die Wahrheit und das Leben ist kein anderer als Christus allein (8, 12; 9, 5; 14, 6). Von einem vom Himmel herabgekommenen Gesandten Gottes aber ist in der Lehre der Gemeinde von Qumran nirgendwo die Rede. So tragen die Qumrantexte zwar dazu bei, den palästinischen Hintergrund des Joh.-Ev. zu erhellen, sie können aber gerade im Blick auf die beträchtlichen Unterschiede nicht als der religionsgeschichtliche Mutterboden des Joh.-Ev. schlechthin bezeichnet werden (BRAUN).

Im Unterschied zu den Synoptikern ist die Christologie des Joh.-Ev. mit Zügen eines *spätantiken Synkretismus* gezeichnet, die in manchen Texten der *Gnosis* wiederkehren, die einige Zeit später aufgezeichnet worden sind. Im Mittelpunkt des christologischen Zeugnisses steht der vom Vater gesandte Sohn. Er ist von Ewigkeit her beim Vater gewesen (1, 1; 17, 5). Der Vater hat ihn in die Welt geschickt (17, 21). Er ist in die Welt gekommen (1, 10), als Licht in den Kosmos (3, 19; 12, 46). Dabei ist er eins geblieben mit dem Vater (8, 16; 10, 30). Auf Erden handelt er kraft der Vollmacht des Vaters (5, 27; 17, 2). Er bringt das Leben (5, 21 ff.) und führt aus der Finsternis ins Licht (3, 19; 8, 12). Er offenbart sich als der, der er ist: Brot des Lebens (6, 35. 48. 51), Licht der Welt (8, 12), guter Hirte (10, 11), Weg, Wahrheit und Leben (14, 6) usw. Von der Welt wird er gehaßt und verfolgt (7, 7; 15, 18. 24). Er geht wieder fort, kehrt zum Vater zurück und wird erhöht (3, 14; 8, 28; 12, 32. 34). Er steigt dorthin empor, woher er gekommen ist (6, 62; 8, 14; 16, 28), er führt die Seinen mit sich und zieht sie von der Erde fort (12, 32). Er bereitet ihnen im Haus des Vaters Wohnung (14, 2) und weist ihnen den Weg (14, 6). An der Stellungnahme ihm gegenüber vollzieht sich für die Menschen die Entscheidung des letzten Gerichts (3, 17. 21; 12, 47 f.).

Dieser Grundriß der joh. Christologie läßt sich nicht als Fortentwicklung einer Christologie erklären, wie sie in den synoptischen Evangelien ausgeprägt ist. Es werden vielmehr Ansätze weitergeführt, wie sie in urchristlichen Hymnen wie Phil. 2, 6–11 oder 1. Tim. 3, 16 vorliegen. Dabei sind verschiedene Motive aus der Umwelt aufgenommen: jüdische Spekulationen über die himmlische Weisheit, die auf die Erde herunterkam, keine Wohnstatt fand und wieder in die obere Welt aufstieg; apokalyptische Erwartungen vom himmlischen Menschensohn, der am Ende der Tage zum Gericht erscheinen wird; mythologische Vorstellungen von einem himmlischen Gesandten, der als Erlöser in die Welt kommt, um die Menschen zu befreien und mit sich in die obere Welt hinaufzuführen – Vorstellungen und Gedanken, die dann in den christlich-gnostischen Systemen des 2. Jahrhunderts ausgestaltet und mit dem Namen Jesu Christi fest verbunden worden sind. Die Frage, ob die vorchristliche Gnosis bereits eine Erlösergestalt gekannt hat, ist bis heute umstritten. In den Texten der Mandäer – einer gnostischen Taufsekte, deren Schriften erst im 7./8. Jahrhundert aufgezeichnet wurden – findet sich ein ausgebildeter Mythus vom himmlischen Erlöser. Die Gemeinschaft der Mandäer ist vermutlich in

Palästina entstanden und dann gegen Ende des 1. oder Anfang des 2. Jahrhunderts nach Mesopotamien ausgewandert. Ihre Überlieferungen sind im Lauf der Jahrhunderte um manche Traditionen – auch solche christlichen Ursprungs – erweitert worden. Zwar reichen ihre Anfänge etwa in dieselbe Zeit zurück wie die des Christentums, aber der Erlösermythus wird erst in christlicher Zeit ausgeprägt worden sein und kann daher kein unmittelbares Vorbild für die Christologie des Joh.-Ev. gewesen sein. Die mandäischen Texte zeigen jedoch, daß sich am Rand des Judentums schon in ntlicher Zeit gnostische Gruppen gebildet haben, in deren Gedankenwelt manche synkretistische Einflüsse eingegangen sind.

Im Joh.-Ev. wird auffallend oft auf die *Täuferbewegung* Bezug genommen. Die ersten Jünger Jesu kamen aus dem Kreis des Täufers (1, 35 ff.). Aber der Evangelist bringt deutlich zum Ausdruck, daß Johannes nur Vorläufer war, keineswegs der vom Himmel kommende Erlöser selbst (1, 6–8). Der Täufer hat keine andere Aufgabe als allein die, für das Licht zu zeugen. Von einer Delegation der Juden befragt, ob er der eschatologische Gesandte sei, verneint er dreimal und versichert, er sei nur die Stimme eines Rufers in der Wüste (1, 19 ff.). Johannes gibt Zeugnis, indem er auf Jesus als das Lamm Gottes hinweist (1, 29. 36), ihn als den Sohn Gottes bekennt (1, 34) und verkündet, Christus müsse wachsen, er aber abnehmen (3, 30). Jesus ist daher dem Täufer ungleich überlegen (5, 36; 10, 41). Mit diesen Sätzen wird eine polemische Abgrenzung gegenüber Anhängern des Täufers vollzogen, die in ihm offensichtlich nicht nur einen Propheten, sondern den endzeitlichen Heilbringer sehen wollten (s. Apg. 18, 14–19, 7). So zeigt das Joh.-Ev. einerseits deutlich, daß Zusammenhänge mit der Täuferbewegung bestehen, trifft andererseits aber eine Unterscheidung, indem bestritten wird, daß Johannes endzeitlicher Erlöser sei, und der Täufer vielmehr als Vorläufer und Zeuge Jesu beansprucht wird.

Den religionsgeschichtlichen Hintergrund des Joh.-Ev. bilden somit jüdische Kreise, die sich synkretistischen Einflüssen geöffnet hatten. Wenn das Joh.-Ev. sich solcher Vorstellungen bedient, um das Erlösungswerk Christi zu beschreiben, so gibt es diesen Gedanken doch zugleich eine scharfe antignostische Spitze. Denn der göttliche Logos ist nicht nur verkleidet in die Welt gekommen, sondern Fleisch geworden (1, 14). Die Menschen gehören nicht, wie es gnostischem Denken entsprechen würde, in wesenhafter Identität mit dem Erlöser zusammen, sondern leben in Lüge, Finsternis' und Tod. Er aber führt sie zum Heil, weil er allein Wahrheit, Licht und Leben ist.

e. Die *Verfasserfrage* wird bis heute unterschiedlich beurteilt. Was das *Selbstzeugnis des Joh.-Ev.* angeht, so bietet die Redaktion gewisse Hinweise. Im Schlußwort heißt es: »Dieser – d. h. der Lieblingsjünger – ist es, der darüber Zeugnis gibt und der das aufgeschrieben hat; und wir wissen, daß sein Zeugnis wahr ist.« (21, 24) Wer ist gemeint? In Kap. 21 wird der Lieblingsjünger Petrus gegenübergestellt. Die Glaubwürdigkeit dessen, was der Lieblingsjünger bezeugt hat, wird auch 19, 35b von der Redaktion unterstrichen. Er ist nach der joh. Passionsgeschichte der vertraute Jünger Jesu, der beim letzten Mahl an seiner Brust liegt (13, 23), dem der Gekreuzigte seine Mutter anvertraut (19, 26) und der Zeuge des leeren Grabes wird (20, 1 ff.). Offensichtlich handelt es sich dabei um die Idealgestalt eines Jüngers, die jedoch nicht historisch greifbar wird. Im Unterschied zum Evangelisten versucht der Redaktor dem Lieblingsjünger deutlichere Züge zu verleihen. Die Synoptiker nennen drei Jünger Jesu, die seine engsten Vertrauten waren: Petrus, Johannes und Jakobus. Vielfach hat man dann argumentiert, Petrus sei vom Lieblingsjünger unterschieden. Da Jakobus 44 n. Chr. hingerichtet worden sei (Apg. 12, 2), ergebe sich die Identifizierung des Lieblingsjüngers mit Johannes. Aber Kap. 21 nimmt diese Gleichsetzung nicht vor, und nirgendwo ist im Joh.-Ev. wie bei den Synoptikern die Gruppe der drei nächsten Jünger Jesu aufgeführt. Man wird daher nur sagen können, daß die Redaktion in Kap. 21 der Gestalt des Lieblingsjüngers mehr Profil verleihen möchte, sie aber dennoch nicht mit einer historischen Gestalt in Verbindung bringt.

Erst die spätere *altkirchliche Tradition* hat diese Identifizierung vorgenommen. Sie begegnet zuerst um 180 n. Chr. bei Irenäus (adv. Haer. III 1, 1): Johannes der Lieblingsjünger habe in hohem Alter in Ephesus sein Evangelium herausgegeben. Irenäus beruft sich zur Stützung seiner Angabe auf den Bischof Polykarp von Smyrna, der 155 n. Chr. mit 86 Jahren den Märtyrertod erlitt: er habe als junger Mann Polykarp gekannt »und von diesem gehört, wie er Umgang mit Johannes hatte und mit den übrigen, die den Herrn gesehen hatten, und wie er sich ihrer Worte erinnerte, und was das war, was er über den Herrn von jenen gehört hatte, über seine Wunder und seine Lehre« (überliefert bei Euseb, H. E. V 20, 6). Wie tragfähig ist diese Kette Irenäus – Polykarp – Johannes? Zwar ist Irenäus der Meinung, daß es sich um den Apostel Johannes handelte. Tatsächlich aber ist nur von einem Johannes die Rede, ohne daß ein Titel genannt oder ein Zusammenhang mit der Entstehung des Joh.-Ev. angedeutet wird. Die bei Irenäus auftauchende Tradition über die Entstehung des Joh.-Ev. durch den Jünger Johannes läßt sich daher nicht in ältere Zeit zurückverfolgen. Ihr tritt alsbald die Gegenthese der sog. Aloger gegenüber, die die joh. Schriften dem Gnostiker Kerinth zuweisen (siehe S. 143). Sie wenden sich damit um 200 n. Chr. gegen die Montanisten, die sich zur Begründung ihrer Geistlehre vornehmlich auf die Parakletsprüche des Joh.-Ev. beriefen. Aber auch die Polemik der Aloger beweist an ihrem Teil, daß gegen Ende des 2. Jahrhunderts das Joh.-Ev. dem Zebedaiden Johannes zugeschrieben wurde.

Diese Ansicht, daß das Joh.-Ev. durch einen Apostel verfaßt worden sei, ist erst zu Anfang des 19. Jahrhunderts in Zweifel gezogen worden. Der Gothaer General-superintendent BRETSCHNEIDER verglich 1820 die Reden des Joh.-Ev. mit den synoptischen Evangelien und kam zu dem Ergebnis, so könne ein Augenzeuge nicht geschrieben haben. Er fand leidenschaftlichen Widerspruch, vor allem bei SCHLEIERMACHER, der seinerseits argumentierte, der geistige Gehalt des Joh.-Ev. spreche dafür, daß hier Selbsterlebtes erzählt werde. Die Gegenstimmen waren so stark, daß BRETSCHNEIDER seine Thesen zurückzog. Aber die Kritik meldete sich alsbald wieder zum Wort. F. C. BAUR und seine Schule behaupteten, das Joh.-Ev. sei erst um 170 n. Chr. geschrieben worden und setze die Kämpfe um Gnosis und Montanismus voraus. Es bilde die Synthese über den Gegensätzen des Urchristentums als dessen Krönung und Vollendung (s. S. 10). Seither ist die Kritik an der Behauptung, das Joh.-Ev. sei auf einen Apostel zurückzuführen, nicht mehr verstummt.

Die Kritiker stützten sich dabei vornehmlich auf Beobachtungen am Ev. selbst, aus denen sie schlossen, in dieser Weise könne ein Jünger und Augenzeuge sich nicht geäußert haben. Zur Begründung aber suchten sie auch nach Spuren in der altkirchlichen Überlieferung, die der bei Irenäus genannten Ansicht widersprechen könnten. In diesem Zusammenhang wurde auf zwei Traditionen aufmerksam gemacht. Die Angabe von einem *frühzeitigen Martyrium des Apostels Johannes* findet sich in einer Papiasnotiz, die jedoch erst um 430 n. Chr. bei Philippus von Side bezeugt ist, und taucht noch einmal im 9. Jahrhundert bei Georgios Hamartolos auf. Ferner führt das syrische Märtyrerverzeichnis für den 27. Dezember die Apostel Johannes und Jakobus auf. Sollte der Zebedaide Johannes zusammen mit seinem Bruder Jakobus einen frühen Märtyrertod gestorben sein? Apg. 12, 2 wird berichtet, daß Jakobus unter dem König Herodes Agrippa ums Leben kam, aber Johannes wird nicht erwähnt. Man meinte jedoch, das Jesuswort Mk. 10, 39 Par. als vaticinium ex eventu ansehen zu können, das die These eines gemeinsamen frühen Martyriums stützen könnte (SCHWARTZ). Aber die altkirchliche Bezeugung ist spät und schwach, und Mk. 10, 39 kann nicht als Beweis für ein gemeinsames Martyrium der beiden Zebedaiden gelten. Gal. 2, 9 belegt vielmehr, daß der Zebedaide Johannes am Apostelkonvent teilgenommen, also länger als sein Bruder gelebt hat. Daher kann die Vermutung, der Zebedaide sei als Märtyrer gestorben, nicht bewiesen werden und zur Klärung der joh. Verfasserfrage nichts beitragen.

Gewichtiger dagegen ist eine altkirchliche Tradition, nach der es einen *Presbyter Johannes* gegeben hat. In einer bei Euseb aufbehaltenen Notiz berichtet Papias von Hierapolis von seinen erfolgreichen Bemühungen, authentische Nachrichten über Jesu Wirksamkeit und Worte zu erhalten: »Mochte irgend jemand kommen, der Schüler der Alten gewesen war, so forschte ich ihn nach den Worten der Alten aus: (1) was Andreas oder Petrus *gesagt habe* oder was Philippus oder was Thomas oder Jakobus oder was *Johannes* oder Matthäus oder irgendein anderer von den Jüngern des Herrn *(gesagt haben)* und (2) was Jünger des Herrn wie Aristion und der *Presbyter Johannes sagen.*« (Euseb, H. E. III 39, 4) Offensichtlich ist dabei von zwei Gestalten mit Namen Johannes die Rede. Der erste wird zusammen mit anderen Gliedern des Zwölferkreises genannt, die etwas gesagt haben und somit nicht mehr am Leben sind; der andere Johannes aber sagt gegenwärtig etwas, lebt also noch. Somit wird vorausgesetzt, daß der Zebedaide verstorben ist, der Presbyter Johannes aber wird von ihm unterschieden als eine Persönlichkeit, die noch befragt werden kann. Eine Verbindung zum Joh.-Ev. wird jedoch nicht hergestellt, sondern es wird lediglich erwähnt, daß dieser Presbyter Johannes gleichfalls ein Jünger des Herrn war und in besonderer Weise als Träger alter Überlieferung hervorgetreten ist. Da die Apk. auf einen Verfasser namens Johannes zurückgeführt wird (1, 1. 4. 9; 22, 8), der nicht als Apostel, wohl aber als ein Prophet und anerkannter Zeuge Jesu bezeichnet wird, wäre es denkbar, diesen Johannes mit dem Presbyter in Zusammenhang zu bringen (s. S. 144; ferner S. 121). Es bleibt jedoch eine völlig unbeweisbare Vermutung, wenn man in dem Presbyter Johannes, den das Papiaszeugnis nennt, den Verfasser des Joh.-Ev. sehen will.

Somit läßt sich nach kritischer Musterung sämtlicher Aussagen der altkirchlichen Überlieferung lediglich feststellen, daß man um 180 n. Chr. das Joh.-Ev. dem Zebedaiden Johannes zuschrieb. Damit konnte man auch für das vierte Evangelium apostolische Verfasserschaft behaupten. Da aber weder das Joh.-Ev. selbst noch ältere Hinweise der Tradition etwas zur Klärung der Verfasserfrage beitragen können, bleibt die Person des vierten Evangelisten unbekannt. Daran kann auch die Theorie nichts ändern, der Verfasser sei weder der Zebedaide noch ein Glied des Zwölferkreises, wohl aber ein Augenzeuge der Wirksamkeit Jesu gewesen, der mit dem Lieblingsjünger zu identifizieren sei. Er stamme aus Judäa und habe einer Sondergruppe von Jüngern angehört, die aus am Rande des Judentums stehenden Kreisen kamen, mit denen auch der historische Jesus in Berührung gekommen sei (CULLMANN). Solche Vermutungen bleiben hypothetische Konstruktionen.

Kann der Name der Evangelisten nicht mehr ermittelt werden, so läßt sich doch aus seinem Werk einiges über seine Denkweise, seine Sprache und seinen Stil erheben. Der Evangelist ist ein Christ jüdischer Herkunft, dessen griechischer Stil deutlich von semitischem Sprachdenken her bestimmt ist. Zwar ist das Joh.-Ev. sicher nicht ursprünglich aramäisch geschrieben und dann übersetzt worden, aber semitische Sprachgestalt ist im griechischen Stil des Evangeliums an vielen Stellen erkennbar. Dazu einige Beispiele: 1. An Stelle semitischer Suffixe wird das nachgestellte Pronomen gebraucht, z. B. τὴν μαρτυρίαν αὐτοῦ (3, 32); ἐν τῇ χειρὶ αὐτοῦ (3, 35) usw.; 2. Das Semitische kennt kein Wort für »niemand«, statt dessen wird eine Negation verwendet wie ἄνθρωπον οὐκ ἔχω, ἵνα ... βάλῃ με εἰς τὴν κολυμβήθραν (5, 7); οὐ δύναται ἄνθρωπος λαμβάνειν (3, 27); οὐ μὴ ... εἰς τὸν αἰῶνα (4, 14) = »niemals«. 3. Sog. causus pendens, d. h. ein Begriff, der hervorgehoben werden soll, wird an den Anfang des Satzes gestellt und im folgenden wieder aufgenommen; z. B. ὁ ποιήσας με ὑγιῆ, ἐκεῖνός μοι εἶπεν (5, 11). 4. Typisch für den semitischen Satzbau ist die Voranstellung des Verbums: εἶπεν οὖν ὁ Ἰησοῦς (4, 48). 5. Semitischem Stil entspricht die asyndetische Folge der Sätze. Es wird nicht wie im Griechischen mit Hilfe von Konjunktionen, Partikeln usw. eine kunstvolle Überleitung hergestellt, sondern ein Satz an den anderen gereiht. Vgl. z. B. die zahlreichen Asyndeta im Prolog 1, 1–18. 6. Häufig werden auch die Sätze einfach durch καί aneinander angeschlossen, z. B. ἐν ἀρχῇ ἦν ὁ λόγος, καὶ ὁ λόγος ἦν πρὸς τὸν θεόν, καὶ θεὸς ἦν ὁ λόγος (1, 1). Dabei liegt oft wie im Semitischen bei formaler Parataxe logische Hypotaxe vor, d. h. nicht eine Gleichordnung, sondern eine Unterordnung der einen Aussage unter die andere, z. B. πεντήκοντα ἔτη ἔχεις καὶ Ἀβραὰμ ἑώρακας (8, 57) = »obwohl du noch nicht einmal 50 Jahre alt bist, willst du Abraham gesehen haben?« Vielfach hat das καί adversative Bedeutung, z. B. τὸ φῶς ἐν τῇ σκοτίᾳ φαίνει, καὶ (aber) ἡ σκοτία αὐτὸ οὐ κατέλαβεν (1, 5). 7. An manchen Stellen findet sich Parallelismus membrorum als Kennzeichen der Kunstform semitischer Poesie, z. B. »Wer an mich glaubt, der glaubt nicht an mich, sondern an den, der mich gesandt hat. Und wer mich sieht, der sieht den, der mich gesandt hat« (12, 44 f.); »Wer an den Sohn glaubt, hat ewiges Leben. Wer aber dem Sohn nicht gehorcht, wird kein Leben sehen, sondern der Zorn Gottes bleibt auf ihm.« (3, 36)

f. Ort und Zeit der Abfassung müssen aus Angaben des Ev. erschlossen werden. Der Verfasser schreibt für christliche Gemeinden, denen er die Fülle des Christuszeugnisses entfaltet. Seinen Lesern erläutert er aramäische bzw. palästinische Ausdrücke, wie ῥαββί – ὃ λέγεται μεθερμηνευόμενον διδάσκαλε (1, 38, vgl. 20, 16); Μεσσίαν – ὅ ἐστιν μεθερμηνευόμενον χριστός (1, 41); Σιλωάμ – ὃ ἑρμηνεύεται ἀπεσταλμένος (9, 7); Θωμᾶς – ὁ λεγόμενος Δίδυμος (11, 16); Jesus wird an die Schädelstätte geführt, ὃ λέγεται Ἑβραϊστὶ Γολγοθά (19, 17). Die Trennung der christlichen Gemeinde von der Synagoge ist bereits erfolgt (9, 22; 12, 42; 16, 2). Die Gemeinden sollen sowohl für die Auseinandersetzung mit dem Judentum als auch in der Abgrenzung gegen die Gnosis (1, 14) gestärkt werden. Diese Situation der Gemeinden läßt sich am ehesten in Syrien vorstellen, wo die Christen mit jüdischer, aber auch mit synkretistischer Umgebung häufig in Berührung kamen. Das Joh.-Ev. ist sicher später als das Mt.-Ev. entstanden, das noch nicht die endgültige Trennung von den Synagogen voraussetzt (s. S. 89); d. h. daß als terminus post quem die Zeit um 90 n. Chr. gelten muß. Der terminus ante quem wird durch einen wichtigen Papyrusfund festgesetzt. Das 1935 bekannt gewordene Papyrusblatt p52, das einige Verse aus Joh. 18 enthält, stammt aus Ägypten und ist ± 125 n. Chr. geschrieben worden (s. S. 147). Da das Joh.-Ev. sicher nicht in Ägypten verfaßt worden ist, muß es vor 125 – vermutlich um die Jahrhundertwende – entstanden sein. Durch das kleine Papyrusblatt p52 sind manche früher geäußerten Vermutungen, die auf eine weit spätere Entstehungszeit schließen wollten, widerlegt.

E. v. Dobschütz, Johanneische Studien I, ZNW 8 (1907) 1–8 – R. Bultmann, Analyse des 1. Johannesbriefes (1927), in: Exegetica 1967, 105–123 – ders., Die kirchliche Redaktion des ersten Johannesbriefes (1951), ebda 381–393 – ders., RGG³ III, 836–839 – ders., Die drei Johannesbriefe, ²1969 = 1984 – C. H. Dodd, The First Epistle of John and the Fourth Gospel, BJRL 21 (1937), 129–156 – E. Käsemann, Ketzer und Zeuge (1951); in: Exegetische Versuche und Besinnungen I⁶, 1970, 168–187 – H. Braun, Literar-Analyse und theologische Schichtung im ersten Johannesbrief (1951), in: Gesammelte Studien zum NT und seiner Umwelt, ³1971, 210–242 – H. Conzelmann, Was von Anfang war (1954), in: Theologie als Schriftauslegung, 1974, 207–214 – W. Nauck, Die Tradition und der Charakter des ersten Johannesbriefes, 1957 – E. Haenchen, Neuere Literatur zu den Johannesbriefen (1960), in: Die Bibel und wir, 1968, 235–311 – J. C. O'Neill, The Puzzle of 1 John, 1966 – R. Schnackenburg, Die Johannesbriefe, ⁴1970, ⁷1984 – G. Klein, »Das wahre Licht scheint schon.« Beobachtungen zur Zeit- und Geschichtserfahrung einer urchristlichen Schule, ZThK 68 (1971) 261–326 – K. Wengst, Häresie und Orthodoxie im Spiegel des ersten Johannesbriefs, 1976 – ders., Der 1., 2. und 3. Brief des Johannes, 1978 – G. Strecker, Die Johannesbriefe, 1989.

a. Inhalt: Im 1. Joh. kehren in ständigem Wechsel die beiden Themen der Ermahnung zur Bruderliebe und der Abwehr der Irrlehrer wieder, so daß sich kaum eine klare Disposition aufzeigen läßt. Das Proömium (1, 1–4) leitet einen ersten Gedankengang ein, der die Gemeinschaft mit Gott als Wandel im Licht beschreibt (1, 5–2, 17): Gemeinschaft mit Gott (1, 5–2, 2), die Erkenntnis Gottes und das Halten der Gebote (2, 3–11), Mahnungen zur Scheidung von der Welt (2,12–17). Es folgt die Abwehr der Irrlehrer und die Einprägung des Gebotes der Bruderliebe (2, 18–3, 24): Warnung vor den Irrlehrern (2, 18–27), die Hoffnung der Christen auf das Heil (2, 28–3, 3), Paränese, die den Bruch mit der Sünde und das Gebot der Bruderliebe einschärft (3, 4–24).
Es schließt sich die Gegenüberstellung der Scheidung von der Welt im rechten Glauben und der Liebe zu den Brüdern an (4, 1–5, 12): Der Geist der Wahrheit und der Geist der Verführung (4, 1–6), die Liebe als Kennzeichen der aus Gott Gezeugten (4, 7–21), die Liebe zu Gott und die überwindende Kraft des Glaubens (5, 1–12). Am Ende steht eine kurze Zusammenfassung (5, 13–21).
b. Die *Eigenart des 1. Joh.* ist schwer zu bestimmen. Formal fehlen briefliche Züge fast vollständig, weder ein Präskript noch ein Postskript ist vorhanden; es liegen jedoch erkennbare Bezugnahmen auf die Situation der Leser vor (s. unten S. 118). Es handelt sich daher weder um einen religiösen Traktat noch um ein an die ganze Christenheit gerichtetes Manifest, sondern eher um ein Mahnschreiben, das an einen Kreis von Gemeinden geschickt wurde, die vor der Gefahr einer Irrlehre gewarnt und zur Treue gegen die Gebote angehalten werden sollen (Bultmann).
c. In Anbetracht der mehrfachen Wiederholungen der Themen von Bruderliebe und rechtem Glauben, die in kreisender Bewegung einander ablösen, stellt sich die Frage nach der *Einheitlichkeit des 1. Joh.* Liegen ihm Quellen zugrunde, die vom Verfasser verarbeitet wurden? v. Dobschütz beobachtete, daß sich im Abschnitt 2, 29–3, 10 antithetische Zweizeiler finden, deren Glieder einander genau entsprechen:
1a = 2, 29 πᾶς ὁ ποιῶν τὴν δικαιοσύνην ἐξ αὐτοῦ γεγέννηται.
 b = 3, 4 πᾶς ὁ ποιῶν τὴν ἁμαρτίαν καὶ τὴν ἀνομίαν ποιεῖ.
2a = 3, 6 πᾶς ὁ ἐν αὐτῷ μένων οὐχ ἁμαρτάνει.
 b = 3, 6 πᾶς ὁ ἁμαρτάνων οὐχ ἑώρακεν αὐτὸν οὐδὲ ἔγνωκεν αὐτόν.
Vgl. weiter 3, 7. 8/9. 10.

Auf Grund dieser Beobachtungen vertrat v. Dobschütz die These, eine Vorlage, die solche antithetisch formulierten Sätze enthielt, sei vom Autor kommentiert worden.

Dieser Ansatz wurde von Bultmann in seiner Analyse des 1. Joh. weitergeführt, indem er eine Quelle von ihrer Bearbeitung abzuheben suchte. 1, 5b–10 seien als antithetische Sätze formuliert, die davon handeln, daß Gemeinschaft mit Gott und Lichtwandel (V. 6 f.) sowie Wahrheit und Sündenbekenntnis unlösbar zusammengehören (V. 8–10). Diese Thesenreihe werde dann 2, 1 f. durch den Verfasser des Briefes in homiletischem Stil kommentiert. Während 1, 6–10 paradox neben den Lichtwandel die Mahnung gestellt werde, sich als Sünder verstehen zu sollen, werde 2, 1 f. ein Trost für die Sünder ausgesprochen: Christus als ἱλασμός. Damit werde die Thesenreihe im Sinne einer Gemeindedogmatik korrigiert: Der Christ soll nicht sündigen. Geschieht es doch, so kann er sich der Fürbitte Jesu Christi getrösten.

Die Erklärung des Abschnittes 1, 5b–2, 2 liefert die Kriterien für die weitere Analyse des Briefes. Von der Vorlage wird der homiletisch-glossierende Stil des Verfassers abgehoben. Zur Vorlage werden – abgesehen von Halbversen und Versteilchen – gerechnet: 1, 5–10; 2, 4. 5. 9–11. 29; 3, 4. 6–10. 14–15. (24); 4, 7. 8. 12. 16; 5, 1. 4; 4, 5 (6?); 2, 23; 5, 10. 12. Die Vorlage entspricht Stil und Gedankenwelt der Offenbarungsreden im Joh.-Ev. (s. S. 108); d. h. es liegt nach Bultmann eine gnostische, ursprünglich nichtchristliche Quelle vor, die dann vom christlichen Autor des 1. Joh. bearbeitet worden ist.

Bei grundsätzlicher Bejahung der Analyse Bultmanns hat Braun wichtige Korrekturen angebracht: Im Abschnitt 1, 5–10 wird in V. 9 zweimal der Begriff ἁμαρτίαι (Plur.) gebraucht. Diese Aussage wäre in einer gnostischen Vorlage undenkbar, da die Gnosis den Begriff der Sünde nicht kennt. Es muß also eine christliche Quelle zugrundeliegen. 2, 1 f. wird diese im Sinne frühkatholischer Denkweise korrigiert, indem die Paradoxie von 1, 8–10 erweicht wird. Ebenso liegt der Sachverhalt 2, 9–11: Die Gleichsetzung Lichtwandel = Bruderliebe macht die unmittelbare Herkunft auch dieses Stückes aus gnostisch-dualistischen Anschauungen unwahrscheinlich. An anderen Stellen ist dagegen mit gnostischen Motiven zu rechnen, so z. B. bei der Rede von der Gotteszeugung. Daraus folgt, daß die von Bultmann eruierten Quellenstücke nicht auf inhaltliche Einheitlichkeit gebracht werden können. Sie enthalten christliche (d. h. nur mittelbar gnostische), aber auch unmittelbar dualistisch-gnostische Traditionen.

Bedenken gegen Versuche, durch Quellenscheidung zwischen Vorlage und Bearbeitung zu unterscheiden, sind sowohl im Hinblick auf die sprachliche Einheitlichkeit des Briefes als auch die inhaltliche Gestaltung des Gedankengangs angemeldet worden. Käsemann hat Bultmanns Analyse von 1, 5b–2, 2 bestritten: 2, 1 f. wird auf 1, 8–10 Bezug genommen, aber nicht in falscher Exegese einer Vorlage, sondern in antithetischer Weiterführung des Gedankengangs. 1, 8 ff. wird ermahnt, sich nicht eingebildeter Sündlosigkeit hinzugeben. Diese Mahnung wird 2, 1a fortgeführt durch die Weisung, den Kampf mit der Sünde ernst zu nehmen. Wer sich sündlos wähnt, ist dazu nicht imstande. Wie aber steht es in solchem Kampf? 2, 1b tröstet: Wer in diesem Kampf unterliegt, für den ist Christus der Vergebende. D. h.: Die Warnung vor eingebildeter Sündlosigkeit ermöglicht die Mahnung zum Kampf wider die Sünde. Mit dieser Exegese aber entfallen inhaltliche Kriterien, um eine spätere Bearbeitung von einer Quelle abzuheben.

Da es nicht möglich erscheint, mit Hilfe von Stilkriterien eine Quellenanalyse zu begründen, hat Nauck sowohl eine Quelle als auch deren Kommentierung auf denselben Verfasser zurückführen wollen. Ein älterer Text sei zur Abwehr von

Gnostikern verfaßt und dann zu einem späteren Zeitpunkt vom Autor erneut bearbeitet worden, um die Gemeinden zur Zeit der Gefährdung durch Irrlehrer zu stärken. Indem nun jedoch Vorlage und Bearbeitung derselben Hand zugewiesen werden, wird praktisch darauf verzichtet, eine Quelle herauszuschälen. Als Ergebnis der Diskussion ist daher festzuhalten, daß nicht mit schriftlichen Quellen des 1. Joh. gerechnet werden kann, sondern vielmehr verschiedene Traditionen vom Verfasser aufgenommen und verwertet worden sind.

Einen neuen Versuch zur Erklärung des 1. Joh. hat O'NEILL vorgelegt: Der 1. Joh. soll aus 12 verschiedenen Abschnitten bestehen, jeder dieser Abschnitte auf einem jüdischen, poetisch gehaltenen Text basieren, wie er von einer jüdischen Sekte in der Diaspora geschrieben bzw. benutzt wurde, deren Denken von Qumrantraditionen beeinflußt war (vgl. die Testamente der zwölf Patriarchen). Der Verfasser des 1. Joh. habe dann diese jüdischen Texte christlich überarbeitet, um die Erfüllung in Christus zu demonstrieren. Zwar sind in dieser Theorie richtige Beobachtungen hinsichtlich der im 1. Joh. verwendeten Überlieferungen enthalten (s. unten), aber die Konstruktion als ganze bleibt eine unbewiesene Vermutung.

In den Traditionen, die der 1. Joh. aufnimmt, liegt einerseits hellenistisch-gnostisches Gut vor, wie der Gedanke der Gotteszeugung (3, 9), andererseits jüdisches Erbe, das auffallende Parallelen zu Aussagen der Gemeinde von Qumran aufweist. Der Dualismus ist wie in Qumran nicht physisch-metaphysisch, sondern geschichtlich-ethisch verstanden. Licht und Finsternis, Wahrheit und Lüge stehen einander gegenüber. Die Entscheidung für die rechte Seite aber will in der Tat bewährt werden. Die Antithesenreihen trennen zwischen Rechtgläubigkeit und Irrlehre und sind in apodiktischen Sätzen ähnlich dem aus dem AT überkommenen Gottesrecht formuliert. Wie die Gemeinde von Qumran sich von den Männern der Lüge scheidet, so hebt der 1. Joh. die Gemeinde von der Irrlehre ab. Mit besonderer Betonung werden im 1. Joh. urchristliche Bekenntnissätze zitiert und interpretiert (2, 22; 4, 15; 5, 1–5 u. ö.). So wird z. B. 4, 2 als Inhalt des Glaubens angeführt, Jesus Christus sei im Fleisch gekommen, und damit eine scharfe antignostische Frontstellung bezogen.

Wie beim Joh.-Ev. (s. S. 109) hat BULTMANN auch zum 1. Joh. die These vertreten, der Brief sei durch eine kirchliche Redaktion überarbeitet worden. Der Redaktor habe Hinweise auf die futurische Eschatologie (2, 28; 3, 2; 4, 17) und auf den stellvertretenden Tod Christi (1, 7. 9; 2, 2; 4, 10b) eingetragen und dadurch eine Angleichung an die gemeinchristliche Lehre vorgenommen. Doch anders als beim Joh.-Ev. sind diese Wendungen jeweils fest im Aufbau der Sätze verankert und lassen sich nicht aus ihnen herauslösen (NAUCK, HAENCHEN). Vielleicht aber ist in der Tat der Schluß des Schreibens von zweiter Hand angehängt worden. 5, 13 macht den Eindruck, daß der Verfasser zum Ende gelangt ist: ταῦτα ἔγραψα ὑμῖν ἵνα εἰδῆτε ὅτι ζωὴν ἔχετε αἰώνιον, τοῖς πιστεύουσιν εἰς τὸ ὄνομα τοῦ υἱοῦ τοῦ θεοῦ. 5, 14–21 muten danach wie eine sekundäre Erweiterung an, in der eine Zusammenfassung enthalten ist, aber auch noch einmal ein neuer Gedanke auftaucht, indem in V. 16 der Begriff der Sünde zum Tode erscheint. Eine sichere Entscheidung ist schwer zu treffen; aber mit der Möglichkeit ist zu rechnen, daß 5, 14–21 nachträglich hinzugekommen sind. Im übrigen aber ist das Schreiben sprachlich und gedanklich einheitlich gestaltet. Wo sich Stilunterschiede – etwa bei den antithetisch formulierten Sätzen – finden, sind diese durch Aufnahme vorgegebener Traditionen, nicht aber durch schriftliche Quellen motiviert.

d. Gegen die *Irrlehrer*, die im 1. Joh. bekämpft werden, werden zwei schwere Vorwürfe erhoben: ihre Ethik sei verwerflich und ihre Christologie falsch. Gegen die doketische Christologie wird betont, daß Christus im Fleisch gekommen sei

(4, 2 f.), durch Wasser und Blut (5, 6), d. h. in Taufe und Kreuz. In Kleinasien vertrat um die Wende vom 1. zum 2. Jahrhundert Kerinth eine doketische Christologie, indem »er von Jesus behauptete, er sei nicht aus der Jungfrau geboren, er stamme vielmehr von Joseph und Maria als Sohn wie alle anderen Menschen, nur sei er gerechter und weiser gewesen; und nach seiner Taufe sei von der allbeherrschenden Macht der Christus in Gestalt einer Taube auf ihn herabgekommen, und danach habe er den unbekannten Vater verkündet und Wunder vollbracht, schließlich aber sei der Christus von Jesus geschieden und Jesus habe gelitten und die Auferstehung erlebt, der Christus aber sei als Geistwesen ohne Leiden geblieben« (Irenäus, adv. Haer. I 26, 1). Diese Äußerung weist recht ähnliche Züge auf wie die Irrlehre, die im 1. Joh. bekämpft wird, kann jedoch mit ihr nicht einfach zur Deckung gebracht werden, zumal die Position der Gegner nur aus der Polemik des 1. Joh. in groben Zügen erschlossen werden kann.

Der Verfasser des 1. Joh. entfaltet seinerseits mit allem Nachdruck das christologische Bekenntnis: Christus ist der Fleisch gewordene Gottessohn (4, 2 f.), er ist den Sühnetod gestorben (1, 7; 2, 2; 4, 10), er ist der σωτὴρ τοῦ κόσμου (4, 14). Damit wird der Angriff der Irrlehrer gegen die Christologie abgewehrt, der um so gefährlicher ist, weil sie aus der Gemeinde hervorgegangen sind (2, 19). Ihre Lehre aber beweist, daß sie ἐκ τοῦ κόσμου sind (4, 5), so daß nur derjenige ihnen anhängt, der gleichfalls ἐκ τοῦ κόσμου ist. In der Auseinandersetzung mit den Antichristen (2, 18 ff.; 4, 1 ff.) muß sich die Scheidung zwischen dem Geist der Verführung und dem Geist der Wahrheit vollziehen (4, 6) und werden die falschen Propheten als solche entlarvt.

Mit der falschen Christologie hängen Ethik und Praxis der Irrlehrer eng zusammen. Weil die Gnostiker die Leiblichkeit nicht ernst nehmen, haben sie eine doketische Christologie (4, 2 f.) und beachten die Gebote nicht (2, 3 f.; 5, 2 f.), vor allem nicht das der Bruderliebe (2, 9–11; 3, 10. 14 f.; 4, 8. 20; 5, 2). Außerachtlassen der Bruderliebe aber ist dem Brudermord gleichzusetzen (3, 12). Der Verfasser des Briefes betont seinerseits die Einheit von Glaube und Tat und legt darum den Nachdruck auf die ethische Forderung, um die Gemeinden gegen den Einfluß der Irrlehrer zu stärken.

e. Der *Name des Verfassers* wird nicht genannt. Auf jeden Fall muß es sich um eine Persönlichkeit von großem Ansehen handeln. Da die Nähe des 1. Joh. zum Joh.-Ev. deutlich hervortritt, hat die altkirchliche Tradition den Verfasser des 1. Joh. mit dem vierten Evangelisten identifiziert.

Die Übereinstimmungen zwischen dem 1. Joh. und dem Joh.-Ev. betreffen sowohl den Wortschatz als auch die Gedankenführung und den Stil. Vgl. Joh. 1, 1: ἐν ἀρχῇ ἦν ὁ λόγος; 1. Joh. 1, 1: ὃ ἦν ἀπ᾽ ἀρχῆς ... περὶ τοῦ λόγου τῆς ζωῆς. Das Gebot der Bruderliebe wird hier wie dort eingeprägt (Joh. 13, 34 f.; 1. Joh. 4, 20). Daß der Glaubende das Leben hat (Joh. 3, 36; 1. Joh. 5, 2), die Freude der Jünger Jesu vollkommen ist (Joh. 3, 29; 15, 11; 16, 24; 1. Joh. 1, 4) und der Sieg über den Kosmos gewonnen ist (Joh. 16, 33; 1. Joh. 5, 4 f.) u. a. m., wird im Joh.-Ev. wie im 1. Joh. dargelegt. Es scheint sich daher in der Tat die Annahme nahezulegen, daß beide Schriften auf denselben Verfasser zurückzuführen sind.

Bei genauerem Zusehen zeigen sich jedoch auch einige nicht unerhebliche Unterschiede zwischen dem 1. Joh. und dem Joh.-Ev. So wird Joh. 1, 1. 14 der λόγος-Begriff absolut gebraucht, 1. Joh. 1, 1 dagegen heißt es περὶ τοῦ λόγου τῆς ζωῆς bzw. 1. Joh. 2, 14 ὁ λόγος τοῦ θεοῦ. Joh. 14–16 ist mit dem Parakleten der Geist der Wahrheit gemeint, 1. Joh. 2, 1 aber der erhöhte Christus. 1. Joh. 1, 3–7 steht viermal die Wendung κοινωνίαν μετά τινος, im Joh.-Ev. dagegen fehlt dieser Ausdruck vollständig. Auf der anderen Seite finden sich im 1. Joh. so wichtige Begriffe wie δόξα, δοξάζειν und die in der Christologie verwendeten Termini καταβαίνειν / ἀναβαίνειν nicht. Das Evangelium wiederum kennt nicht Wörter wie χρῖσμα (2, 20. 27), σπέρμα (3, 9). Von den Antichristen wird nur im 1. Joh. gesprochen (2, 18. 22; 4, 3; vgl. 2. Joh. 7), nicht aber im Joh.-Ev.

Auch im Blick auf die Gedankenführung sind einige nicht unerhebliche Unterschiede zwischen dem 1. Joh. und dem Joh.-Ev. zu vermerken (DODD): 1. Während im Joh.-Ev. eine präsentische Eschatologie stark hervorgehoben wird (3, 18; 5, 24 f.), der Redaktor aber die futurische Eschatologie ergänzt (5, 28 f.; 6, 39. 40. 44. 54), wird im 1. Joh. die Erwartung der Parusie mit gemeinchristlichen Wendungen beschrieben: παρουσία (2, 28; vgl. auch 3, 2), ἡμέρα τῆς κρίσεως (4, 17). Der 1. Joh. steht damit der geläufigen Eschatologie näher als das Joh.-Ev. 2. Im 1. Joh. sind die Hinweise auf den sühnenden Tod Christi nicht einem Redaktor, sondern dem Verfasser selbst zuzuweisen (1, 7. 9; 2, 2; 4, 10; 5, 7 f.). Im Joh.-Ev. dagegen wird vom Redaktor unterstrichen, daß aus der Seitenwunde Christi Blut und Wasser hervortraten und also die Sakramente von Taufe und Abendmahl in Christi Tod gestiftet sind (19, 34b. 35). 3. Die Pneumatologie des 1. Joh. hält sich gleichfalls im Rahmen gemeinchristlicher Vorstellungen. Der Gedanke des Parakleten als des Geistes der Wahrheit ist nicht vorhanden. 4. Während nach dem Joh.-Ev. die Gegenwart durch den Gegensatz von Licht und Finsternis bestimmt ist (1, 4 f.; 3, 19–21; 12, 35. 46), Christus das Licht der Welt genannt wird und die Glaubenden aus der Finsternis in das Licht getreten sind (8, 12), sind im 1. Joh. Licht und Finsternis in einem zeitlichen Nacheinander gesehen: »Die Finsternis vergeht, und das wahre Licht scheint schon.« (1. Joh. 2, 8) Die christologische Aussage (Joh. 8, 12) ist zu einer Aussage über Gott abgewandelt: ὁ θεὸς φῶς ἐστιν καὶ σκοτία ἐν αὐτῷ οὐκ ἔστιν οὐδεμία (1. Joh. 1, 5). Der 1. Joh. setzt also das Joh.-Ev. voraus und formt dessen Theologie um, weil mit der eschatologischen Qualifikation der Gegenwart, wie sie im Joh.-Ev. entfaltet ist, das Problem des Ablaufs der Zeit noch nicht hinreichend bewältigt war (KLEIN). Das Verhältnis des 1. Joh. zum Joh.-Ev. läßt sich durchaus mit dem Verhältnis der Pastoralbriefe zu den authentischen Paulusbriefen vergleichen, so daß man den 1. Joh. geradezu als einen johanneischen Pastoralbrief bezeichnen könnte (CONZELMANN), der weit stärker als das vierte Evangelium die Bedeutung der Tradition für Leben und Handeln der Kirche betont (1, 1–4).

f. Auf Grund dieser Erwägungen zur Verfasserfrage lassen sich auch *Ort und Zeit der Entstehung* des 1. Joh. bestimmen. Die Auseinandersetzung mit den gnostischen Irrlehrern könnte auf Kleinasien (Kerinth!) deuten. Die sachliche Nähe, die einerseits zum Joh.-Ev., andererseits zu den Briefen des Ignatius von Antiochia besteht, könnte aber auch für Syrien sprechen. Eine sichere Entscheidung ist nicht möglich. Als Abfassungszeit wird der Anfang des 2. Jahrhunderts anzusehen sein. Der 1. Joh. wird nach dem Joh.-Ev. entstanden sein, darf jedoch auch nicht zu spät angesetzt werden, da er möglicherweise schon bei Polykarp von Smyrna (7, 1 als Verweis auf 1. Joh. 4, 2; 3, 8 u. a.), sicher aber bei Justin dem Märtyrer (Dial. 123, 9: 1. Joh. 3, 2) zitiert wird.

g. Ein Spezialproblem stellt das sog. *Comma Johanneum* dar. In der lateinischen Bibelübersetzung finden sich 5, 7. 8 in erweiterter Fassung, in der die Begriffe Geist, Wasser und Blut mit folgenden Worten erläutert wurden: »Quoniam tres sunt, qui testimonium dant in terra, spiritus [et] aqua et sanguis, et hi tres unum sunt in Christo Jesu. Et tres sunt, qui testimonium dant in coelo, pater, verbum et spiritus, et hi tres unum sunt.« In der gesamten griechischen Textüberlieferung haben nur wenige Minuskeln diese Textfassung, die in allen anderen griechischen Zeugen fehlt. Bei dieser Erweiterung des Textes, die in der westlichen Kirche als neutestamentlicher Beleg für die Trinitätslehre verstanden wurde, handelt es sich um eine alte Variante des lateinischen Textes, die durch allegorische Deutung der drei Zeugen auf die Trinität entstanden ist. Heute ist mit Recht allgemein anerkannt, daß das Comma Johanneum einen sekundären Zusatz zum Text des 1. Joh. darstellt (s. W. REICH, Beobachtungen zum Comma Johanneum, ZNW 50 [1959] 61–73).

§ 35   Der 2. und 3. Johannesbrief

S. zu § 34, ferner: G. BORNKAMM, ThW VI, 670–672 – R. BERGMEIER, Zum Verfasserproblem des II. und III. Johannesbriefes, ZNW 57 (1966) 93–100.

a. Inhalt: Der 2. Joh. (= II) beginnt mit einer Grußzuschrift (1–3), es folgt der Hauptteil mit einer Mahnung zum Festhalten an den Geboten, vor allem der Bruderliebe, und einer Warnung vor den Irrlehrern, die die Realität der Inkarnation leugnen (4–11). Zum Schluß wird der baldige Besuch des Verfassers angekündigt und werden Grüße ausgerichtet (12 f.).
Nach einer kurzen Grußzuschrift (1) wird im Hauptteil des 3. Joh. (= III) der Empfänger für seinen Wandel in der Wahrheit und seine Gastfreundschaft gegenüber durchreisenden Missionaren gelobt (3–8). Daran schließt sich ein scharfer Tadel gegen Diotrephes an, der sich eine Führungsrolle anmaßt und die Brüder abweist (9 f.). Dagegen wird einem gewissen Demetrius ein gutes Zeugnis ausgestellt (11 f.). Am Ende wird mitgeteilt, der Verfasser werde bald kommen, und werden Grüße ausgerichtet (13–15).
b. Veranlassung und Zweck gehen aus den Briefen hervor. Beide Schreiben sind kurz gehalten, je etwa vom Umfang eines Papyrusblattes. Es handelt sich aber nicht um Privatbriefe, sondern um amtliche Schreiben des Presbyters an eine Gemeinde (II) bzw. eine Einzelperson (III). II ist an die auserwählte Herrin und ihre Kinder gerichtet. Darunter wird nicht eine ehrwürdige Dame, sondern die Gemeinde mit ihren Gliedern zu verstehen sein. Sie soll zum Festhalten an den Geboten und zur Abwehr der Irrlehrer angehalten werden. III nennt Gajus als Empfänger. Die Gemeinde, zu der er gehört, wird von einem gewissen Diotrephes tyrannisiert, der sich gegen den Presbyter auflehnt.
Diesem Vorfall mit Diotrephes hat KÄSEMANN (s. S. 115) folgende Deutung gegeben: Diotrephes sei monarchischer Bischof und als solcher Vertreter der amtlichen Kirchenleitung. Er habe den Presbyter, der Amtsträger in einer Lokalgemeinde gewesen sei, exkommuniziert wegen der von ihm vertretenen gnostisch bestimmten Theologie. Der als Häretiker gebrandmarkte Presbyter setze sich in III dagegen zur Wehr. Eben dieser Presbyter aber sei nicht nur der Verfasser von III, sondern auch der anderen Johannesbriefe und vor allem des Joh.-Ev., der somit als exkommunizierter Ketzer der Zeuge der joh. Schriften sei.
Diese Konstruktion ist jedoch nicht haltbar. Denn weder ist etwas davon gesagt, daß es wegen der vom Presbyter vertretenen Theologie zum Konflikt mit Diotrephes gekommen sei, noch wird eine durch Diotrephes vollzogene Exkommunikation erwähnt. Der Titel Presbyter ist nicht als Bezeichnung eines Amtes in einer Lokalgemeinde gebraucht, in der er ein Ältester innerhalb eines Kollegiums wäre. Sondern der Presbyter übt ein übergemeindliches Amt aus, dem durch Diotrephes

in einer Ortsgemeinde Widerstand entgegengesetzt wird (BORNKAMM). Der Konflikt ist also als kirchenrechtliche Auseinandersetzung auf der Ebene einer Lokalgemeinde zu begreifen. Diotrephes will sich als örtlicher Gemeindeleiter nicht von außen hereinreden lassen.

c. Der *Verfasser* wird in beiden Briefen als Presbyter bezeichnet. Damit ist sicher nicht eine Altersbezeichnung, sondern vielmehr ein Ehrentitel gemeint. Da der Presbyter als Garant apostolischer Tradition gilt, könnte sich die vielfach vertretene Annahme nahelegen, dieser Presbyter sei mit jenem Presbyter Johannes des Papiasfragments (s. S. 113) zu identifizieren. Doch da der Name Johannes in II und III nicht erwähnt wird, kann diese Ansicht nicht mehr als eine bloße Vermutung sein.

Daß II und III in Sprache und Inhalt I nahestehen, liegt auf der Hand. II nimmt die beiden Themen auf, die in I ständig verhandelt werden: die Mahnung zur Bruderliebe und die Warnung vor den Irrlehrern. Andererseits aber bestehen gewisse Unterschiede gegenüber I. II und III sind durch das von ihnen verwendete Briefformular von I unterschieden. Die Wörter φιλοπρωτεύειν (III 9), φλυαρεῖν (III 10), μέλαν (II 12; III 13) finden sich nicht im Joh.-Ev. und in I. Andere Begriffe erinnern eher an synoptische oder auch paulinische Wendungen, wie ἐχάρην λίαν (II 4; III 3); βλέπετε ἑαυτούς (II 8); μισθὸν πλήρη ἀπολάβητε (II 8), συνεργοὶ γινώμεθα (III 8), ὁ ἀγαθοποιῶν (III 11) (JÜLICHER). Der Begriff ἀλήθεια ist in II und III nicht wie in I in dualistischer Gegenüberstellung zu ψεῦδος oder πλάνη gebraucht, sondern dient zur Bezeichnung der rechten Lehre bzw. des wahren Glaubens und Christseins (BERGMEIER).

BULTMANN möchte nicht nur II und III von I abheben, sondern auch II und III voneinander unterscheiden: die briefliche Form von II könne nur eine Fiktion sein, in der der Verfasser sowohl I als auch III benutzte. Der Briefschluß II 12 f. sei eine Nachahmung von III 13 f., und die Bezeichnung des Briefschreibers durch das einfache ὁ πρεσβύτερος wohl auch nur Nachahmung von III 1. (In RGG³ wurden dagegen von BULTMANN II und III noch als wirkliche Briefe angesehen, deren Verfasser aber nicht mit dem von I identisch sei.)

Auf der einen Seite bietet der kurze Umfang von II und III keine ausreichende Basis, um auf stilistische Beobachtungen ein sicheres Urteil gründen zu können. Auf der anderen Seite aber zwingen die genannten Argumente zur Vorsicht. Zwar stehen II und III in unverkennbarer Nähe zu I, daraus folgt jedoch nicht unbedingt Identität ihrer Verfasser. Man wird daher nicht mehr sagen können, als daß II und III aus derselben theologischen Schule hervorgegangen sind wie I.

d. *Ort und Zeit der Abfassung* sind in die Nähe von I zu setzen, d. h. die Briefe sind vermutlich in Syrien – oder auch Kleinasien – zu Beginn des 2. Jahrhunderts entstanden.

Einen neuen Erklärungsversuch hinsichtlich der Entstehungsverhältnisse der joh. Schriften hat G. STRECKER in seinem Kommentar zu den Johannesbriefen (1989) vorgelegt. Danach gehen der 2. und 3. Joh. auf einen gemeinsamen Verf. zurück, von dem der Verf. des 1. Joh. zu unterscheiden ist. Das Verhältnis des 1. Joh. zum Joh.-Ev. wird nicht auf literarische Abhängigkeit zurückgeführt, sondern soll hinsichtlich der Unterschiede und Übereinstimmungen darauf zurückgehen, daß beide Schriften als voneinander unabhängige Dokumente der joh. Schule entstanden sind. So gewichtig die Argumente sind, die für die Annahme einer joh. Schule sprechen, so fraglich bleibt es jedoch, ob sich die Ansicht halten läßt, daß keine literarische Beziehung zwischen 4. Ev. und Brief bestehen sollte. Wenn man aber eine solche Beziehung anzunehmen hat, ist es nach wie vor am wahrscheinlichsten, daß das Joh.-Ev. vor dem 1. Joh. entstanden ist.

VIII.   Die übrigen Briefe des Neuen Testaments

Während der Hebräerbrief in der alten Kirche weithin als paulinisch galt und daher in den meisten Handschriften hinter den paulinischen Gemeindebriefen und vor den Pastoralbriefen und Phm. seinen Platz erhalten hat – in p[46] steht er zwischen Röm. und 1. Kor. –, werden der Jakobusbrief, die beiden Petrusbriefe, die drei Johannesbriefe (s. S. 115–121) und der Judasbrief als die katholischen Briefe bezeichnet. Die Siebenzahl der katholischen Briefe hat sich im Lauf der Geschichte bis zum Abschluß des Kanons herausgebildet (vgl. sieben Sendschreiben der Apk.). Die kanonische Anerkennung einiger Briefe war noch längere Zeit umstritten, bis die Entscheidung im Osterfestbrief des Athanasius getroffen wurde (s. S. 16). Die Bezeichnung »katholisch«, die zuerst Ende des 2. Jahrhunderts durch den Apologeten Apollonius zur Charakterisierung eines Briefes verwendet wird (Euseb, H. E. V 18, 5), soll besagen, daß die ganze Kirche in einem solchen Schreiben angeredet wird. Dionysius von Alexandria nennt den 1. Joh. »den katholischen Brief« (Euseb, H. E. VII 25, 7) – offensichtlich, weil im 1. Joh. kein Adressat angegeben wird und man daher der Meinung sein konnte, er sei für die ganze Christenheit abgefaßt worden. Im strengen Sinn trifft freilich diese Bezeichnung für den 1. Joh. nicht zu, weil zwar der Name eines Empfängers fehlt, aber doch bestimmte Gemeindeverhältnisse vorausgesetzt werden (s. S. 118). Noch weniger können der 2. und 3. Joh. als katholisch charakterisiert werden, weil jeweils der Adressat deutlich angegeben ist (s. S. 120). Der 1. Petr. wendet sich an Christen in Kleinasien, zwar einen weit gespannten Leserkreis, aber doch nicht die ganze Ökumene. »Katholisch« können am ehesten der Jak., der an die zwölf Stämme in der Zerstreuung gerichtet ist, der 2. Petr., dessen Adressaten »mit uns denselben kostbaren Glauben durch die Gerechtigkeit unseres Gottes und des Heilands Jesus Christus erlangt haben«, und der Jud. genannt werden, der »die in Gott dem Vater geliebten und für Jesus Christus bewahrten Berufenen« anspricht. Diese Angaben sind so allgemein gehalten, daß darunter die ganze Christenheit verstanden werden kann. Von sieben katholischen Briefen spricht als erster Euseb (H. E. II 23, 24 f.). Im Westen wurden sie auch epistulae canonicae genannt, weil es sich um Schriften handelt, die allgemein als apostolisch anerkannt worden sind und darum zum Kanon gezählt werden. In den griechischen Handschriften wurde den katholischen Briefen im Osten ihr Platz meist gleich nach der Apg. zugewiesen, weil sie auf die Urapostel zurückgeführt wurden; im Westen dagegen stehen in der Regel die paulinischen Briefe voran, dann erst folgen die sieben katholischen Briefe.

A. v. HARNACK, Probabilia über die Adresse und den Verfasser des Hebr., ZNW 1 (1900) 16–41 – O. MICHEL, Der Brief an die Hebräer, 1936, ⁸1985 – E. KÄSEMANN, Das wandernde Gottesvolk, 1939, ⁴1961 – Y. YADIN, The Dead Sea Scrolls and the Epistle to the Hebrews, Scripta Hierosolymitana 4 (1958) 36–55 – H. KOSMALA, Hebräer – Essener – Christen, 1959 – E. GRÄSSER, Der Glaube im Hebräerbrief, 1965 – DERS., An die Hebräer I, 1990 – G. THEISSEN, Untersuchungen zum Hebräerbrief, 1969 – O. HOFIUS, Katapausis, 1970 – A. STROBEL, Der Brief an die Hebäer, ²1981, ³1985 – H. BRAUN, An die Hebräer, 1984.

a. Inhalt: Der Hebr. ist nicht in einen lehrhaften und einen ermahnenden Teil gegliedert, sondern enthält an mehreren Stellen unmittelbare Anrede der Leser in der Paränese. Der erste Hauptteil beschreibt die Erhabenheit der Offenbarung Gottes im Sohn (1, 1–4, 13): Der Sohn als Träger der abschließenden Offenbarung (1, 1–14), die Größe unserer Verantwortung (2, 1–4; Paränese), die zeitweilige Erniedrigung des Sohnes als Vorbedingung für die Ausübung seines hohenpriesterlichen Amtes (2, 5–18), die Erhabenheit des Sohnes auch über Mose (3, 1–6), Ermahnung, die verheißene Gottesruhe nicht zu verfehlen (3, 7–4, 13).
Der zweite Hauptteil handelt von Jesus als dem rechten Hohenpriester (4, 14–10, 18): die Erfüllung aller Voraussetzungen für das hohepriesterliche Amt in Jesus (4, 14–5, 10), Hinwendung zum λόγος τέλειος, Warnung vor Abfall angesichts der Unmöglichkeit einer zweiten Buße (5, 11–6, 20; Paränese). Nun wird die Entfaltung der Lehre von Jesus als dem wahren Hohenpriester angeschlossen (7, 1–10, 18): Jesus der vollkommene Hohepriester nach der Art Melchiseders (7), Jesus der Hohepriester im himmlischen Heiligtum und Mittler des neuen Bundes (8), das Opfer des Hohenpriesters (9), die Unzulänglichkeit der alttestamentlichen Opfer gegenüber dem Opfer Christi (10, 1–18).
Auf den umfangreichsten lehrhaften Teil folgt das längste paränetische Stück, der Aufruf zur Glaubenstreue (10, 19–13, 17): Festhalten am Bekenntnis (10, 19–39), Homilie über den Glauben (11), Weisungen für die Gemeinde (12, 1–29), Einzelmahnungen (13, 1–21) und Schluß (13, 22–25).
b. Die Bestimmung des *literarischen Charakters des Hebr.* ist dadurch erschwert, daß ein Briefeingang fehlt und nur am Ende ein Briefabschluß mit Grüßen und knappen persönlichen Mitteilungen steht. Daß etwa ein einleitendes Präskript verlorengegangen sein sollte, ist ausgeschlossen. Denn die kunstvoll gebaute Periode 1, 1–4 stellt zweifellos den Anfang des Schreibens dar. Der Hebr. ist durch seinen homiletischen Stil ausgezeichnet und will als λόγος τῆς παρακλήσεως verstanden werden (13, 22). Er läßt Unterweisung und Paränese wiederholt aufeinanderfolgen, so daß der Gedankengang in der unmittelbaren Anrede der Leser seinen Höhepunkt erreicht. Im Hebr. sind also Stücke urchristlicher Predigt überliefert, die aufgezeichnet worden sind, um der Gemeinde vorgelesen zu werden (MICHEL). Die Predigt kreist um atliche Texte: Ps. 8 in Kap. 2; Ps. 95 in Kap. 3–4; Ps. 110 in Kap. 5 (wieder aufgenommen in Kap. 7); Jer. 31 in Kap. 8; Ps. 40 in Kap. 10. Der Stil erinnert an die hellenistische Synagogenpredigt, wie sie etwa bei Philo von Alexandria oder im 4. Makkabäerbuch überliefert ist. Der predigtartige Charakter macht sowohl den Einsatz mit dem Proömium in 1, 1–4 als auch die unmittelbare Anrede der Gemeinde und die briefartigen Züge am Schluß verständlich. Der Verfasser schreibt nicht einen Traktat oder eine theologische Abhandlung, sondern wendet sich an eine bestimmte Gemeinde, deren Probleme er kennt und der er mahnend und lehrend helfen will.
Im Hebr. wird die unvergleichliche Größe der in Christus geschehenen Offenbarung

hervorgehoben. Das durch Christus erworbene Heil wird in Gegenüberstellung zum alten Bund beschrieben. Dabei werden Opferdienst und Kultus nicht aus eigener Anschauung, sondern ausschließlich in Anlehnung an das AT dargestellt, um zu zeigen, daß dem allen Christus ungleich überlegen ist. Er hat das ein für allemal gültige Opfer dargebracht. An diesen Nachweis, der aus der Schrift geführt wird, wird dann die Paränese angeschlossen. Die Leser stehen offensichtlich in Gefahr, zu erlahmen oder abzufallen. Darum wird ihnen gesagt: Wer sich abgekehrt hat, kann nicht ein zweites Mal Buße tun; es gibt eine Reue, die vergeblich klagt (6, 4–6; 10, 26; 12, 17). Die Warnung, eine zweite Buße sei unmöglich, soll dazu dienen, der Gemeinde einzuschärfen, daß nur ja niemand abfällt und keiner der σωτηρία verlustig geht. Christus hat als der ἀρχηγὸς τῆς σωτηρίας (2, 10), der πρόδρομος (6, 20), der ἀρχηγὸς καὶ τελειωτὴς τῆς πίστεως (12, 2) den Weg gebahnt; ihm soll das wandernde Gottesvolk folgen (Käsemann). Es wird dazu aufgerufen, von der durch Christi Tod erschlossenen und in der Taufe zugeeigneten Möglichkeit Gebrauch zu machen und in glaubendem Gehorsam einzutreten in das von Christus aufgetane Heiligtum, um Erbarmen und Gnade zu empfangen (4, 16; 10, 19).

c. Wer die *Empfänger* des Hebr. waren, wird im Eingang des Schreibens nicht gesagt, da Grußzuschrift und Adresse fehlen. Erst nachträglich ist die Bezeichnung πρὸς Ἑβραίους dem Brief vorangestellt worden. Man wollte damit offensichtlich analog den paulinischen Briefen eine Bestimmung der Adressaten geben, auf die man aus der typologisch-allegorischen Verwendung des AT im Brief meinte schließen zu können. Die Zuschrift »an die Hebräer« ist schon um 200 n. Chr. nachweisbar (Euseb, H.E. VI 14, 2. 4; Tertullian). Die Handschrift p[46] reiht den Hebr. unter die Paulusbriefe nach Röm. ein.

In der alten Kirche herrschte die Auffassung vor, die Leser seien *Judenchristen*. Für diese Ansicht, die auch heute von einigen Exegeten geteilt wird, wird geltend gemacht, daß das Schreiben genauere Kenntnis des AT sowie des priesterlichen Tempeldienstes voraussetze. Da die jüdische Gemeinde von Qumran neben dem Messiaskönig auch einen priesterlichen Messias erwartete, haben einige Exegeten die Meinung vertreten, die hohepriesterliche Christologie des Hebr. lege es nahe, in den Lesern eine Gruppe von zum Christentum übergetretenen Mitgliedern der Qumrangemeinde zu sehen (Yadin), bzw. eine noch nicht jesusgläubige Gruppe der von der Wüstensekte ausgegangenen religiösen Bewegung (Kosmala). Doch die Lehre vom Hohenpriester im Hebr. weist kaum Züge auf, die den Vorstellungen der Gemeinde von Qumran vergleichbar sind, und Form und Inhalt des Hebr. tragen durchaus hellenistische Art. Der Hebr. gibt tatsächlich keinen Anhaltspunkt für die Annahme, die Leser in Palästina bzw. in Jerusalem zu suchen. Nach 6, 10 haben sie oft bedürftige Christen unterstützt, die verarmte Gemeinde in Jerusalem aber mußte selbst die Hilfe anderer entgegennehmen. Nach 2, 3 gehörten sie nicht zu den Ohrenzeugen der Predigt Jesu: »Das Heil nahm seinen Anfang mit der Verkündigung des Herrn, wurde dann von den Hörern bei uns bestätigt.« Diese Aussage würde auf die Jerusalemer Gemeinde, in der zuerst das Evangelium gepredigt wurde, nicht passen. 10, 32 ff. ist von *einer* Verfolgung die Rede, die die Leser bald nach ihrer Bekehrung überstanden haben. Die Jerusalemer Gemeinde aber hat mehr als eine Verfolgung durchmachen müssen. Wenn man daher in den Lesern Judenchristen suchen wollte, müßte man eher an einen Ort außerhalb Palästinas denken. Aber es bleibt zu fragen, ob die Leser wirklich Judenchristen gewesen sind.

In der neueren Exegese wird überwiegend die Ansicht vertreten, die Leser des Hebr. seien *Heidenchristen*. Wird 6, 1 gesagt, man habe Belehrung empfangen über Umkehr von toten Werken und Glauben an Gott, so sind die Grundelemente der Missionspredigt an Heiden genannt. 9, 14 heißt es, das Blut Christi werde unser Gewissen reinigen von toten Werken, damit wir dem lebendigen Gott dienen können. Die vorchristliche Vergangenheit wäre unmöglich durch das Prädikat »tote Werke« charakterisiert worden, wenn es sich um ehemalige Juden handelte. Wird eingehend aus dem AT zitiert und folgen längere Erklärungen, so ist damit keineswegs notwendig vorausgesetzt, daß die Leser ehemalige Juden sein müßten (vgl. Gal., Röm.!). Denn auch die Heidenchristen studierten die Schrift und verstanden ihre Auslegung. Was über Tempel und Kultus ausgeführt wird, setzt nirgendwo unmittelbare Anschauung der Verhältnisse in Jerusalem voraus, sondern ist ausschließlich aus der Schrift abgeleitet. Es werden also Heidenchristen angesprochen, die vor der Gefahr des Abfalls gewarnt und zum Festhalten am Bekenntnis aufgerufen werden.

Wo sind diese heidenchristlichen Leser des Hebr. zu suchen? Von der später hinzugefügten Überschrift »an die Hebräer« darf man zur Beantwortung dieser Frage keinesfalls ausgehen. Einige Anzeichen könnten auf Italien bzw. Rom weisen. Im 1. Clemensbrief, der Ende des 1. Jahrhunderts in Rom verfaßt wurde, wird der Hebr. bereits zitiert (17, 1; 36, 2–5) (s. unten). Hebr. 13, 24 werden Grüße von denen in Italien ausgerichtet. Christen, die wie der Verfasser von der Gemeinde getrennt sind, wollen durch die Grüße die Verbundenheit mit der Gemeinde bekräftigen. Man könnte daher daran denken, daß Christen in Italien die Gemeinde in Rom grüßen lassen. Die neronische Verfolgung liegt in der Vergangenheit, aber neue Anfechtungen stehen bevor.

d. Wer der *Verfasser des Hebr.* gewesen sein mag, wird im Brief nicht angedeutet. Im Osten gilt der Hebr. seit alters als paulinisch. Im Westen war er zwar schon früh bekannt, aber bis etwa 350 n. Chr. noch nicht als paulinisch und zum Kanon gehörig anerkannt. Erst unter dem Einfluß der östlichen Kirche nahm der Westen in der Zeit zwischen 350 und 400 den Hebr. als paulinische Schrift in den Kanon auf.

Um den Namen des unbekannten Verfassers zu erraten, sind folgende Möglichkeiten in Betracht gezogen worden:

1. Für die traditionelle Ansicht, *Paulus* sei der Verfasser, könnte zunächst sprechen, daß der Schluß des Hebr. ähnlich wie die paulinischen Briefe persönliche Mitteilungen, Grüße und Mahnungen enthält. Der 13, 23 erwähnte Timotheus gehörte zum engsten Mitarbeiterkreis des Apostels. Sodann ließe sich geltend machen, daß die Theologie des Hebr. in manchen Zügen mit der des Paulus verglichen werden kann. In Christi Sühnetod ist der Neue Bund begründet, der an die Stelle des alten getreten ist (7, 18 ff.; 8, 6 ff.: 2. Kor. 3, 6 ff.). Als Schöpfungsmittler besaß Christus schon vor seiner Menschwerdung die göttliche Herrlichkeit (1, 1 ff.: 1. Kor. 8, 6; Phil. 2, 6–11). Im Hebr. wird Christus als das Ende des Gesetzes im Blick auf das kultische Gesetz verkündigt, bei Paulus hinsichtlich der Thora überhaupt.

Doch weit stärker als gewisse vergleichbare Züge fallen die Unterschiede zwischen Paulus und dem Hebr. ins Gewicht. aa) Sprache und Stil des Hebr. sind von Paulus erheblich unterschieden. Im Hebr. finden sich 168 Hapaxlegomena, die ohne Parallele in anderen Schriften des NT sind, darüber hinaus 124 Wörter, die bei Paulus nicht wiederkehren. Das Griechisch des Hebr. entspricht der gehobenen Sprache. 1, 1 setzt mit einer kunstvollen Alliteration ein: πολυμερῶς, πολυτρόπως, πάλαι, πατράσιν, προφήταις; 5, 8 findet sich ein Wortspiel: ἔμαθεν ἀφ' ὧν ἔπαθεν. Während Paulus gelegentlich Sätze anakoluth abbrechen läßt, weist der Hebr. einen regelmäßigen, sorgfältig gerundeten Satzbau auf. bb) Die paulinischen Briefe sind meist in einen lehrhaften und einen paränetischen Teil gegliedert, der Hebr. dagegen ist – homiletischer Gepflogenheit entsprechend – von immer neu ansetzenden Paränesen durchzogen. cc) Die Zitate aus dem AT werden im Hebr. niemals durch die bei Paulus gebräuchlichen Formeln wie γέγραπται, ἡ γραφὴ λέγει u. ä. eingeleitet, sondern es heißt: Gott, sein Sohn, der heilige Geist, irgendjemand sagt usw. Das AT wird stets nach der LXX, niemals aus dem Gedächtnis angeführt. dd) Nach 2, 3 rechnet sich der Verfasser zu denjenigen, die von Ohrenzeugen der Predigt Jesu, d. h. von Jüngern Jesu unterwiesen worden sind. Paulus dagegen betont seine Unabhängigkeit von den Jerusalemer Uraposteln (Gal. 1–2). ee) Auch in der Christologie sind die Unterschiede beträchtlich. Der Jesus beigelegte Titel des Hohenpriesters wird niemals von Paulus verwendet. Statt von der Auferstehung spricht der Hebr. vornehmlich von der Auffahrt Christi, durch die er zum Hohenpriester geworden ist. Die formelhafte Wendung ἐν Χριστῷ fehlt im Hebr. ff) Während Paulus Röm. 10, 4 von Christus als dem Ende des Gesetzes spricht, so daß das Gesetz als Heilsweg ein für allemal ausgeschlossen ist, faßt der Hebr. nur die kultischen Bestimmungen des Gesetzes ins Auge. Das Problem der Heilsbedeutung des Gesetzes stellt sich für den Hebr. nicht mehr; denn das Gesetz wird von ihm als niedrigere Stufe der Offenbarung verstanden, die man nun hinter sich gelassen hat (10, 1). gg) Im Hebr. ist nicht von der justificatio impii die Rede, obwohl Hab. 2, 4 in 10, 38 zitiert wird.

Aus dieser Gegenüberstellung folgt, daß der Hebr. weder direkt noch indirekt auf Paulus (bzw. einen Paulusschüler) zurückgeführt werden kann. Den Widerspruch zu Paulus hat Luther stark empfunden, wenn er in seiner Vorrede zur Septemberbibel von 1522 die Verweigerung der zweiten Buße als wider alle Evangelien und Episteln von St. Paulus lautend bezeichnete, im übrigen aber dem Hebr. zubilligte, er sei eine ausbündig feine Epistel, die vom Priestertum Christi meisterlich und gründlich von der Schrift her redet.

2. Bei Clemens von Alexandria findet sich die Vermutung, *Lukas* könne der Übersetzer eines von Paulus in hebräischer Sprache geschriebenen Briefes gewesen sein (Euseb, H. E. VI 14, 2 f.). Aber diese Ansicht ist gegenstandslos, weil der Hebr. keinesfalls als Übersetzung eines hebräischen Urtextes angesehen werden kann.

3. Bereits Origenes war die Hypothese bekannt, *Clemens Romanus* habe den Hebr. geschrieben. Dann müßten der 1. Clemensbrief, der den Hebr. zitiert (s. oben), und der Hebr. auf denselben Verfasser zurückgehen; doch zu dieser Annahme besteht keine Veranlassung.

4. Seit Tertullian wird auch *Barnabas* als Verfasser in Erwägung gezogen. Da er ein Levit aus Zypern war, meinte man, ihm die ausführliche Beschreibung des alttestamentlichen Kultus zutrauen zu können. Doch auch dieser Vorschlag ist nichts weiter als eine Vermutung.

5. Nicht anders ist es um den immer wieder vorgetragenen Gedanken bestellt, der Hebr. könnte von *Apollos* verfaßt worden sein. Als Alexandriner besaß Apollos sicherlich rhetorische und schriftgelehrte Bildung (Apg. 18, 24 ff.; 1. Kor. 1, 12; 3, 4 ff.; 16, 12). Doch deshalb läßt sich keineswegs erweisen, er müsse hinter den schriftgelehrten Ausführungen des Hebr. stehen.

6. Ebenso originell wie phantastisch ist schließlich der Vorschlag v. HARNACKS, das Ehepaar Aquila und Priscilla habe den Hebr. verfaßt; daher werde das schriftstellerische Wir verwendet. Weil aber die Verfasserschaft einer Frau Anstoß erregte, habe man das Präskript schon früh abgetrennt und unterschlagen, daß einer Dame dieses gelehrte Schreiben zu verdanken sei.

Keine dieser Vermutungen vermag das Rätsel zu lösen. Der Name des Verfassers wird sich wohl niemals erraten lassen. Es bleibt daher bei der schon von Origenes getroffenenen Feststellung, Gott allein wisse, wer den Hebr. geschrieben hat. Doch mit aller Deutlichkeit tritt die theologische Position des Verfassers hervor, der der zweiten christlichen Generation gegen Anfechtung und Ermüdung helfen will, indem er in seinem theologischen Entwurf den Glauben als das Christsein schlechthin begreiflich zu machen sucht (GRÄSSER).

e. Die *Zeit der Abfassung* des Hebr. läßt sich etwa folgendermaßen bestimmen. Die Schilderung des Tempelkultus setzt keineswegs notwendig voraus, daß der Tempel noch stehen müsse. Denn es wird ständig aus der Schrift und nicht von der Anschauung der kultischen Praxis her argumentiert, so daß sich auf Grund dieser Ausführungen nicht entscheiden läßt, ob der Verfasser vor oder nach 70 n. Chr. schrieb. Auf der anderen Seite ist der Hebr. gegen Ende des 1. Jahrhunderts bereits bekannt. Zwar ist nicht unbestritten, daß im 1. Clemensbrief aus dem Hebr. zitiert wird (s. oben), weil es sich auch um Aufnahme mündlicher Tradition handeln könnte (THEISSEN). Die Anklänge an Formulierungen des Hebr. sind jedoch so stark, daß es sich um direkte Zitate aus dem Hebr. handeln wird. Verfasser und Leser gehören zur zweiten christlichen Generation (2, 3), daher wird am ehesten die Zeit zwischen 80 und 90 n. Chr. für die Entstehung des Hebr. in Betracht kommen.

§ 37   Der Jakobusbrief

M. DIBELIUS, Der Brief des Jakobus, 1921 (DIBELIUS – GREEVEN, ⁵1964) – A. MEYER, Das Rätsel des Jakobusbriefes, 1930 – G. KITTEL, Der geschichtliche Ort des Jakobusbriefes, ZNW 41 (1942) 71–105 – DERS., Der Jakobusbrief und die apostolischen Väter, ZNW 43 (1950/51) 55–112 – E. LOHSE, Glaube und Werke. Zur Theologie des Jakobusbriefes (1957), in: Die Einheit des NT, 1973, 285–306.

a. *Inhalt:* Der Jak. enthält in lockerer Folge Spruchweisheit und Paränese: Eingangsgruß (1, 1), von Versuchungen (1, 2–18), vom Hören und Tun (1, 19–27), vom Ansehen der Person (2, 1–13), von Glauben und Werken (2, 14–26), von der Gefahr des Lehrberufes und der Macht der Zunge (3, 1–12), wider die Streitsucht (3, 13–4, 12), gegen weltlich gesinnte Kaufleute und die Reichen (4, 13–5, 6), Trost- und Mahnworte (5, 7–12), Regeln für verschiedene Lebenslagen 5, 13–20).

b. Die *literarische Eigenart des Jak.* ist durch die Paränese, die er darbietet, gekennzeichnet (DIBELIUS). 1, 1 wird mit einem Gruß begonnen, am Ende aber findet sich kein Briefschluß. Angeredet werden im Jak. die zwölf Stämme in der Zerstreuung (1, 1). Da in der Paränese keine spezifisch jüdischen Fragen erörtert, sondern allgemeingültige Lebensregeln entfaltet werden, sind offensichtlich nicht Juden, sondern Christen angeredet, die als das Israel Gottes in der Welt leben. Der Eingangsgruß χαίρειν ist mit dem folgenden Vers durch Stichwortverbindung verknüpft (χαράν V. 2). Der briefliche Eingang ist also dem Jak. vorangestellt, um ihn als Sendschreiben der ganzen Christenheit zuzueignen.

In den Anweisungen für das Verhalten der Christen in der Welt wird in reichem Umfang Traditionsgut aufgenommen. Atlich-jüdische Weisheit, Spruchüberlieferung, Sätze aus der hellenistischen Popularphilosophie und urchristliche Logien sind zu einem bunten Kranz zusammengeflochten. In der Reihe der Mahnungen wird nur an zwei Stellen der Name Jesu Christi genannt: im Briefeingang 1, 1 und ein zweites Mal 2, 1. Die früher gelegentlich geäußerte Vermutung, man könne den Jesusnamen an beiden Stellen herausnehmen und erhalte dann eine ursprünglich rein jüdische Schrift, trifft jedoch nicht zu. Denn einmal kann die Auseinandersetzung, die 2, 14–26 über das Verhältnis von Glauben und Werken geführt wird, nicht allein von jüdischen Voraussetzungen her verständlich gemacht werden; sie setzt vielmehr die Auseinandersetzungen um die paulinische Theologie notwendig voraus (s. unten S. 129 f.). Und dann finden sich im Jak. an vielen Stellen Anklänge und Berührungen mit Jesusworten, die auch in der synoptischen Tradition überliefert sind (s. unten S. 128 f.). Der Jak. ist also eindeutig eine christliche Schrift, die jedoch in weitem Umfang jüdische und hellenistische paränetische Tradition verwendet hat.

Die Frage nach dem jüdischen Traditionsgut im Jak. suchte A. MEYER durch die Hypothese zu beantworten, der Jak. sei die Überarbeitung einer jüdischen Grundschrift, die ein Testament des Jakob gewesen sei, in dem der Erzvater jedem seiner zwölf Söhne sein Vermächtnis übergab (vgl. Gen. 49). Mit Jakobus in 1, 1 sei ursprünglich Jakob gemeint, es folgten, wie aus allegorischen Beziehungen noch zu erkennen sei, der Reihe nach zunächst Anspielungen auf Isaak (= χαρά 1, 2), Rebekka (ὑπομονή 1, 4) und Jakobs Kämpfe und Versuchungen (1, 12 ff.). Von 1, 18 an würden dann die Söhne Jakobs angeredet: Ruben (ἀπαρχή 1, 18), Simeon (ἀκούειν 1, 19), Levi (θρησκεία 1, 27) usw. Die Hinweise, die auf Jakob und seine Söhne vorliegen sollen, könnten an einigen Stellen diskutabel erscheinen, sind des öfteren jedoch gewaltsam herbeigeholt, so z. B., wenn die Argumentation von 2, 14–26, der Glaube ohne Werke sei tot, allegorisch auf Rahels Unfruchtbarkeit gedeutet wird. Nach MEYER soll diese jüdische Grundschrift in nachpaulinischer Zeit überarbeitet worden sein. Das hohe Maß kunstvoller Allegorese, das nach dieser Theorie dem Jak. zugrundeliegen soll, weckt das Bedenken, warum die schlichte Paränese in eine so schwer verständliche Form gekleidet sein sollte. Die Vermutung, es handle sich ursprünglich um ein jüdisches Testament, kann daher nicht überzeugen; doch ist richtig erkannt, daß im Jak. in reichem Maß jüdisches Traditionsgut aufgenommen worden ist.

Die nächsten Parallelen zum Jak. finden sich im NT in den paränetischen Abschnitten der paulinischen Briefe (1. Thess. 4, 1–12; Röm. 12–13; Kol. 3–4) und in der Bergpredigt bzw. Feldrede in den Evangelien. Die Paränese dieser Stücke und des Jak. ist durch die typischen Merkmale dieser Gattung ausgezeichnet (DIBELIUS): 1. den Eklektizismus. Sprüche unterschiedlicher Herkunft – jüdisch, hellenistisch, urchristlich – sind zusammengeflochten, dabei vielfach nur geringfügig oder gar nicht verchristlicht worden. 2. das Fehlen eines Zusammenhangs. Die verschiedenen Stücke sind meist nur locker miteinander verknüpft, häufig einfach durch Stichwortanreihung (s. S. 70), so z. B.: χαίρειν / χαράν 1, 1. 2; λειπόμενοι / λείπεται 1, 4. 5; διακρινόμενος zweimal 1, 6; πειρασμόν / πειραζόμενος 1, 12. 13; θρησκεία zweimal 1, 26. 27 u. ö. 3. Weil nur eine formale, nicht aber eine inhaltliche Ordnung hergestellt worden ist, kehrt dasselbe Motiv oft an verschiedenen Stellen wieder. 1, 21 und 3, 13 ff. wird zur Sanftmut ermahnt; 1, 26 und 3, 3 ff. vor Zungensünden gewarnt; 1, 2–4. 12 und 5, 7 ff. zum Ausharren im Leiden angehalten; 1, 9 ff.; 2, 1 ff. und 5, 7 ff. gegen die Reichen gesprochen. 4. das Fehlen einer bestimmten Situation. Das paränetische Gut soll allezeit gültig sein. Daher kann z. B. aus der Polemik gegen die Reichen kein Rückschluß auf eine bestimmte Gemeindesituation gewonnen werden.

c. Der *theologische Ort des Jak.* läßt sich genauer bestimmen durch Vergleich mit parallelen Aussagen in anderen Schriften des NT. Zunächst fällt auf, daß sich mancherlei Berührungen mit Herrenworten in den synoptischen Evangelien finden. Diese werden jedoch nirgendwo als solche eingeführt oder zitiert, sondern sind einfach in die Reihe der Mahnungen mit eingewoben. Wie Jesus seinen Jüngern das

Schwören verbot, so wird es auch im Jak. den Christen untersagt und ihnen geboten, ihr Ja solle ein Ja, ihr Nein ein Nein sein (Mt. 5, 34–37; Jak. 5, 12). Die sichere Zusage auf Erhörung des Gebets begegnet im Wort Jesu (Mt. 7, 7) und Jak. 1, 5. Die Bergpredigt endet mit dem dringenden Aufruf, die Worte Jesu zu tun (Mt. 7, 24–27), Jak. 1, 22 heißt es: »Seid Täter des Wortes und nicht Hörer allein.« Jesus und der Jak. verwehren es auf das strengste, über den Bruder zu richten (Mt. 7, 1 f.; Jak. 4, 11 f.). Bei diesen Berührungen, deren Reihe sich beträchtlich verlängern läßt, handelt es sich nicht um zufällig ähnlich lautende Formulierungen, sondern Herrenworte sind bewußt in die Paränese des Jak. aufgenommen worden. Dabei zeigt die unterschiedliche Fassung der Sprüche, daß kein literarisches Abhängigkeitsverhältnis besteht. Sondern mündlich überlieferte paränetische Traditionen sind auf der einen Seite in der Bergpredigt bzw. Feldrede, auf der anderen Seite im Jak. zu katechismusartigen Zusammenhängen verbunden worden.

Mancherlei Parallelen bestehen zwischen dem Jak. und den paränetischen Abschnitten der übrigen Briefliteratur. Dazu ein Beispiel: Paulus führt Röm. 5, 3–5 einen Kettenschluß an: »Wir rühmen uns in den Trübsalen, weil wir wissen« – und nun schließt sich eine Kette von Begriffen an –, »daß die $\vartheta\lambda\tilde{\iota}\psi\iota\varsigma$ $\dot{\upsilon}\pi o\mu o\nu\dot{\eta}$ wirkt, die $\dot{\upsilon}\pi o\mu o\nu\dot{\eta}$ Bewährung ($\delta o\varkappa\iota\mu\dot{\eta}$), die $\delta o\varkappa\iota\mu\dot{\eta}$ aber Hoffnung ($\dot{\epsilon}\lambda\pi\iota\varsigma$).« Der Höhepunkt ist mit der Hoffnung erreicht, die die schönste Frucht darstellt, die in den $\vartheta\lambda\tilde{\iota}\psi\epsilon\iota\varsigma$ gewonnen werden kann. Eine ähnliche Kette steht 1. Petr. 1, 6–7: Die Christen jubeln, »obwohl ihr gerade – wenn es sein muß – betrübt worden seid in mancherlei Versuchungen ($\pi\epsilon\iota\rho\alpha\sigma\mu o\tilde{\iota}\varsigma$ $\pi o\iota\varkappa\iota\lambda o\iota\varsigma$), damit das, was echt ist ($\tau\dot{o}$ $\delta o\varkappa\iota\mu\iota o\nu$) an eurem Glauben, als weit wertvoller erwiesen werde als das vergängliche Gold, das im Feuer bewährt wird, zu Lob und Herrlichkeit und Ehre bei der Offenbarung Jesu Christi.« Hier wird also gesagt: In den Bedrängnissen, die die Christen erleiden müssen, erweist sich die Echtheit ihres Glaubens. Jak. 1, 2–4 bringt eine Gedankenkette, die beiden Stellen – Röm. 5 und 1. Petr. 1 – nah verwandt ist. Die Leser werden aufgefordert: »Achtet es für lauter Freude, meine Brüder, wenn ihr in mancherlei Versuchungen geratet ($\pi o\iota\varkappa\iota\lambda o\iota\varsigma$ $\pi\epsilon\iota\rho\alpha\sigma\mu o\tilde{\iota}\varsigma$), in der Erkenntnis, daß das Prüfungsmittel ($\tau\dot{o}$ $\delta o\varkappa\iota\mu\iota o\nu$) eures Glaubens Beharrlichkeit wirkt ($\dot{\upsilon}\pi o\mu o\nu\dot{\eta}\nu$ $\varkappa\alpha\tau\epsilon\rho\gamma\dot{\alpha}\zeta\epsilon\tau\alpha\iota$). Die Beharrlichkeit aber soll ein vollkommenes Werk hervorbringen, damit ihr vollkommen und untadelig seid, an keinem Stück Mangel habt.« Wie Röm. 5 wird dabei von der $\dot{\upsilon}\pi o\mu o\nu\dot{\eta}$ als Frucht der Anfechtungen sowie von deren bewährender Kraft gesprochen. Während aber Paulus den Begriff der $\vartheta\lambda\tilde{\iota}\psi\epsilon\iota\varsigma$ verwendet, hat der 1. Petr. mit Jak. das Wort von den $\pi o\iota\varkappa\iota\lambda o\iota$ $\pi\epsilon\iota\rho\alpha\sigma\mu o\iota$ gemeinsam. Der 1. Petr. denkt dabei an die Verfolgungssituation, der Jak. dagegen an das tägliche Ungemach, unter dem ein Christ seufzen kann. Er soll aber derartige Beschwernisse annehmen, weil darin die $\dot{\upsilon}\pi o\mu o\nu\dot{\eta}$ gestärkt wird und diese die köstliche Frucht der Vollkommenheit und Untadeligkeit hervorbringen soll. Der Vergleich von Jak. 1, 2–4 mit Röm. 5, 3–5 und 1. Petr. 1, 6 f. zeigt somit, daß die Begriffe und Begriffsverbindungen an allen drei Stellen aus mündlicher Tradition herrühren. Der Jak. aber hat das überlieferte Gut unter das Leitmotiv der Vollkommenheit gestellt, nach der der Christ streben soll.

Der Abschnitt 2, 14–26 hebt sich aus dem Kranz der Weisungen als zusammenfassende Argumentation zur theologischen Begründung der Paränese heraus. Die These, Glaube ohne Werke könne nicht retten, wird in der Auseinandersetzung mit schlagwortartig zitierten Losungen entfaltet, hinter denen zweifellos ursprünglich die paulinische Theologie steht. Doch weder ist der paulinische $\pi\iota\sigma\tau\iota\varsigma$-Begriff in diesen Schlagworten festgehalten noch von der entscheidenden Frage nach dem

Gesetz die Rede. So wird also nicht auf Grund genauer Kenntnis der paulinischen Theologie argumentiert, sondern eine Abgrenzung gegen mißverstandene Paulus-losungen vorgenommen, um das Zusammenwirken von Glauben und Werken hervorzuheben, das zum Ziel der Vollkommenheit führen soll.

d. Als *Name des Verfassers* wird 1, 1 angegeben: Ἰάκωβος θεοῦ καὶ κυρίου Ἰησοῦ Χριστοῦ δοῦλος. Da damit eine Persönlichkeit von großem Ansehen gemeint ist, kann nur an den Herrenbruder Jakobus gedacht sein. Denn der Zebedaide Jakobus ist schon früh ums Leben gekommen (Apg. 12, 2). Damit stellt sich die Frage, ob der Herrenbruder Jakobus den Jak. verfaßt haben kann. Im NT wird berichtet, daß ihm der Auferstandene erschienen ist (1. Kor. 15, 7), er sich der Urgemeinde anschloß (Apg. 1, 14) und später deren Leitung übernahm (Gal. 2, 1–10). Bei Hegesipp wird überliefert, daß er auch bei Juden hohes Ansehen genoß und schließlich durch den Hohenpriester Ananos zum Tode verurteilt und gesteinigt wurde (Euseb, H.E. II 23, 4 ff.). Die These, daß dieser Jakobus tatsächlich der Verfasser unseres Schreibens – wenn auch unter Beteiligung eines Sekretärs (zur Sekretärshypothese s. S. 29) – sei, ist vor allem von KITTEL mit folgenden Argumenten vertreten worden: 1. Die schlichte Selbstbezeichnung als Knecht Gottes und des Herrn spreche für die Frühzeit der Kirche, in der Jakobus die Urgemeinde leitete. 2. Aus dieser seiner Stellung ergebe sich das Recht, an die 12 Stämme in der Diaspora, d. h. die Judenchristen, zu schreiben. 3. Die vielfältigen Berührungen mit Herrenworten deuten auf eine Nähe zum historischen Jesus. 4. Im Brief werde palästinische Überlieferung sichtbar, so z. B. wenn 1, 5. 17 u. ö. der Gottesname durch passive Wendungen umschrieben werde. KITTEL möchte die Abfassung des Jak. noch vor dem Apostelkonvent, d. h. vor 48 n. Chr., ansetzen. Dann würde die Polemik in 2, 14–26 nicht gegen die paulinischen Hauptbriefe zielen, die es noch gar nicht gab, sondern gegen Gerüchte und Nachrichten, die dem Verfasser zu Ohren gekommen wären.

Doch diese Argumente überzeugen nicht: 1. Die Selbstbezeichnung als δοῦλος besagt nichts für die Frage der Datierung. 2. Als die 12 Stämme sind keineswegs nur die Judenchristen, sondern alle Christen angeredet. 3. Mündliche Tradition von Herrenworten hat es bis weit ins 2. Jahrhundert hinein gegeben, vornehmlich in paränetischen Zusammenhängen (Didache!). 4. Neben zweifellos vorhandener palästinischer Tradition sind auch hellenistische Überlieferungen aus der kynisch-stoischen Diatribe (so z. B. 3, 2–4) aufgenommen worden. Eine Frühdatierung – noch vor den Paulusbriefen – ist im Blick auf 2, 14–26 nicht zu halten (s. unten).

Die Abfassung durch den Herrenbruder Jakobus ist vor allem aus folgenden Gründen ausgeschlossen: 1. Sprache und Stil lassen ein auffallend gutes Griechisch der gehobenen Koine erkennen. An vielen Stellen finden sich Wortspiele, so φαινομένη – ἀφανιζομένη 4, 14; διεκρίθητε – κριταί 2, 4; ἀδιάκριτος – ἀνυπόκριτος 3, 17; χαίρειν – χαράν 1, 1 f.; ἔργων – ἀργή 2, 20. Wiederholt wird Alliteration verwendet: πειρασμοῖς περιπέσητε ποικίλοις 1, 2; μικρὸν μέλος – μεγάλα 3, 5. 1, 14 liegt ein Reim vor: ἐξελκόμενος καὶ δελεαζόμενος, 1, 17 ein – vielleicht zufällig entstandener? – Hexameter. Durch Einfluß der LXX sind gelegentlich verwendete Hebraismen zu erklären, so ποιεῖν ἔλεος 2, 13; ποιητὴς λόγου 1, 22; ποιητὴς νόμου 4, 11; πρόσωπον τῆς γενέσεως 1, 23 oder die Verwendung von Substantiven zum Ersatz von Adjektiven: ἀκροατὴς ἐπιλησμονῆς 1, 25; ἡ εὐχὴ τῆς πίστεως 5, 15 u. a. Dagegen werden keine Aramaismen verwendet – ein Beweis dafür, daß die Sprache des Jak. gepflegtes Griechisch ist, das von biblischen Wendungen aus der Septuaginta beeinflußt ist. Das durchaus hellenistische Gewand des Jak. steht der Annahme entgegen, der Herrenbruder Jakobus – oder auch ein ihm behilflicher Sekretär – könne den Jak. abgefaßt haben. 2. Das Verhältnis zur paulinischen Theologie, wie es auf Grund der Ausführungen in 2, 14–26 zu bestimmen ist, kann nicht als eine frisch angreifende Polemik des Herrenbruders gegen ihm zugetragene Nachrichten von der beginnenden paulinischen Wirksamkeit angesehen werden. Sondern es geht darum, einige mißverstandene Schlagworte, die man zu Unrecht aus der paulinischen Theologie abgeleitet hat, richtigzustellen. Die Zeit des Paulus liegt schon weit zurück, der Kampf um Ende oder Gültigkeit des Gesetzes ist vergessen. Man spricht vielmehr unbekümmert vom Gesetz der Freiheit (1, 25; 2, 12) als der nova lex der christlichen Gemeinde.

Wie Jak. 3, 1 zu erkennen gibt, muß der namentlich unbekannte Verfasser ein Lehrer gewesen sein, der paränetische Tradition gesammelt und zu einem Hand- büchlein ethischer Weisungen zusammengestellt hat (LOHSE). Diesem der ganzen Christenheit zugedachten Schreiben hat er den Namen des Herrenbruders Jakobus vorangestellt, der unter Christen und Juden hohes Ansehen genoß und wie kaum ein anderer dem erstrebten Ziel nachgeeifert hat, die christliche Vollkommenheit, die Gott als Gerechtigkeit anerkennt, zu erreichen und zu verwirklichen.

e. Als *Zeit der Abfassung* wird das Ende des 1. Jahrhunderts anzunehmen sein, da die Zeit der Wirksamkeit des Apostels Paulus bereits in weiterer Vergangenheit liegt. Die Eigenart der Paränese im Jak., die auf keine bestimmten Verhältnisse Bezug nimmt, sondern ständig gültige Lebensregeln darbietet, erlaubt keinen Rück- schluß auf den Ort der Abfassung.

§ 38   Der 1. Petrusbrief

R. PERDELWITZ, Die Mysterienreligion und das Problem des I. Petrusbriefes, 1911 – E. G. SELWYN, The First Epistle of St. Peter, 1946, ³1949 – F. C. CROSS, I Peter. A Paschal Liturgy, 1954 – E. LOHSE, Paränese und Kerygma im 1. Petrusbrief (1954), in: Die Einheit des NT, 1973, 307–328 – C. F. D. MOULE, The Nature and Purpose of I Peter, NTS 3 (1956/57) 1–11 – M.-E. BOISMARD, Une Liturgie Baptismale dans la Prima Petri, RB 63 (1956) 182–208; 64 (1957) 161–183 – L. GOPPELT, Der erste Petrusbrief, 1978 – N. BROX, Der erste Petrusbrief, 1979, ³1989.

a. Inhalt: An den Eingangsgruß (1, 1–2) schließt sich ein Lobpreis an (1, 3–12). In einem ersten Abschnitt wird dann zu würdigem Wandel aufgerufen, weil die Erlösung durch Christus schon geschehen ist (1, 13–2, 10).

Es folgen Ermahnungen für das Verhalten der Christen in den einzelnen Ständen, die in Form einer ausgeführten Haustafel entfaltet werden (2, 11–3, 12). Sodann wird das rechte Verhalten der Christen im Leiden beschrieben und dabei auf das Vorbild der Leiden Christi hingewiesen (3, 13–4, 11).

In einem neu einsetzenden Gedankengang wird schließlich abermals von den Lei- den der Christen gehandelt (4, 12–5, 11). Ein kurzer Briefschluß rundet das Schreiben ab (5, 12–14).

b. Als Empfänger des Briefes werden die auserwählten Beisassen in der Diaspora von Pontus, Galatien, Kappadokien, Asien und Bithynien angegeben (1, 1). Zwar könnten die Bezeichnungen ἐκλεκτοὶ παρεπίδημοι und διασπορά die Annahme nahelegen, es seien damit Judenchristen gemeint. Aber als Diaspora kann auch ein- fach das Leben der Christen in der Welt bezeichnet werden, die nicht die Heimat des Gottesvolkes ist (s. Jak. 1, 1). Der reiche Gebrauch des AT im Gedankengang des Briefes läßt keineswegs notwendig darauf schließen, die Leser müßten Juden- christen sein. Einige Aussagen des Briefes zeigen vielmehr eindeutig, daß Heiden- christen angeredet werden. Ihre vorchristliche Vergangenheit war von ἐπιθυμίαι bestimmt, die sie ἐν ἀγνοίᾳ beherrschten (1, 14). Das hätte ebensowenig von Juden gesagt werden können wie der Satz, sie seien von ihrem eitlen, von den Vätern überkommenen Wandel erlöst worden (1, 18). Die Leser waren einst irrende Schafe (2, 25), und den Frauen in der Gemeinde wird gesagt, sie seien Saras Kinder geworden (3, 6). Schließlich wird die Gemeinde darauf hingewiesen, lange genug habe man in der vergangenen Zeit getan, wonach den Heiden der Sinn steht, u. a. auch Götzendienst (4, 3 f.) – ein Vorwurf, der schlechterdings nicht gegen ehemalige Juden hätte erhoben werden können. Die Leser sind also Heidenchristen im Bereich des früheren paulinischen Missionsgebiets.

c. *Anlaß und Zweck des Briefes* werden am Ende deutlich genannt: »Ich wollte euch ermahnen und bezeugen, daß dies die wahre Gnade Gottes ist, in die ihr euch hineinstellen dürft.« (5, 12) Es handelt sich um ein Trost- und Ermahnungsschreiben, das die Leser angesichts der ihnen auferlegten Leiden stärken möchte. Verfolgungen gehen offensichtlich nicht von staatlichen Behörden aus, sondern von der heidnischen Bevölkerung. Man verleumdet die Christen, schmäht sie und zieht sie vor Gericht (2, 12. 15; 3, 14 ff.; 4, 12 ff.). Man verübelt ihnen, daß sie sich nicht mehr am heidnischen Treiben beteiligen (4, 3 ff.). Die Christen sollen sich nicht wegen irgendwelcher Vergehen Leiden zuziehen, sondern allein das Leiden um Christi willen kann mit gutem Gewissen angenommen werden. In seiner Paränese verwendet der 1. Petr. in reichem Umfang katechetisches Gut, auch solches, das – wie z. B. die Haustafel – nicht unmittelbar Bezug zum Verhalten des Christen im Leiden hat. Aber die Mahnungen werden jeweils auf die Leidenssituation der Christen zugespitzt und durch den Hinweis auf das Vorbild des geduldigen Leidens Christi unterbaut (2, 18–25; 3, 18–22), dem es nachzufolgen gilt, um durch Leiden zur Herrlichkeit zu gelangen.

d. Verschiedentlich ist die Frage gestellt worden, ob im 1. Petr. eine *Vorlage* verarbeitet sei. PERDELWITZ hat die These aufgestellt, dem 1. Petr. liege in 1, 3–4, 11 eine urchristliche Taufpredigt zugrunde (vgl. die Bezugnahme auf die Taufe 1, 3. 23; 2, 1 f.). Diese Taufrede sei dann um einen brieflichen Eingang (1, 1 f.) und einen längeren Anhang (4, 12–5, 14) erweitert worden. Während in der Taufrede nur hypothetisch vom Leiden gesprochen werde, sei von 4, 12 an die Leidenssituation unmittelbar vorausgesetzt. Diese Ansicht hat vielfach Zustimmung gefunden und ist in mancherlei Abwandlungen weitergeführt worden. Bald ist an eine Taufhomilie, bald an einen Taufgottesdienst, bald an eine Passaliturgie gedacht worden. Auf die Beziehung zum Passa soll nach CROSS nicht nur die Bezeichnung Christi als Lamm hinweisen (1, 18 f.), sondern auch der Anklang von πάσχειν an πάσχα, der wiederholte Rückgriff auf die Exodusüberlieferung (1, 13: Ex. 12, 11; 2, 9 f.: Ex. 19, 4 ff.) und die Verwendung katechetischen Materials in der Belehrung. Doch tatsächlich sind im 1. Petr. keine Hinweise vorhanden, die einen Rückschluß auf eine Passahomilie erlaubten, zumal das Wort πάσχα im 1. Petr. überhaupt nicht vorkommt.

Ebensowenig überzeugen die immer wieder unternommenen Versuche, eine Taufliturgie aus dem 1. Petr. herauszuschälen (BOISMARD). Die Hinweise auf Taufe und Wiedergeburt beschränken sich im wesentlichen auf den Abschnitt 1, 3–2, 10. Auf die Taufe wird auch in den paulinischen Briefen wiederholt Bezug genommen, um den Imperativ der Paränese aus dem Indikativ der Heilszusage zu begründen. Überdies ist das Thema des ganzen Briefes nicht die Taufe, sondern das Leiden des Christen, nicht erst von 4, 12, sondern von Anfang an (s. bes. 2, 18–25; 3, 13–22; 4, 12 ff.). Daher ist die Theorie, der 1. Petr. stelle die Weiterführung einer urchristlichen Taufpredigt dar, sowohl vom Inhalt des Briefes als auch vom verwendeten

Material her nicht haltbar. Aber auch der Versuch kann nicht überzeugen, den 1. Petr. in zwei verschiedene Briefe zu zerlegen: 2, 11–4, 11; 5, 12–14 sowie 1, 10–2, 10; 4, 12–5, 11, die erst durch einen Redaktor miteinander verbunden worden seien (MOULE).

Im 1. Petr. ist vielmehr in reichem Umfang mündlich überliefertes Traditionsgut verwendet worden (SELWYN, LOHSE), wie u. a. an der Haustafel deutlich zu erkennen ist (2, 13–3, 12). Atliche Zitate, jüdische Spruchweisheit, aber auch aus der hellenistischen Popularphilosophie stammende Wendungen sind in der Paränese des 1. Petr. aufgenommen. Der Brief ist daher nicht aus einer oder mehreren Vorlagen – weder einer Homilie noch einer Liturgie – entstanden, sondern mancherlei Überlieferungen sind dem Thema des Leidens der Christen untergeordnet worden. Dabei wird die Paränese mit kerygmatischen Formulierungen urchristlicher Bekenntnisaussagen und Lieder verbunden, so daß das Leiden der Christen mit dem Leiden Christi in Zusammenhang gebracht wird (1, 18 f.; 2, 21–25; 3, 18–22). Dadurch erhält die Paränese ihre eigentliche Begründung. Denn durch die Wunden Christi ist Heilung bewirkt, so daß die Glaubenden befreit sind zum neuen Leben (2, 24). Das Leiden der Christen wird als ein Teilhaben an den Leiden Christi begriffen (4, 13). Darum herrscht Freude in den verfolgten Gemeinden (1, 6 f.; 4, 13 f.), ist aber auch die Verpflichtung zu heiligem Wandel doppelt ernst zu nehmen.

e. Als *Verfasser des Briefes* wird Πέτρος ἀπόστολος Ἰησοῦ Χριστοῦ angegeben (1, 1), der 5, 1 auch als ὁ συμπρεσβύτερος καὶ μάρτυς τῶν τοῦ Χριστοῦ παθημάτων bezeichnet wird. Da das in 5, 13 genannte Babylon – apokalyptischer Tradition entsprechend – als Deckname für Rom dient, soll der Brief also als Schreiben des Felsenapostels aus der Welthauptstadt Rom verstanden werden. Es erheben sich jedoch schwerwiegende Bedenken gegen die Annahme, der Apostel Petrus sei tatsächlich der Verfasser des 1. Petr.: 1. Außer in 5, 1 findet sich keinerlei Hinweis auf persönliche Jüngerschaft des Verfassers, es fehlt jeder Bezug auf Jesu Wirksamkeit bzw. Worte des Herrn. 2. Statt dessen ist der Brief durch Aufnahme verschiedenartigen Traditionsgutes – Paränese, formelhafte Wendungen, Bekenntnisse und Lieder – gekennzeichnet. Der Brief steht also nicht am Anfang urchristlicher Tradition, sondern setzt sie voraus. 3. Sprache und Stil des Briefes sind in flüssiger Koine gehalten, 3, 14. 17 wird sogar der Optativ verwendet, der im hellenistischen Griechisch außer Gebrauch kam. 4. Im 1. Petr. sind an manchen Stellen deutliche Beziehungen zur paulinischen Theologie zu erkennen. So findet sich außerhalb des Corpus Paulinum nur im 1. Petr. die Wendung ἐν Χριστῷ (3, 16; 5, 10. 14), erinnert der Begriff χάρισμα (4, 10) an dessen paulinischen Gebrauch und steht wie bei Paulus auch im 1. Petr. das Verbum καλεῖν in der Bedeutung »berufen«. Diese Berührungen weisen nicht auf literarische Abhängigkeit hin, sondern sind vielmehr durch das Fortwirken paulinischer Schultradition zu erklären, die über die Deuteropaulinen hinaus auch in Schriften wie dem 1. Petr. und 1. Clem. wahrzunehmen ist. 5. Die Situation der Gemeinden setzt voraus, daß die Zeit des Petrus in der Vergangenheit liegt.

In die Erörterung der Verfasserfrage muß die Notiz 5, 12 einbezogen werden: »Durch Silvanus, den treuen Bruder, wie ich denke, habe ich euch in Kürze geschrieben.« Damit könnte gemeint sein, daß Petrus dem Silvanus den Brief diktiert habe (vgl. Röm. 16, 22). Aber es wäre eine eigenartige Vorstellung, Petrus sollte Wort für Wort einen in gutem Koinegriechisch abgefaßten Brief diktiert haben. Oder soll angedeutet werden, Silvanus sei dem Petrus als Sekretär zur Hand gegangen, indem er auf Grund allgemeiner Richtlinien die Ausführung im einzelnen übernahm (SELWYN)? Doch die grundsätzlichen Bedenken gegen Sekretärshypothesen gelten auch hier (s. S. 29). Mit ihrer Hilfe kann auch eine indirekte Abfassung durch den Apostel Petrus aus den oben genannten Erwägungen nicht begründet werden. Der Hinweis auf Silvanus wird vielmehr vom anonymen Verfasser des 1. Petr. gegeben worden sein, um die gewisse Nähe zur paulinischen Theologie begreiflich zu machen. Denn wenn ein ehemaliger Mitarbeiter des Paulus (1. Thess. 1, 1; 2. Thess. 1, 1; 2. Kor. 1, 19; Apg. 15, 22 ff.) nunmehr dem Petrus zur Seite stand, kann es nicht verwunderlich erscheinen, daß sich Anklänge an paulinische Wendungen finden. Im übrigen enthalten die Schlußnotizen des 1. Petr. nicht mehr, als allgemein über Petrus bekannt war. Er befand sich in Rom, und Markus war bei ihm (s. S. 85 f.).

f. Zur Frage nach *Zeit und Ort der Abfassung* läßt sich abschließend feststellen, daß ein unbekannter Christ gegen Ende des 1. Jahrhunderts unter Verwendung von mannigfachem Traditionsgut den leidenden Christen in Kleinasien einen Trostbrief geschrieben hat. Dem Schreiben, das deutliche Einflüsse paulinischer Theologie aufweist, hat er den Namen des Petrus vorangestellt und damit zum Ausdruck gebracht, daß nach dem Verständnis, das sich in der Kirche gegen Ende des 1. Jahrhunderts ausgebildet hatte, Petrus und Paulus einträchtig das eine Evangelium in aller Welt gelehrt und im Leiden bewährt haben (vgl. Apg., 1. Clem. 5). Als Abfassungsort wird man auf Grund des Hinweises in 5, 13 Rom annehmen dürfen.

Der Brief ist schon früh bezeugt; der Verfasser des 2. Petr. nennt seinen Brief ausdrücklich δευτέρα ἐπιστολή (3, 1) und zeigt damit an, daß er den 1. Petr. kennt.

§ 39   Der 2. Petrusbrief und der Judasbrief

E. KÄSEMANN, Eine Apologie der urchristlichen Eschatologie (1952), in: Exegetische Versuche und Besinnungen I, ⁶1970, 135–157 – K. H. SCHELKLE, Die Petrusbriefe, der Judasbrief, 1961, ⁶1988 – F. HAHN, Randbemerkungen zum Judasbrief, ThZ 37 (1981) 209–218.

1.   *Der Judasbrief*

a.   Inhalt: Der Jud. beginnt mit einer allgemein gehaltenen Adresse, die sich an die ganze Christenheit wendet (1 f.), und wird mit einer Doxologie abgeschlossen (24 f.). Im Hauptteil wird eine dringende Warnung vor Irrlehrern ausgesprochen, die in den Gemeinden auftreten (3 f.). Auf Beispiele aus dem AT wird hingewiesen (5–7), scharf gegen das Treiben der Irrlehrer in den Gemeinden polemisiert (8–19) und am Ende die Mahnung an die Leser gerichtet, treu auszuharren und die Häretiker abzuweisen (20–23).

b.   Die Veranlassung des Jud. ist durch das Auftreten von Irrlehrern gegeben. Sie sind noch nicht von den Gemeinden geschieden (22 f.) und nehmen an den Liebesmahlen teil (12). Sie wollen Pneumatiker sein, sind aber in Wahrheit Psychiker (19). Diese Unterscheidung zeigt eindeutig, daß es sich um Gnostiker handelt. Sie verleugnen den alleinigen Gebieter und Herrn Jesus Christus (4), pochen auf Träume und Offenbarungen (8) und führen ein schwelgerisches und ausschweifendes Leben (4. 11 f. 16. 18 f.). Um die Leser gegen diese gnostische Irrlehre zu stärken, wird auf warnende Beispiele aus dem AT verwiesen (5–7), ausgeführt, sie werde das Gericht treffen wie Kain, Bileam und die Rotte Korahs (11), und daran erinnert, wie einst Henoch den Sündern das Gericht prophezeit hat (14 f.). Wenn auch eine genauere Bestimmung dieser gnostischen Irrlehrer nicht möglich ist, so treten doch die Grundzüge ihrer Auffassungen – christologische Häresie und libertinistische Ethik – deutlich hervor.

c. Als *Verfasser des Jud.* wird »Judas, Knecht Jesu Christi, Bruder des Jakobus« genannt (1). Das bedeutet, daß es sich um Judas, den Bruder des angesehenen Herrenbruders Jakobus (s. S. 130) handeln soll (vgl. Mk. 6, 3; Mt. 13, 55). Hegesipp überliefert, zu Ende der Regierungszeit des Kaisers Domitian seien zwei Enkel des Herrenbruders Judas als Davididen verdächtigt, vom Kaiser persönlich verhört, aber als ungefährlich wieder entlassen worden. Sie seien dann Vorsteher der Gemeinden gewesen und hätten bis in die Zeit des Trajan gelebt (Euseb, H. E. III 20, 1–7). Kann der Herrenbruder Judas, der wahrscheinlich in Palästina gelebt hat, der Verfasser des Jud. gewesen sein?

Gegen diese Annahme sprechen zunächst die schon zum Jak. geltend gemachten Bedenken (s. S. 130 f.). Dann aber geht aus dem Brief selbst eindeutig hervor, daß er in späterer Zeit entstanden sein muß. Die Leser werden erinnert an »die von den Aposteln unseres Herrn Jesus Christus vorhergesagten Worte« (17), sie sollen sich auf ihrem »hochheiligen Glauben erbauen« (20), »der ein für allemal den Heiligen überliefert ist« (3). In diesen Sätzen redet ein Vertreter des Frühkatholizismus, für den πίστις die Rechtgläubigkeit bezeichnet, die von der Kirche als Hüterin der Orthodoxie gelehrt wird.

d. Als *Abfassungszeit* ist daher der Anfang des 2. Jahrhunderts zu bestimmen. Man beruft sich auf den Herrenbruder Judas, um der Polemik gegen die Gnostiker Nachdruck zu verleihen. Da im Jud. noch unbedenklich aus Apokryphen des AT zitiert wird – Himmelfahrt des Mose (9) und die Henochbücher (14 f.) –, wird die Entstehungszeit nicht zu spät anzusetzen sein. Der älteste Zeuge für den Jud. ist der 2. Petr., der den Jud. seinerseits verwendet (s. unten).

2. Der 2. Petrusbrief

a. *Inhalt:* Simon Petrus schreibt in Form eines als Testament gestalteten Briefes »denen, die mit uns denselben kostbaren Glauben durch die Gerechtigkeit unseres Gottes und des Retters Jesus Christus erlangt haben«.

Nach der Grußzuschrift (1, 1–2) werden einleitende Mahnungen ausgesprochen (1, 3–21): Es gilt, die kostbaren Heilsgaben festzuhalten (1, 3–11). Vor seinem Tod will der Apostel den Lesern die Zuverlässigkeit des prophetischen Wortes noch einmal bekräftigen (1, 12–21).

Eine eingehende Warnung vor den Irrlehrern schließt sich an (2, 1–22): Ihr Auftreten wird angekündigt (2, 1–3), ihnen droht das Gericht (2, 4–11), ihr libertinistisches Treiben wird geschildert (2, 12–22).

Sodann wird von der Parusie Christi gehandelt (3, 1–13): Die Behauptung, die Parusie bleibe aus (3, 1–4), wird mit dem Hinweis widerlegt, daß Gott ein anderes Zeitmaß hat als die Menschen (3, 5–13). In den Schlußmahnungen wird dazu angehalten, sich durch einwandfreies sittliches Verhalten zu bewähren (3, 14–18).

b. Zwischen 2. Petr. 2 und dem Jud. besteht ein *Verhältnis literarischer Abhängigkeit.* In beiden Briefen findet sich dieselbe Polemik gegen Irrlehrer: Sie verleugnen den Herrn Christus und führen ein ausschweifendes Leben (2, 1 f.: Jud. 4). Sie verachten und lästern die guten Engelmächte (2, 10 f.: Jud. 8 f.). Sie sind vom Wind gejagte wasserlose Wolken, für die das Dunkel der Finsternis bereitgehalten wird (2, 17: Jud. 12 f.). Sie reden hochfahrende Dinge (2, 18: Jud. 16) usw. Es stellt sich daher die Frage, welches der beiden Stücke die Vorlage für das andere gewesen ist. Jud. 5–7 werden drei atliche Beispiele genannt, aus denen abzulesen ist, daß Gott die ungläubigen Frevler straft. Sie werden in der Reihenfolge Israel in der Wüste, die gefallenen Engel, Sodom und Gomorrha angeführt. Im 2. Petr. sind diese drei Beispiele in die geschichtliche Ordnung gebracht: gefallene Engel (2, 4), Sintflut (2, 5 statt Israel in der Wüste), Sodom und Gomorrha (2, 6). Das

Beispiel der Sintflut ist offensichtlich aufgenommen worden, weil es 3, 6 auch gegen die Leugner der Parusie geltend gemacht werden soll. Es zeigt sich also, daß Jud. die Vorlage für den 2. Petr. gewesen ist. Diese Feststellung wird dadurch bestätigt, daß die Zitate nichtkanonischer jüdischer Schriften (s. S. 135) im 2. Petr. fehlen. Während im Jud. die Irrlehrer als gegenwärtige Gefährdung der Gemeinde angeführt werden, gibt sich der 2. Petr. den Anschein, als werde in prophetischer Vorausschau vom künftigen Auftreten der Irrlehrer gesprochen (2, 1 f.). Aber obwohl die Beschreibung der Irrlehrer im Futur beginnt, fällt der Verfasser dann doch wieder ins Praesens (2, 10. 12 ff. 20) und sogar in die Vergangenheit (2, 15. 22) zurück.

c. *Veranlassung des Briefes* ist nicht die Irrlehrerpolemik, die aus Jud. übernommen ist und zum herkömmlichen Bestand eines Testaments gehört, sondern das in Kap. 3 erörterte Problem der Eschatologie (KÄSEMANN). Die gnostischen Irrlehrer, auf die schon Kap. 2 hinweist, geben die endzeitliche Hoffnung preis. Nachdem schon 1, 19 f. kurz von der Hoffnung auf den Tag des Herrn die Rede gewesen war, kommt in Kap. 3 das eigentliche Problem des 2. Petr. zur Sprache. Es wird spöttisch gefragt, was denn aus der Verheißung der Parusie Christi werde. Seit die Väter entschlafen sind, bleibt alles so wie von Anfang der Schöpfung (3, 4). Gegen die Einreden verteidigt der Verfasser des 2. Petr. die urchristliche Eschatologie mit folgender Argumentation: Vor Gott sind 1000 Jahre wie ein Tag. Daher fällt der bislang verstrichene Zeitraum gar nicht ins Gewicht. Ohne Zweifel wird der Herr seine Verheißung einlösen. Der Tag des Herrn wird kommen wie ein Dieb in der Nacht (3, 9 f.). Darum gilt es, für seinen plötzlichen Anbruch bereit zu sein in untadeligem Wandel.

d. Der *Verfasser des 2. Petr.* soll nach 1, 1 Simon Petrus, δοῦλος καὶ ἀπόστολος Ἰησοῦ Χριστοῦ, sein. Dieser Anspruch wird auch im Brief festgehalten. Der Verfasser spricht als Augenzeuge der Verklärung Jesu (1, 16 ff.) und nennt Paulus den geliebten Bruder, dem er sich als Kollege an die Seite stellt (3, 15 f.). Doch daß Petrus tatsächlich dieses Schreiben verfaßt haben sollte, ist schlechterdings ausgeschlossen: 1. Der 2. Petr. ist von dem spät entstandenen Jud. literarisch abhängig. 2. Sprache und Vorstellungswelt des 2. Petr. sind auf das stärkste hellenisiert: 1, 3 wird der Begriff ἀρετή auf Gott bezogen, 1, 5 neben der πίστις genannt. 1, 4 heißt es, die Leser sollten der göttlichen Natur (φύσις) teilhaftig werden, nachdem man dem durch die Begierde in der Welt vorhandenen Verderben entronnen ist. Die Reihe der Beispiele läßt sich verlängern. Sprache und Stil sind beträchtlich vom 1. Petr. unterschieden, nur ein geringer Teil des Vokabulars ist beiden Briefen gemeinsam. 3. Der 2. Petr. setzt bereits eine Sammlung der paulinischen Briefe voraus (3, 15 f.). 4. Schließlich weist die Apologie der urchristlichen Eschatologie in Kap. 3 deutlich auf Verhältnisse im 2. Jahrhundert. Der 2. Petr. ist also ein fingiertes Testament. Der Apostel Petrus gibt – so wird der Gedankengang entwickelt – noch einmal eine Art Vermächtnis an die Kirche, um ihr die rechte Lehre einzuprägen. Das frühkatholische Christentum, das im 2. Petr. seinen Ausdruck findet, gehört in die Mitte des 2. Jahrhunderts. So ist der 2. Petr. als die jüngste Schrift innerhalb des NT anzusehen.

IX.   Die Offenbarung des Johannes

Wie die Bezeichnung ἀποκάλυψις anzeigt, enthält die Apk. Offenbarung, die den Ablauf der letzten Dinge von der Auferstehung und Erhöhung Christi bis zu seiner Wiederkunft und der Aufrichtung seiner Herrschaft über alle Welt beschreibt. Im NT findet sich keine andere Schrift solchen Inhalts, nur einzelne kurze Stücke in den Evangelien und den Briefen enthalten vergleichbare Texte (Mk. 13 Par.; 1. Thess. 4, 13–18; 2. Thess. 2, 1–12; 1. Kor. 15, 20–28 u. a.). Wohl aber war in frommen Kreisen des damaligen Judentums die Erwartung vom nahen Ende der Welt und dem Anbruch der neuen Welt Gottes lebendig. Diese Hoffnung hat in der weit verzweigten Literatur der Apokalyptik ihren Niederschlag gefunden.

§ 40   Die Apokalyptik

P. Volz, Die Eschatologie der jüdischen Gemeinde im neutestamentlichen Zeitalter, 1934 = 1966 – Ph. Vielhauer, Die Apokalyptik, in: E. Hennecke – W. Schneemelcher, Neutestamentliche Apokryphen II, ³1964, 407–421 = ⁴1971; ⁵1989 (mit G. Strecker), 516–547 – H. H. Rowley, Die Apokalyptik. Ihre Form und Bedeutung zur biblischen Zeit, ³1965 – O. Plöger, Theokratie und Eschatologie, ³1968 – W. Harnisch, Verhängnis und Verheißung der Geschichte, 1969 – P. v. d. Osten-Sacken, Die Apokalyptik in ihrem Verhältnis zur Prophetie und Weisheit, 1969 – J. Schreiner, Alttestamentlich-jüdische Apokalyptik, 1969 – W. Schmithals, Die Apokalyptik, 1973 – E. Lohse, Umwelt des NT, ⁸1989, 37–51.

a.   Die *jüdische Apokalyptik* will das Erbe der atlichen Prophetie weitertragen, indem sie die prophetische Botschaft neu auszusagen sucht. Sie betrachtet nicht nur den Lauf der Geschichte Israels und der umliegenden Völker, sondern nimmt den Gang der Weltgeschichte in den Blick und sieht ihn mit raschen Schritten seinem Ende entgegeneilen. Diese Welt geht unter furchtbaren Katastrophen zugrunde, die Welt Gottes aber wird sich vom Himmel herabsenken und die paradiesische Herrlichkeit wiederkehren lassen. Der schroffe Gegensatz zwischen dieser Welt und jener Welt ist unter Aufnahme iranischer Vorstellungen ausgebildet, die mit dem Glauben an den einen Gott, der den Gang der Geschichte lenkt, verbunden werden. Über die unter dem Regiment satanischer Mächte stehende Welt wird eine letzte Zeit der Schrecken hereinbrechen. Kriege, Teurung und Krankheiten werden die Menschen befallen. Die Erde wird die Frucht versagen, die Weiber werden nicht mehr gebären, die Ordnung des Kosmos wird durcheinandergeraten, so daß die Gestirne nicht mehr regelmäßig ihre Bahnen ziehen. In diesen »messianischen Wehen« aber kündigt sich das nahende Ende an. Wenn die Not auf das höchste gestiegen und die Zeit abgelaufen ist, wird Gott eingreifen. In einer bestimmten, von Gott festgelegten Folge werden die Ereignisse abrollen. Die Toten stehen aus den Gräbern auf, alle Menschen müssen vor dem Richtstuhl erscheinen, auf dem Gott und der Messias/Menschensohn thronen. Aus Büchern werden ihre Taten abgelesen, um ihnen das Urteil zu sprechen. Dieser Richtspruch ist unwiderruflich und entscheidet über ewiges Heil oder ewige Verdammnis. Nach dem Gericht läßt Gott an die Stelle der alten Welt die neue treten. In ihr werden die Seligen wohnen, und Gott wird in alle Ewigkeit in ihrer Mitte weilen.

Das Wissen um diesen Geschichtsplan ist den Apokalyptikern durch geheime Offenbarung kundgetan. In Träumen, ekstatischen Entrückungen und Visionen wird das zukünftige Geschehen geschaut. Während die atlichen Propheten vornehmlich im Wort Gottes Botschaft empfingen und sie durch das Wort weitergaben, dienen in der Apokalyptik Bild und Gleichnis, die gedeutet werden müssen, zur Übermittlung göttlicher Weisung. Predigten die Propheten einst unmittelbar den Menschen ihrer Zeit, so verfassen die Apokalyptiker literarische Werke. Ihre Botschaft verhüllen sie mit dem Schleier des Geheimnisses, damit sie besonders anziehend wirkt, und geben die apokalyptischen Bücher unter dem Namen eines Frommen der Vergangenheit heraus. Hinter den Namen des Henoch, Abraham, Jakob und seiner Söhne, Mose, Baruch, Daniel, Esra und anderer verbergen sich die anonymen Verfasser der jüdischen Apokalypsen. Sie lassen diese Gottesmänner sprechen und den Gang der Geschichte weissagen. Von den Tagen, in denen der atliche Prophet lebte, bis zum Zeitpunkt der Abfassung des apokalyptischen Buches wird die bereits vergangene Geschichte beschrieben, als ob der Gottesmann den Lauf im einzelnen vorausgesehen hätte. Wie sich diese prophetische Schau bisher genau erfüllt hat (vaticinia ex eventu), so werden auch die weiteren Weissagungen, die sich auf die Endereignisse beziehen, eintreffen. Diese Geschehnisse werden in bunten Bildern mit reicher Phantasie ausgemalt. Da Gott den Gang der Geschichte und die Fristen genau festgelegt hat, spielen Zahlen eine bedeutsame Rolle in der apokalyptischen Darstellung. So umschreibt die Zahl Sieben die heilige Fülle. Sieben Weltzeitalter folgen im Lauf der Geschichte aufeinander. Die Zwölfzahl ist von kosmischer Weite bestimmt; denn unter den 12 Zeichen des Tierkreises zieht die Welt ihre geordnete Bahn. Zuletzt aber wird diese Welt vergehen. Daher bildet die Darstellung des Weltendes und der neuen Schöpfung den Abschluß der bunten Szenenfolge.

Die Frommen des AT, die solcher Gesichte gewürdigt wurden, haben ihre Schriften verschlossen und versiegelt, damit sie dereinst in der Zeit der Not geöffnet und gelesen würden. Die Gegenwart, in der die Apokalyptiker schreiben, steht in der Erwartung des baldigen Endes. Der Inhalt der apokalyptischen Schriften wird der Gemeinde mitgeteilt, um sie in der Anfechtung zu trösten. Denn sie weiß nun um das kommende Ende und die verheißene Herrlichkeit. Durch dieses Wissen wird sie gestärkt, um treu zu bleiben, bei Gottes Gebot zu beharren und bis zum Jüngsten Tag durchzuhalten.

b. *Apokalyptische Texte* finden sich bereits in einigen jüngeren atlichen Schriften, z. B. Jes. 24–27. Das älteste apokalyptische Buch ist unter dem Namen des Daniel überliefert und in der Zeit der Bedrängnis durch den Syrerkönig Antiochus IV Epiphanes abgefaßt worden (167–164 v. Chr.). Das Danielbuch wurde noch in den Kreis der atlichen Schriften aufgenommen. Aus der Vielzahl der anderen Apokalypsen aber, die bald danach entstanden, konnte keine mehr zu kanonischem Ansehen gelangen. Als Werke des Henoch sind in äthiopischer und slawischer Sprache zwei Bücher überliefert. Die Himmelfahrt des Mose, die auf Lateinisch erhalten ist, gibt eine Rede wieder, die Mose am Ende seines Lebens gehalten hat. In den Testamenten der zwölf Patriarchen hält jeder der zwölf Söhne Jakobs vor seinem Tode noch eine Rede an seine Nachkommen. Unter dem Namen des Esra (4. Esra) und des Baruch (syr., griech.) schreiben im 1. Jahrhundert n. Chr. jüdische Apokalyptiker, die mit dem unlösbar erscheinenden Problem ringen, warum Gott sein Volk verstoßen hat und die heilige Stadt in Schutt und Asche sinken ließ (70 n. Chr.). Apokalyptische Gedanken haben in starkem Umfang auch im Schrifttum der Gemeinde von Qumran ihren Niederschlag gefunden. Wenn die apokalyptischen Texte vielfach nicht mehr in der Ursprache, sondern in Übersetzungen überliefert sind, so ist daran zu erkennen, daß das Judentum sich in christlicher Zeit von der Apokalyptik trennte, weil die Christen jüdische Texte mit Hinweisen auf die Erfüllung der endzeitlichen Hoffnung in Christus versahen und nun als christliche Erbauungsbücher lasen. So sind viele Schriften nur in Übersetzungen erhalten, die bei Christen umliefen. Daneben aber entstanden in christlichen Kreisen auch neue Schriften, in denen unter Benutzung apokalyptischer Überlieferungen die christliche Hoffnung auf den Anbruch der neuen Welt ausgesagt wurde. Die Johannesapokalypse, die als einzige christlich-apokalyptische Schrift in den ntlichen Kanon aufgenommen wurde, schöpft aus dem breiten Strom apokalyptischer Traditionen und macht diese der Entfaltung der Christusbotschaft dienstbar.

§ 41 Die Offenbarung des Johannes

E. VISCHER, Die Offenbarung Johannis, eine jüdische Apokalypse in christlicher Bearbeitung, [2]1895 – W. BOUSSET, Die Offenbarung Johannis, [2]1906 = 1966 – L. BRUN, Die römischen Kaiser in der Apokalypse, ZNW 26 (1927) 128–151 – M. E. BOISMARD, L'apocalypse ou les apocalypses de S. Jean, RB 56 (1949) 507–541 – E. LOHSE, Die alttestamentliche Sprache des Sehers Johannes (1961), in: Die Einheit des NT, 1973, 329–333 – DERS., Die Offenbarung des Johannes, [5]1979, [7]1988 – A. STROBEL, Abfassung und Geschichtstheologie der Apokalypse nach Kap. XVII, NTS 10 (1963/64) 433–445 – H. KRAFT, Die Offenbarung des Johannes, 1974 – U. B. MÜLLER, Die Offenbarung des Johannes, 1984 – M. KARRER, Die Johannesoffenbarung als Brief, 1986.

a. Inhalt: Der Aufriß des Buches entspricht dem Auftrag, der dem Seher erteilt wurde (1, 19): niederzuschreiben, was er gesehen hat (= die Erscheinung des erhöhten Christus 1, 9–20), was ist (= die 7 Sendschreiben 2–3) und was hernach geschehen wird (4–22). Das einleitende Kapitel umfaßt das Vorwort (1, 1–3), den briefartigen Eingang (1, 4–8) und die Berufungsvision (1, 9–20). In 7 Hauptteilen wird dann die Botschaft der Apk. entfaltet.
Die 7 Sendschreiben sind an 7 Gemeinden in Kleinasien gerichtet (2–3). Es folgen die 7 Siegelvisionen (4, 1–8, 1). Zunächst geht ein himmlisches Vorspiel voran, in dem der Seher den himmlischen Thronsaal (4, 1–11) und die Übergabe des siebenfach versiegelten Buches an das Lamm schauen darf (5, 1–14). Dann werden die ersten 6 Siegelvisionen (6, 1–17) und ein Zwischenspiel beschrieben, das die Versiegelung der 144 000 und die große Schar vor Gottes Thron zeigt (7, 1–17). Mit der Öffnung des 7. Siegels tritt große Stille im Weltall ein (8, 1).
Die Reihe der 7 Posaunenvisionen (8, 2–11, 19) ist ähnlich aufgebaut wie die der 7 Siegelvisionen. An einen kurzen vorbereitenden Abschnitt (8, 2–6) schließen sich die ersten 4 Posaunenvisionen an (8, 7–12), dann werden die 5. und 6. Vision ausführlicher geschildert (9). Ein Zwischenstück handelt von einem Engel mit einem aufgeschlagenen Buch sowie der Messung des Tempels und den beiden Zeugen (10, 1–11, 14). Die 7. Posaunenvision weist auf den endzeitlichen Triumphgesang hin (11, 15–19) und führt zum Kernstück des Buches: der Drache und das Lamm (12–14). Zunächst wird der mythische Hintergrund aufgezeigt: die Verfolgung des Weibes durch den Drachen, ihre wunderbare Bewahrung in der Wüste und der Sturz des Drachen aus dem Himmel (12). Dann wird die aktuelle Zuspitzung entfaltet (13). Nacheinander steigen zwei Tiere, Kreaturen des Drachen, herauf, das

erste mit der Todeswunde, die wieder geheilt wurde (12, 18–13, 10), das zweite als werbender Prophet des ersten (13, 11–18). Angeschlossen wird ein Ausblick auf den kommenden Sieg Christi: das Lamm und die Seinen (14, 1–5) sowie Ankündigung und Vorbereitung des Gerichts (14, 6–20).

Ein weiterer Zyklus von 7 Visionen beschreibt die Steigerung der Schrecken (15–16). Nach einem himmlischen Vorspiel (15) werden die 7 Schalen über die Erde ausgegossen (16). Ausführlich wird dann der Fall Babylons geschildert (17, 1–19, 10). Über die Hure Babylon wird Gericht gesprochen (17), das vollzogene Gericht an Babylon wird in einem vielstimmigen Chor beklagt (18), im Himmel aber wird gejubelt (19, 1–10). Das Kommen Christi und die Vollendung werden im letzten Hauptteil dargestellt (19, 11–22, 5). Christus besiegt das Tier und seine Streitmacht (19, 11–21), er herrscht mit den Seinen 1000 Jahre und richtet den Satan (20, 1–10), danach wird das Weltgericht gehalten (20, 11–15). Dann kommen der neue Himmel und die neue Erde (21, 1–8) und das neue Jerusalem (21, 9–22, 5). In Abschluß und Beglaubigung des Buches (22, 6–21) wird noch einmal die Bitte um die baldige Ankunft Christi laut.

b. Durch Gegenüberstellung und Vergleich mit jüdischen Apokalypsen tritt der Charakter der *Apk. Joh. als christlicher Apokalypse* deutlich heraus. Zunächst sind Gemeinsamkeiten mit der jüdischen Apokalyptik hervorzuheben. Wie in jüdischen Apokalypsen an die Stelle kurzer prophetischer Worte breit ausgeführte Bilder getreten sind, wechseln auch in der Apk. Schau und Gesichte in bunter Folge. Die jüdischen Apokalyptiker erfuhren in Träumen und Visionen, wie die Geschichte bis zum Ende dieser Welt verlaufen sollte. Der Seher Johannes wird in Ekstase versetzt (1, 10; 4, 1), er wird entrückt (17, 3 ff.; 21, 9 ff.), um geheimnisvolle Offenbarung zu empfangen. Diese umfaßt ein Geschehen von kosmischer Weite. Der Satan, dämonische Mächte, Engelwesen, finstere Streitkräfte und unheimliche Gewalten treten in dem Drama auf, das in schnellem Fortschreiten dem Ende entgegeneilt. Die Züge mit denen die einzelnen Szenen gezeichnet sind, entstammen apokalyptischer Tradition. Die rasch wechselnden Bilder müssen jeweils auf Grund des von der Überlieferung her feststehenden Aussagegehalts in ihrer Bedeutung bestimmt werden. Der Seher Johannes beschreibt also in seinem Buch nicht einfach Träume und Gesichte, die er selbst erlebt hätte; sondern er benutzt überkommene Motive und Stoffe und fügt sie zu einer christlichen Aussagereihe zusammen, indem er sie mit dem Bekenntnis der Gemeinde zum gekreuzigten, auferstandenen, erhöhten und kommenden Herrn verbindet. Diese Umprägung und Neufassung ist durch einen Mann vorgenommen worden, der als Diener am Wort in prophetischer Vollmacht zu den Gemeinden redet. Er faßt die ihm zuteil gewordene Erkenntnis in einem literarischen Werk zusammen, das den angefochtenen Gemeinden als Buch des Trostes und der Mahnung dienen soll.

Form und Inhalt der Apk. sind somit auf dem Hintergrund der jüdischen Apokalyptik zu verstehen. Bei näherem Zusehen aber ist nicht nur die enge Verwandtschaft mit Anschauungen und Vorstellungen der jüdischen Apokalyptik festzustellen, sondern es zeigt sich auch, daß die Apk. als christliches Buch in bezeichnender Weise von den jüdischen Apokalypsen unterschieden ist: 1. Die Apk. Joh. ist kein pseudonymes Werk. Der Seher Johannes verbirgt sich nicht hinter einem Frommen des Alten Bundes, sondern nennt seinen eigenen Namen (1, 1. 4. 9; 22, 8). 2. Johannes schreibt nicht für spätere Generationen, sondern an einen bestimmten Leserkreis. In den sieben Gemeinden in Kleinasien wird die ganze Kirche angeredet. 3. Die Apk. Joh. wird nicht auf spätere Zeiten versiegelt (22, 10), sondern sofort als prophetische Botschaft den Gemeinden übergeben. Daher wird auch keine rückwärts schauende Prophetie in Gestalt von vaticinia ex eventu entfaltet, sondern umfaßt der Inhalt der Apk. ausschließlich das endzeitliche Geschehen, das mit Kreuz und Auferstehung Christi angehoben hat und mit seiner Parusie zum Anbruch der neuen Welt führt. 4. Innerhalb des Buches wird immer wieder auf die Situation der Gemeinden Bezug genommen; die himmlische Kirche ist mit den auf Erden leidenden Gemeinden verbunden, indem der Lobpreis auf Gott und das Lamm angestimmt wird. Obwohl der Verfasser der Apk. tief in apokalyptischen Traditionen verwurzelt ist, werden an keiner Stelle apokalyptische Schriften zitiert. Doch ständig wird auf das AT zurückgegriffen, dessen Wendungen auch dann festgehalten werden, wenn sie nicht voll auszudrücken vermögen, was der Seher seinerseits sagen möchte (LOHSE). Da die Folge der letzten Dinge in Gottes Ratschluß festgelegt ist, ist für den Seher die Sprache des AT die allein angemessene Ausdrucksweise, um zu bezeugen, daß die Offenbarung Jesu Christi auf der Verheißung der Schrift ruht und deren Erfüllung und Vollendung bringt.

Die Auslegung der Apk. hat durch *traditionsgeschichtliche* Rückfrage jeweils die Eigenart der Überlieferungen und deren Verwendung durch den Seher herauszuarbeiten. Dabei ist die *endgeschichtliche* Ausrichtung des Werkes zu beachten, da die Fülle der Bilder auf den kommenden Tag ausgerichtet ist, an dem der Herr erscheinen wird. Die Gegenwart, in der Verfasser und Leser sich befinden, wird jedoch nicht übersprungen, sondern als Teil des bereits angebrochenen eschatologischen Geschehens verstanden. Dieser Bezug auf die Gegenwart ist durch Beachtung *zeitgeschichtlicher* Hinweise (z. B. in Kap. 13) zu erheben.

c. Die Frage, ob die Apk. Joh. ein *einheitliches Werk* sei, ist wiederholt gestellt worden. Sind schriftliche Quellen verwertet worden? Nachdem E. VISCHER versucht hatte, eine jüdische Grundschrift herauszuschälen, die später eine christliche Überarbeitung erfahren habe, sind verschiedene Vorschläge gemacht worden, wie man Quellen und deren Redaktion voneinander scheiden könnte. Ihnen stand jedoch stets die durchaus einheitliche sprachliche und stilistische Gestalt der Apk. im Wege. Diesem Sachverhalt suchte schließlich BOISMARD Rechnung zu tragen, indem er zwei durchgehende Quellenstränge annahm, die beide auf denselben Verfasser zurückgehen: eine ältere Apokalypse aus der Zeit der Verfolgung der Christen durch Nero, die im wesentlichen aus 12–16 und Teilen von 17–22 bestand, und eine jüngere Schrift aus der Zeit Domitians, die vornehmlich 4–9 umfaßte, daneben Teile aus dem übrigen Buch, vor allem auch aus 17–22. Schließlich seien die Sendschreiben als das jüngste Stück um 95 n. Chr. entstanden.

Anlaß zu Quellenscheidungsversuchen geben einige Stellen in der Apk., die sich nicht glatt in den Zusammenhang einzufügen scheinen. So wird 11, 1 f. dem Seher aufgetragen, er solle den Tempel vermessen, aber den äußeren Vorhof auslassen, weil er den Heiden preisgegeben sei, die die heilige Stadt 42 Monate lang zertreten würden. Damit ist eindeutig die Situation während der Belagerung Jerusalems durch die Römer 70 n. Chr. vorausgesetzt. Man hofft, die heilige Stätte werde in allen Schrecken bewahrt bleiben. Sollte also dieses Stück im Jahr 70 n. Chr. entstanden sein? Diese Annahme entfällt, wenn man erkennt, daß der Seher Johannes in Kap. 11 offensichtlich eine ältere Tradition aufnimmt, sie nun aber in anderen Zusammenhang einrückt. Denn er ist nicht mehr am Tempel als solchem interessiert, sondern deutet ihn in übertragenem Sinn auf die Gemeinde, die von Gott erhalten werden soll.

Schwierigkeiten bereitet auch 17, 10: Von sieben Königen (= Kaisern) sind fünf gefallen, der sechste ist, der siebte wird kommen. Wenn er kommt, wird er nur kurz bleiben. Denn das Tier, das war und nicht ist, ist selbst der achte (17, 11).

Was ist gemeint? Beginnt man die Reihe der Kaiser mit Augustus, so würde sie lauten: Augustus, Tiberius, Caligula, Claudius, Nero – Vespasian. Dann läge möglicherweise ein Fragment aus der Zeit Vespasians vor. Oder soll man davon ausgehen, daß der eine Kaiser, der ist, Domitian ist, und von ihm aus zurückrechnen (BRUN)? Aber weshalb sollte dann die Reihe mit Caligula einsetzen? Sollte vielleicht dahinter der Gedanke stehen, daß die Reihe erst mit den Herrschern beginnt, die nach Kreuz und Auferstehung Christi aufgetreten sind (STROBEL)? Auf solche Erwägungen weist jedoch im Text keine Andeutung hin. Der Seher ist vielmehr auch an dieser Stelle von alten Traditionen abhängig, die den Lauf der Weltgeschichte unter sieben Herrschern betrachten, und wendet diese an, um die Gegenwart zu erhellen, in der die Gemeinde sich befindet. Sein Blick ist allein vorwärts gerichtet auf die für nahe Zukunft erwartete Erscheinung des achten Schreckensherrschers, in dem das gottfeindliche Weltreich auf den Höhepunkt kommen und damit an sein Ende gelangen wird. Er ist daher nicht an der Frage interessiert, ob die Zahl der genannten Könige mit dem tatsächlichen Hergang der Dinge übereinstimmt, so daß auch aus 17, 10 f. kein Anhaltspunkt für die Annahme zu gewinnen ist, daß eine Quelle oder ein Fragment aus der Zeit Vespasians zugrunde liegen sollte.

Die verschiedenen Traditionen, die der Verfasser der Apk. aufgenommen hat, sind von ihm zu einem Werk verbunden worden, das in Sprache und Stil einheitlich gestaltet ist. Er schreibt griechisch, denkt aber weitgehend von den Gesetzen der hebräischen Sprache her, die er auch im Griechischen zur Anwendung bringt. Das Verbum steht oft am Anfang des Satzes, die Sätze werden vielfach nur durch »und« aneinandergefügt. 1, 4 heißt es ἀπὸ ὁ ὢν καὶ ὁ ἦν καὶ ὁ ἐρχόμενος – nicht weil der Seher nicht wüßte, daß ἀπό den Genitiv nach sich hat, sondern weil durch die Unveränderlichkeit der Gottesbezeichnung angedeutet werden soll, daß Gott unwandelbar derselbe bleibt. Ein ausgesprochener Hebraismus liegt vor, wenn 3, 8 von der Tür gesagt wird, ἣν οὐδεὶς δύναται κλεῖσαι αὐτήν; αὐτήν wäre im Griechischen überflüssig, wird aber gesetzt, weil im hebräischen Relativsatz der genaue Bezug durch das Suffix beim Verbum hergestellt wird. Vgl. ferner 12, 6: Die Frau floh in die Wüste, ὅπου ἔχει ἐκεῖ τόπον. Gern wird ein Wort als Casus pendens unverbunden betont an den Anfang des Satzes gerückt, so z. B. ὁ νικῶν – δώσω αὐτῷ statt τῷ νικῶντι δώσω (2, 26; 3, 12. 21). Partizip und Verbum finitum folgen ohne Bedeutungsunterschied aufeinander, z. B.: das Weib Isebel ἡ λέγουσα ἑαυτὴν προφῆτιν καὶ διδάσκει καὶ πλανᾷ τοὺς ἐμοὺς δούλους = »die behauptet, sie sei Prophetin, und meine Knechte verführt« (2, 20). Grammatische Genera werden oft in willkürlich erscheinendem Wechsel verwendet, z. B. ζῷα, ἓν καθ᾽ ἓν αὐτῶν ἔχων (4, 8), d. h. das Partizip masc. steht anstelle des Neutrums. Beispiele dieser Art, wie sie auf Schritt und Tritt in der Apk. begegnen, zeigen, daß Sprache und Stil der Apk. ebenso eigenwillig wie einheitlich geformt sind. Der semitisierende Stil verleiht seinen Worten einen feierlichen Klang, durch den dem einzigartigen Inhalt seiner prophetischen Botschaft Rechnung getragen werden soll.

d. Als *Verfasser der Apk.* wird der Name des Johannes genannt, Knecht Gottes und Bruder der Christen, zu denen er spricht (1, 1. 4. 9; 22, 8). Als Prediger und Prophet (19, 10; 22, 8 f.) genießt er in den Gemeinden Kleinasiens hohes Ansehen. Er wird auf Patmos festgehalten – vielleicht in einer durch römische Behörden veranlaßten Haft – und kann sich nicht unmittelbar an die Gemeinden wenden; darum schreibt er ihnen, was er ihnen weiterzugeben hat. Da er den Namen eines Juden als eine besondere Auszeichnung versteht, die die Synagoge jedoch verspielt hat (2, 9; 3, 9), wird er selbst aus dem Judentum hervorgegangen sein, vielleicht aus judenchristlichen Kreisen in Palästina. Gelegentlich werden hebräische Wörter angeführt, die jedoch für die Leser erläutert werden, so Abaddon (9, 11) und Harmagedon (16, 16). Wer war dieser Johannes?

Die altkirchliche Überlieferung, wie sie in der Mitte des 2. Jahrhunderts einsetzt, sieht in Johannes den Apostel, den Sohn des Zebedäus, der dem Zwölferkreis angehörte. Doch dieser Aussage, die sich beim Märtyrer Justin, Irenäus und anderen findet, wird um 200 n. Chr. von den sog. Alogern – d. h. den Gegnern des Logos-evangeliums – die These entgegengestellt, die johanneischen Schriften seien eine Fälschung des Gnostikers Kerinth. Sie wenden sich mit dieser Behauptung gegen die Montanisten, um ihnen die johanneischen Schriften zu entwinden, auf die sie sich für ihre Lehre vom Geist mit Vorliebe berufen (s. S. 112). Die Aloger bestreiten also die apostolische Verfasserschaft aus dogmatischen Gründen. Doch auch die schon für die Mitte des 2. Jahrhunderts bezeugte Tradition, nach der der Seher Johannes mit dem Apostel gleichgesetzt wird, gründet sich nicht auf historische Beweise, sondern stellt ebenfalls eine dogmatische Aussage dar. Denn hat ein Apostel die Apk. geschrieben, so ist damit auch ihr kanonisches Ansehen gesichert. Die Anhänger wie die Gegner des Buches haben also über die Person des Verfassers nicht mehr zu sagen gewußt, als sie dem Buch entnehmen konnten. Kann aber aus der Apk. die Annahme begründet werden, daß der Apostel sie geschrieben hat?

Zunächst ist zu klären, in welchem Verhältnis die Apk. zum Joh.-Ev. steht, das nach der altkirchlichen Tradition gleichfalls vom Zebedaiden Johannes verfaßt sein soll (s. S. 112). Bei näherer Betrachtung zeigt sich, daß beide Schriften sich nach Inhalt und Form stark voneinander unterscheiden. Zwar wird hier wie dort von Leben und Tod, Zeugnis und Bezeugung, Siegen und Überwinden gesprochen. Aber während im Joh.-Ev. sich häufig die Begriffe Licht, Wahrheit, Liebe, Friede, eingeborener Sohn des Vaters, Paraklet, das neue Gebot usw. finden, fehlen diese Ausdrücke und Gedanken fast vollständig in der Apk. Das Joh.-Ev. verkündet Jesus als die Auferstehung und das Leben (11, 25 f.); wer an ihn glaubt, der ist schon vom Tod zum Leben hinübergeschritten (5, 24 f.), er ist bereits dem Gericht entnommen (3, 18). In der Apk. dagegen wird eine Folge endzeitlicher Geschehnisse dargestellt, die abrollen muß, bis das Ende, das Gericht und die neue Welt Gottes eintreten werden. Ist die Botschaft des Joh.-Ev. ganz auf das Jetzt bezogen, in dem die endzeitliche Krisis sich ereignet, so wird in der Apk. ein apokalyptisches Drama geschildert. Im Joh.-Ev. wird nur selten ein Zitat aus dem AT angeführt, die Sprache der Apk. dagegen ist fast in jedem Vers mit biblischen Wendungen durchzogen. Diese tiefgreifenden Unterschiede zwingen zu dem Schluß, daß der Verfasser der Apk. nicht mit dem vierten Evangelisten identisch sein kann.

An keiner Stelle seines Buches läßt der Seher erkennen, daß er selbst ein Augenzeuge und Apostel Jesu ist. Von der irdischen Wirksamkeit Jesu wird nichts erzählt, nur Kreuz und Auferstehung und Parusie werden häufiger in Übereinstimmung mit dem gemeinchristlichen Bekenntnis genannt. Von den zwölf Aposteln wird 21, 14 als einem geschlossenen Kreis gesprochen, aber mit keinem Hinweis angedeutet, daß der Verfasser sich selbst zu ihnen hinzurechnete. Die Apostel werden 18, 20 mit den Heiligen und Propheten genannt, die als der Chor der vollendeten Seligen das Triumphlied über das an Babylon vollstreckte Gericht anstimmen sollen. Ihre Zeit liegt bereits einige Jahrzehnte zurück. In den kleinasiatischen Gemeinden ist kaum noch etwas von der Verkündigung des Apostels Paulus zu spüren, der doch einst die ersten Gemeinden im Land gegründet hatte (Kap. 2–3). Wenn sich daher der Verfasser mit seinem Namen Johannes vorstellt, so ist das nicht so zu verstehen, als beanspruche er, Jünger und Apostel des Herrn zu sein. Die Gleichsetzung mit dem Zebedaiden wurde vielmehr erst durch die spätere kirchliche Überlieferung vollzogen, die dem Buch des Johannes allgemeines Ansehen in der Kirche sichern wollte.

Auf Grund der Angaben, die die Apk. selbst macht, läßt sich darum nur so viel sagen: Der Verfasser ist ein frühchristlicher Prophet gewesen, der in den Gemeinden Kleinasiens in großer Vollmacht gewirkt hat. Es wäre denkbar, daß dieser Johannes mit dem Presbyter Johannes identisch war, von dem das Papiaszeugnis (s. S. 113) spricht (BOUSSET). Aber darüber ist nichts Sicheres festzustellen.

e. Ort und Zeit der Abfassung der Apk. lassen sich klar bestimmen. Daß das Buch in Kleinasien – auf Patmos – entstanden ist, wird deutlich gesagt (1, 9–11). Irenäus berichtet, die Apk. sei gegen Ende der Regierungszeit des Kaisers Domitian (81–96 n. Chr.) geschrieben worden (adv. Haer. V 30, 3). Dieses Datum wird durch die Apk. bestätigt. Verfolgungen sind bereits vorangegangen (6, 9–11). Aber neue Leiden und ein schwerer Konflikt mit den staatlichen Behörden, die die göttliche Verehrung des Herrschers fordern, stehen bevor (13). Für diese Auseinandersetzung sucht der Seher die kleinasiatische Christenheit zu stärken. Die Apk. ist daher im letzten Jahrzehnt des 1. Jahrhunderts n. Chr. in Kleinasien verfaßt worden.

Das Buch des Sehers Johannes ist in Gestalt eines Briefes an sieben Gemeinden in Kleinasien gerichtet. Damit nimmt der Verfasser bewußt eine urchristliche Form zu schriftlicher Übermittlung von Zuspruch und Ermahnung auf. Eingang (1, 4–6) und Schluß des Buches (22, 21), aber auch die sieben Sendschreiben (2–3) heben den brieflichen Charakter deutlich hervor. Damit wird zum Ausdruck gebracht, daß den Gemeinden frohe Botschaft zugesprochen werden soll. Nicht endzeitliche Spekulationen, sondern Darbietung christlicher Zukunftshoffnung machen den Inhalt des Buches aus, das mit Hilfe apokalyptischer Bilder und Wendungen zu Glauben und Standfestigkeit der Gemeinden anhält und in seiner formalen Gestalt durch den Zweck brieflicher Kommunikation bestimmt ist (KARRER).

C. DER TEXT DES NEUEN TESTAMENTS

E. Nestle – E. v. Dobschütz, Einführung in das griechische NT, ⁴1923 – H. Lietzmann, An die Römer, ⁴1933, 1–18: Einführung in die Textgeschichte der Paulusbriefe – F. G. Kenyon, The Text of the Greek Bible, 1937 = ³1975, deutsch: F. G. Kenyon – A. W. Adams, Der Text der griechischen Bibel, 1961 – H. Greeven, Erwägungen zur synoptischen Textkritik, NTS 6 (1959/60) 281–296 – Ders., Der Urtext des NT, 1960 – Ders., Text und Textkritik der Bibel, II. Neues Testament, RGG³ VI, 716–725 – B. M. Metzger, The Text of the NT, 1964, deutsch: Der Text des NT, 1966 – H. Köster, Einführung in das NT, 1980, 444–475 – H. Zimmermann, Neutestamentliche Methodenlehre, ⁷1982, 28–76 – K. und B. Aland, Der Text des Neuen Testaments, ²1989.

§ 42   Die Aufgabe der neutestamentlichen Textkritik

a. Die *Urexemplare* aller ntlichen Schriften sind verlorengegangen, ihr Text ist **nur** durch Abschriften überliefert. Doch für kein anderes literarisches Dokument **der** Antike gibt es eine so breite und gute handschriftliche Bezeugung wie für das **NT.** Viele antike Schriften sind nur durch mittelalterliche Handschriften überliefert, so daß mehr als ein Jahrtausend zwischen ihrer Abfassung und der ältesten Handschrift liegt. Die Bezeugung des NT dagegen führt bis ins 2. Jahrhundert zurück, so daß nur rund hundert Jahre zwischen der Entstehung der ntlichen Schriften und den ältesten uns erhaltenen handschriftlichen Zeugnissen liegen. Die Aufgabe der ntlichen Textkritik besteht darin, die handschriftliche Überlieferung kritisch zu prüfen und Varianten gegeneinander abzuwägen, um den verlorenen Urtext wiederherzustellen. Zur Erfüllung dieser Aufgabe muß man sich über Art **und** Anlage antiker Handschriften, über mögliche Fehlerquellen, die zu Veränderungen des Textes geführt haben können, sowie über Alter und Wert des zur Verfügung stehenden Materials im klaren sein.

b.   Man schrieb in der Antike auf *Papyrus,* einen leicht vergänglichen Schreibstoff, **der** aus dem Mark der Papyrusstaude gewonnen wurde, indem man schmale Streifen schnitt, trocknete und zusammenklebte. Die Seite, auf der die Streifen horizontal nebeneinanderliegen, wird als recto, die, auf der sie vertikal zueinanderliegen, als verso bezeichnet. Die einzelnen Blätter wurden dann zu Rollen aneinandergefügt, deren durchschnittliche Länge etwa 10 m betrug, es kamen aber auch Längen bis zu 30 m vor. Da man die urchristlichen Texte auf Rollen schrieb, konnte **unmöglich** der gesamte Kanon ntlicher Schriften auf einer Rolle Platz finden. **Schon** von daher erklärt es sich, daß die Textgeschichte der einzelnen Teile des NT nicht gleichmäßig verlaufen ist. Das einzelne Blatt wurde in der Regel in zwei Kolumnen beschrieben, die Rolle nur auf einer Seite mit Text versehen. Man **schrieb** fortlaufend, in scriptio continua, ohne zwischen einzelnen Wörtern und **Sätzen** Abstände zu lassen oder Interpunktionszeichen zu setzen. Antike Papyri **sind** in größerer Zahl im Wüstensand Ägyptens erhalten geblieben, sonst aber **fast** immer rasch vergangen. Von der Rolle, wie sie meist gebräuchlich war, ist der buchförmige Kodex zu unterscheiden. In ntlicher Zeit verwendete man den Kodex **nur** für Notiz-, Konto- oder Konzeptbücher, nicht aber zu literarischen Zwecken. **Die** Christen benutzten jedoch für ihre Schriften den Kodex, dessen Blätter man **um**wenden und daher auf beiden Seiten beschreiben konnte.
Weit wertvoller als Papyrus war das *Pergament* – nach der kleinasiatischen Stadt **Pergamon** benannt, die durch ihre Bibliothek berühmt war. Es wurde aus Tier-

fellen gewonnen, die zu einem haltbaren Schreibstoff verarbeitet wurden. Seit der Zeit des Kaisers Konstantin d. Gr. wurde Pergament auch von Christen gebraucht, um Bibelhandschriften anzufertigen. Da es sich um einen teuren Schreibstoff handelt, kam es öfters vor, daß man eine auf das Pergament aufgetragene Schrift wieder ausradierte, um einen anderen Text niederschreiben zu können (sog. Palimpseste). Der modernen Forschung ist es vielfach gelungen, den älteren Text eines solchen Palimpsestes wieder lesbar zu machen. Vom 13. Jahrhundert an wird dann auch Papier benutzt, das aus dem Fernen Osten in den Westen kam. Für die ntliche Textkritik sind die ältesten Texte – die Papyri und die frühen Pergamentkodizes – bei weitem am wichtigsten. Denn von den ältesten erreichbaren Handschriften muß ausgegangen werden, um den verlorenen Urtext der ntlichen Schriften zu rekonstruieren.

c.   Die *Geschichte des ntlichen Textes* ist eingebettet in die frühe Kirchengeschichte. In der ersten Zeit der Christenheit galten die urchristlichen Schriften noch nicht als heilig, so daß man durchaus Änderungen des Textes vornehmen konnte. Die frühchristlichen Gemeinden waren arm, konnten oft nur schlechte Schreiber bezahlen und besaßen vielfach nur wenige Rollen. In Verfolgungszeiten sind manche Handschriften vernichtet worden, die einzelnen Kirchengebiete blieben oft für längere Zeit von den anderen getrennt. Daher erklärt es sich, daß die Geschichte des Textes nicht in allen Teilen der alten Christenheit gleich verlaufen ist.

d.   Beim Abschreiben eines Textes können sich mancherlei *Fehlerquellen* einstellen. Die Textkritik hat damit zu rechnen, daß die Abschreiber sowohl absichtliche Änderungen vorgenommen als auch versehentliche Fehler begangen haben können. Dazu einige Beispiele: 1. *Versehentlich entstandene Veränderungen des Textes:* Beim Diktieren konnten sich Hörfehler einschleichen, so z. B. für ein ω ein ο, Röm. 5, 1: εἰρήνην ἔχωμεν statt ἔχομεν; oder ein η statt eines ι, Apg. 11, 26: Χρηστιανούς statt Χριστιανούς (sog. Itazismus, da man e und i im hellenistischen Griechisch stets als i aussprach). In der scriptio continua konnte es zu graphischen Fehlern kommen, so Röm. 6, 5: ΑΛΛΑ zu ΑΜΑ. Das Auge des Schreibers konnte von einer Wendung, die wenig später gleichlautend wiederkehrte, zur zweiten abgleiten und das Dazwischenstehende fortlassen (sog. Homoioteleuton), z. B.: 1. Kor. 7, 2 vom ersten zum zweiten ἐχέτω. Wurde ein Buchstabe versehentlich doppelt geschrieben, so entstand eine Dittographie, so z. B. 1. Thess. 2, 7 ἐγενήθημεν ἤπιοι wird durch irrtümliche Verdoppelung des ν zu ἐγενήθημεν νήπιοι. Umgekehrt konnte bei zwei gleichlautend aufeinander folgenden Silben oder Buchstaben eine bzw. einer ausfallen, so z. B. 1. Thess. 1, 5: Bei ἐγενήθημεν ἐν fehlt in manchen Zeugen das ἐν. Da man in der scriptio continua keine Satzzeichen kannte, konnte es zu Zweifeln darüber kommen, wo eine Satztrennung vorliegt. Von der Beantwortung dieser Frage können wichtige exegetische Entscheidungen abhängen. Wenn man z. B in der Mitte von Röm. 9, 5 ein Komma setzt, ist die zweite Hälfte des Satzes auf den in der ersten Hälfte genannten Christus zu beziehen und Christus als Gott bezeichnet. Paulus wird aber eine stärkere Trennung beabsichtigt haben, da er Christus zwar oft als Sohn Gottes, niemals aber als Gott bezeichnet. Daher muß ein Kolon stehen (s. S. 25).

2.   *Beabsichtigte Änderungen des Textes:* An manchen Stellen sind von Abschreibern stilistische Verbesserungen vorgenommen worden, so z. B. Mk. 2, 27 ἐγένετο zu ἐκτίσθη oder Mt. 6, 1 δικαιοσύνην zum verständlicheren ἐλεημοσύνην. Sehr häufig findet sich in Evangelienhandschriften gegenseitige Angleichung der von den verschiedenen Evangelisten gebotenen Fassungen, so ist z. B. Mk. 3, 14 in vielen Handschriften der Zusatz οὓς καὶ ἀποστόλους ἐκάλεσεν (aus Lk. 6, 13) enthalten.

146

Diese Paralleleinwirkung bzw. Konformation ist vor allem so verlaufen, daß der Text des Mt.-Ev., das in der alten Kirche am meisten verbreitet und gebräuchlich war, den Text der anderen Evangelien beeinflußt hat. An einzelnen Stellen hat man später verdeutlichende Zusätze hinzugefügt, wie z. B. die verschiedenen Ergänzungen zu Joh. 7, 39 zeigen: zu οὔπω γὰρ ἦν πνεῦμα wird ἅγιον, δεδομένον, ἅγιον ἐπ' αὐτοῖς oder ἅγιον δεδομένον hinzugesetzt.

Von besonderem Gewicht sind Textänderungen, die den Inhalt betreffen. So hat die Aussage von 1. Thess. 3, 2, in der Paulus Timotheus καὶ συνεργὸν τοῦ θεοῦ ἐν τῷ εὐαγγελίῳ τοῦ Χριστοῦ nennt, die Frage ausgelöst, ob ein Mensch denn Mitarbeiter Gottes sein könnte. Die verschiedenen Varianten καὶ συνεργόν, διάκονον τοῦ θεοῦ sowie die Kombinationen καὶ διάκονον τοῦ θεοῦ καὶ συνεργὸν ἡμῶν oder διάκονον καὶ συνεργὸν τοῦ θεοῦ spiegeln die Vielfalt der Antworten wider. Christologische Erwägungen haben dazu geführt, im Satz Mt. 24, 36 (niemand wisse über jenen Tag und jene Stunde Bescheid, weder die Engel im Himmel noch der Sohn) die Worte οὐδὲ ὁ υἱός zu streichen, weil Christus doch wie der Vater allwissend sei. Die trinitarische Lehre fand in dem Zusatz zu 1. Kor. 8, 6 ihren Niederschlag, der als drittes Glied hinzufügt: καὶ ἓν πνεῦμα ἅγιον, ἐν ᾧ τὰ πάντα καὶ ἡμεῖς ἐν αὐτῷ. Zum Problem des sog. Comma Johanneum s. S. 120. Die kritische Untersuchung der handschriftlichen Überlieferung hat solche Veränderungen des Textes zu erkennen, sekundäre Lesarten auszuscheiden und damit den Weg zum Urtext freizulegen.

§ 43 Die Handschriften des Neuen Testaments

K. ALAND, Kurzgefaßte Liste der griechischen Handschriften des NT, I, 1963 − DERS., Die griechischen Handschriften des Neuen Testaments .Ergänzungen zur »Kurzgefaßten Liste«, in: K. ALAND (Herausgeber), Materialien zur neutestamentlichen Handschriftenkunde I, 1969, 1−53 − DERS. (Herausgeber), Die alten Übersetzungen des Neuen Testaments, die Kirchenväterzitate und Lektionare, 1972. − DERS. u. a., Bibelhandschriften II, TRE VI, 114−131 − K. und B. ALAND, Der Text des NT, ²1989.

Als Material stehen der neutestamentlichen Textkritik Papyri, Majuskeln, Minuskeln, frühe Übersetzungen des NT und ntliche Zitate bei Kirchenvätern zur Verfügung.

a. *Die Papyri:* Als die wichtigsten Papyri sind hervorzuheben: Aus dem frühen 3. Jahrhundert stammen die Chester Beatty-Papyri; p⁴⁵ umfaßt große Teile der Evangelien und Apg., p⁴⁶ die Paulusbriefe und den Hebr. (nicht ganz vollständig, die Pastoralbriefe fehlen), p⁴⁷ 10 Blätter des Apk.-Textes. Das älteste ntliche Textzeugnis liegt in dem Paprus Rylands-Greek p⁵² aus dem frühen 2. Jahrhundert vor, auf dem einige Verse aus Joh. 18 stehen (s. S. 114 f.). In neuerer Zeit sind einige größere Papyrustexte bekanntgeworden: Der Papyrus Bodmer II p⁶⁶ bietet eine fast vollständige Handschrift des Joh.-Ev. aus der Zeit um 200, der Papyrus Bodmer XIV/XV p⁷⁵ gehört gleichfalls in die Zeit um 200 und enthält den größten Teil des Lk.- und Joh.-Ev.

b. *Die Majuskeln:* Bis rund 1000 n. Chr. schrieb man den griechischen Text des NT mit großen Buchstaben (= Majuskeln), danach setzte sich die Schrift mit kleinen Buchstaben (= Minuskeln) allgemein durch. Zur Bezeichnung der Majuskeln werden große Buchstaben, bzw. eine Zahl, vor die eine Null gesetzt ist, verwendet. Der Sinaiticus א (01) stammt aus dem frühen 4. Jahrhundert und wurde von C. v. TISCHENDORF im Sinaikloster entdeckt. Er enthält nicht nur AT und NT, sondern auch den Barnabasbrief und den Hirten des Hermas. Der א, der nahe Verwandtschaft zu B aufweist, ist ein sehr wertvoller Zeuge des griechischen Textes und hat in der Textkritik mit Recht besondere Beachtung gefunden. Der Alexandrinus A (02) ist im frühen 5. Jahrhundert in Ägypten geschrieben worden und umfaßt neben dem NT auch die beiden Clemensbriefe. Der Kodex wurde nach seinem Herkunftsort benannt und wurde vom Patriarchen Kyrill Lukaris dem König Karl I. von England geschenkt. Sein Zeugnis kommt an Wert dem von ℵ und B nicht gleich. Der Vaticanus B (03) reicht wie ℵ in das frühe 4. Jahrhundert zurück und bietet das AT sowie das NT bis Hebr. 9, 14, der Schluß ist verloren. Seinen Platz hat er seit alters in der Vatikanischen Bibliothek behalten. Der mit großer Sorgfalt angefertigte Kodex bietet neben ℵ ein besonders wichtiges Zeugnis eines sehr alten ägyptischen Textes. Der Kodex Ephraemi rescriptus C (04) ist ein Palimpsest. Der im 5. Jahrhundert niedergeschriebene biblische Text ist im 12. Jahrhundert von Abhandlungen des syrischen Kirchenvaters Ephraem überdeckt worden. Vom AT ist wenig erhalten, vom NT etwa $5/8$. Der ntliche Text konnte wieder lesbar gemacht und ausgewertet werden. Als D werden zwei Handschriften aus dem 5./6. Jahrhundert bezeichnet, die neben dem griechischen Text auch die lateinische Übersetzung bieten. Die erste Handschrift wird Bezae Cantabrigiensis genannt (05) – Calvins Nachfolger Theodor Beza schenkte sie der Universität Cambridge – und umfaßt die Evangelien und Apg. Die andere Handschrift trägt ihren Namen Claromontanus (06) nach dem Kloster Clermont in Frankreich und enthält die paulinischen Briefe. Neben diesen Zeugen, denen für die Textkritik große Bedeutung zukommt, sind aus dem Kreis der Majuskeln noch zwei Evangelienhandschriften besonders hervorzuheben: Der Freerianus W (032) aus dem 4./5. Jahrhundert (jetzt in der Freer-Sammlung in Washington) und der Koridethianus Θ (038), der nach dem Kloster Koridethi im Kaukasus benannt und wahrscheinlich im 9. Jahrhundert geschrieben wurde.

c. *Die Minuskeln.* Aus der kaum überschaubaren großen Zahl dieser jüngeren Handschriften, die mit arabischen Zahlen bezeichnet werden, müssen nur diejenigen für die Textkritik berücksichtigt werden, die nachweislich Abschriften alter und guter Zeugen sind. Beachtung verdienen vornehmlich zwei Minuskelgruppen: die nach ihrem Entdecker W. H. FERRAR benannte Ferrar-Gruppe (φ bzw. f^{13}: 13, 69, 124, 346, 543 u. a.) und die von K. LAKE nachgewiesene Lake-Gruppe (λ bzw. f^1 : 1, 118, 131, 209 u. a.). Neben den zahlreichen Minuskeln sind auch die Lektionare zu erwähnen, die nicht einen vollständigen Text, sondern nur für den gottesdienstlichen Gebrauch bestimmte Lektionen enthalten (Bezeichnung: 1^{lect} usw.).

d. *Die Übersetzungen.* Den frühen Übersetzungen des NT kommt auf Grund des hohen Alters ihrer Entstehung großer Wert zu. Denn sie bezeugen indirekt den griechischen Text, der den Übersetzern bei ihrer Arbeit vorgelegen hat. Dabei sind freilich in der Übersetzung nicht mehr alle Feinheiten des griechischen Textes zu erkennen, z. B. die verschiedenen Tempora der Vergangenheit oder der unterschiedliche Gebrauch der Präpositionen wie ἀπό / ὑπό. Für die ntliche Textkritik sind folgende Übersetzungen von besonderer Bedeutung:

1. *Syrische Übersetzungen:* Am Anfang der syrischen Bibel steht das Diatessaron – Euseb, H.E. IV 29, 6: τὸ διὰ τεσσάρων = Vierklang? –, eine von Tatian um 170–180 angefertigte Evangelienharmonie. Sie war in der syrischen Kirche weit verbreitet. Im 5. Jahrhundert ist das Diatessaron jedoch aus dem gottesdienstlichen Gebrauch verdrängt und vernichtet worden, so daß es verlorengegangen ist. Seine Gestalt kann nur aus späteren Übersetzungen rekonstruiert werden. Es kann nicht einmal sicher entschieden werden, ob das Diatessaron ursprünglich griechisch oder syrisch abgefaßt war. In Dura-Europos, an der Grenze des Römischen Reiches am Euphrat,

wurde ein griechisches Fragment aus der Leidensgeschichte des Diatessaron aus dem 3. Jahrhundert gefunden. Da dieses Stück jedoch nur 14 Zeilen umfaßt, sind weiterreichende Schlußfolgerungen nicht möglich. Das Diatessaron ist in syrischer Sprache verbreitet worden und hat einen nicht unerheblichen Einfluß auf die weitere Geschichte des griechischen Textes ausgeübt.

Neben dem Diatessaron gab es schon in früher Zeit auch die sog. Evangelien der Getrennten, d. h. syrische Übersetzungen aller vier Evangelien. Wohl im 4. Jahrhundert sind zwei Übersetzungen entstanden, der nach seinem Herausgeber benannte Cureton-Syrer (syr^{cur}), der durch eine Handschrift aus dem 5. Jahrhundert bezeugt wird, und die im Katharinenkloster auf dem Sinai entdeckte Übersetzung des Sinai-Syrers (syr^{sin}), deren Handschrift ins 5. oder 4. Jahrhundert zurückreicht. Im 5. Jahrhundert setzte sich, vor allem durch den Bischof Rabbula von Edessa gefördert, eine allgemeine syrische Kirchenbibel durch, die sog. Peschitta (= die Einfache, d. h. Vulgata), die alle vier Evangelien enthielt. In späterer Zeit entstanden noch zwei weitere Fassungen des syrischen NT: die von dem Bischof Philoxenus von Mabug im Jahr 508 veranstaltete Revision der Peschitta, die sog. Philoxeniana (sy^{ph}), die 100 Jahre später in Ägypten vom Bischof Thomas von Charkel abermals revidiert wurde (= die sog. Heraklensis [sy^{h}]).

2. *Lateinische Übersetzungen:* Die ältesten lateinischen Übersetzungen sind schon im 2. Jahrhundert angefertigt worden. Ihre Fassungen (= Itala bzw. Vetus Latina; ihre Handschriften werden mit kleinen Buchstaben bezeichnet: a, b, c, d, usw.) gingen jedoch teilweise so weit auseinander, daß eine Revision erforderlich wurde. Mit ihrer Durchführung betraute Bischof Damasus von Rom (366–384) den Gelehrten Hieronymus. Während er die Übersetzung des AT teils revidierte, teils aus dem Urtext neu anfertigte, nahm er für das NT in Anlehnung an die besten Zeugen der altlateinischen Übersetzung eine Textrevision vor. Vielleicht geht nur die Fassung der Evangelien auf seine Hand zurück, die der übrigen Schriften aber auf andere Revisoren. Der revidierte Text, der als Vulgata allgemein verwendet werden sollte, setzte sich jedoch keineswegs überall durch, und manche Lesarten der altlateinischen Übersetzungen drangen allmählich wieder ein. 1546 wurde daher in der Sessio IV des Tridentinischen Konzils beschlossen, eine authentische Ausgabe der Vulgata zu veranstalten. 1590 wurde unter Papst Sixtus V. eine amtliche Fassung der Vulgata herausgegeben; sie war jedoch voller Fehler und mußte rasch durch eine neue Ausgabe ersetzt werden, die 1592 unter Papst Clemens VIII. erschien. Doch auch dieser Text war noch keineswegs voll befriedigend. Die 3. Auflage der Clementina von 1598 wurde dann der offizielle Bibeltext der römisch-katholischen Kirche, der erst in jüngster Zeit durch eine neue lateinische Übersetzung ersetzt wurde (Nova Vulgata).

3. *Koptische Übersetzungen:* In Ägypten wurde das NT schon in früher Zeit in verschiedene Dialekte der Volkssprache, des Koptischen, übertragen. In Oberägypten entstand im 3. Jahrhundert die sahidische Übersetzung (sa), deren Text dem von ℵ und B nahesteht; in Unterägypten wurde im 3. oder 4. Jahrhundert die bohairische Übersetzung angefertigt (bo).

Weitere Übersetzungen des NT, die in der Folgezeit entstanden, sind an Bedeutung den genannten nicht vergleichbar: die armenische, äthiopische, georgische, arabische, persische, altslawische Fassung. Entweder wurden sie aus einem späteren griechischen Text oder aber von der Vorlage anderer Übersetzungen (wie der syrischen) hergestellt, so daß ihre Bedeutung für die Textkritik gering ist. Zu erwähnen ist noch, daß Ulfilas im 4. Jahrhundert eine gotische Übersetzung anfertigte, deren berühmtester Zeuge der aus dem 6. Jahrhundert stammende Codex argenteus in Uppsala ist.

e. *Zitate der Kirchenväter:* In den Schriften der Kirchenväter wird häufig aus dem NT zitiert. Die Werke des Clemens von Alexandria und des Origenes setzen einen alten ägyptischen Text voraus. Jedoch muß bei der Auswertung der Kirchenväterzitate zweierlei beachtet werden: Oft haben die späteren Abschreiber der Werke der Kirchenväter Bibelzitate nach dem zu ihrer Zeit geläufigen Text eingesetzt. Deshalb können nur kritische Ausgaben der Kirchenväter für die ntliche Textkritik verwendet werden. Sodann ist manchmal nicht sicher zu entscheiden, ob der jeweilige Kirchenvater das NT aus einer Vorlage oder aber aus dem Gedächtnis angeführt hat. Daher ist eine gewisse Vorsicht geboten, wenn ntliche Zitate aus dem Schrifttum der Kirchenväter für textkritische Entscheidungen herangezogen werden.

§ 44   Die Geschichte des gedruckten neutestamentlichen Textes

a. Nach Erfindung der Buchdruckerkunst durch Johannes Gutenberg wurde zunächst nur der Vulgatatext gedruckt. Eine *erste Ausgabe des griechischen NT* wurde in Spanien vorbereitet, die sog. Komplutensische Polyglotte. Dieses große Unternehmen, das auf Veranlassung des Kardinals Ximenes veranstaltet wurde, umfaßte nicht nur das NT, sondern auch das AT. Der Text des griechischen NT war 1514 fertiggestellt, aber die päpstliche Druckerlaubnis ließ auf sich warten. Da erfuhr der Basler Verleger und Buchhändler Froben von dieser spanischen Arbeit, beschloß, ihr mit einer eigenen Ausgabe zuvorzukommen, und gewann den berühmten Gelehrten Erasmus von Rotterdam für sein Vorhaben. Erasmus machte sich 1515 ans Werk und bereitete auf Grund der wenigen Handschriften, die ihm erreichbar waren, eine Ausgabe des griechischen NT vor. Für die Apk. stand ihm nur eine einzige Handschrift zur Verfügung, die überdies bei 22, 16 abbrach. Erasmus half sich, indem er die letzten Verse aus dem Lateinischen ins Griechische zurückübersetzte. Bereits im Frühjahr 1516 konnte die erste Ausgabe des griechischen NT erscheinen, von der freilich Erasmus eingestand, sie reichlich überstürzt hergestellt zu haben (praecipitatum verius quam editum). Die 1519 gedruckte zweite Auflage dieser Ausgabe lag Luther vor, als er das NT ins Deutsche übersetzte.

b. Die in der Folgezeit erscheinenden Drucke legten durchweg den *Text des Erasmus* zugrunde, an dem zwar einige Verbesserungen, aber keine grundlegenden Veränderungen vorgenommen wurden. Der Pariser Buchdrucker Stephanus brachte 1551 eine Ausgabe mit einer Verseinteilung heraus, die alsbald allgemein übernommen wurde. (Die gebräuchliche Einteilung in Kapitel geht auf Stephan Langton [1206] zurück, der später Erzbischof von Canterbury wurde.) Auch Theodor Beza in Genf schloß sich an den Erasmustext an, obwohl ihm der Kodex D zur Verfügung stand und man dessen Lesarten hätte auswerten können. 1633 veranstaltete der Verleger und Buchdrucker Elzevier in Leiden eine Ausgabe, in deren Vorwort er bemerkte: textum ergo habes nunc ab omnibus receptum, in quo nihil immutatum aut corruptum damus. Nach diesem Satz erhielt der Text die Bezeichnung *textus receptus,* seine allgemeine Anerkennung war unbestritten. Obwohl er auf recht fragwürdige Weise zustande gekommen war, galt er der altprotestantischen Orthodoxie als inspiriert.

c. Im *18. Jahrhundert* wurde zwar weiterhin der textus receptus nachgedruckt. Aber einige Gelehrte begannen, Varianten zu sammeln und dem Text des NT beizugeben, damit sich der Leser sein eigenes Urteil bilden könne. In seinem

Gnomon Novi Testamenti (1734) führte JOH. ALBRECHT BENGEL mancherlei Varianten an und unternahm den Versuch, die Textzeugen zu Gruppen bzw. Familien zusammenzufassen. JOH. JAKOB WETTSTEIN veröffentlichte 1751/52 als Frucht langjähriger Studien ein »Novum Testamentum graecum ... cum lectionibus variantibus«. Das von ihm gewählte System der Bezeichnung der Majuskeln (große Buchstaben) und Minuskeln (arabische Zahlen) ist seither allgemein gebräuchlich geblieben. JOH. JAKOB GRIESBACH knüpfte an die Arbeiten dieser beiden Gelehrten an und suchte die Handschriften drei Rezensionen bzw. Gruppen zuzuweisen. Doch trotz dieser Ansätze, die zur Herstellung eines kritisch begründeten Textes unternommen wurden, blieb auch im 18. Jahrhundert der textus receptus unerschüttert.

d. Erst im *19. Jahrhundert* gelang es, die Herrschaft des textus receptus zu brechen. Der klassische Philologe LACHMANN stellte den überzeugenden Grundsatz auf, die Methoden der klassischen Philologie seien auch auf die Textkritik des NT anzuwenden. Dabei sei nicht vom textus receptus auszugehen, sondern das erreichbare Ziel dahin zu bestimmen, den Text wiederzugewinnen, der um 380 in der Kirche in Gebrauch war. War LACHMANN mit dem von ihm genannten Datum sehr vorsichtig ans Werk gegangen, so gelang es alsbald, in der Rekonstruktion des Textes weiter zurückzukommen, da viele alte Handschriften neu entdeckt wurden. Vor allem war CONSTANTIN V. TISCHENDORF als Entdecker und Sammler von Handschriften überaus erfolgreich. Er bevorzugte bei seiner großen Ausgabe des NT den von ihm gefundenen und herausgegebenen Codex ℵ. Durch den reichhaltigen kritischen Apparat ist seine editio octava I 1869, II 1872, III 1894 (GREGORY) bis heute unentbehrlich. Neben diese Ausgabe traten bald weitere kritische Editionen. Die Engländer WESTCOTT und HORT bevorzugten B als Zeugen des von ihnen sogenannten neutralen Textes (1881). Auch B. WEISS sah B als die beste Handschrift an (1894–1900, ²1902–1905). Bald nach der Jahrhundertwende brachte HERMANN V. SODEN eine umfangreiche kritische Ausgabe des NT heraus, für deren Apparat er ein neues Siglensystem einführte, das sich jedoch als zu umständlich erwies und daher nicht durchsetzen konnte. Die Handschriften wurden nach drei großen Rezensionen eingeteilt: der des Hesychius in Ägypten, der des Lukian von Antiochia für den byzantinischen (bzw. Koine-)Text und der des Pamphilus für den sog. Jerusalemer Text. Zwar wird man in der Tat damit zu rechnen haben, daß der Text des griechischen NT von guten Philologen in Alexandria sorgfältig bearbeitet worden ist. Aber von drei verschiedenen Rezensionen des ntlichen Textes wird man nicht sprechen können, und einen Jerusalemer Text hat es nicht gegeben.

e. Um den *Ertrag* dieser großen wissenschaftlichen Editionen in einer handlichen Ausgabe des NT Graece zusammenzufassen, verfuhr E. NESTLE nach folgendem Prinzip. Er trieb nicht selbständige Handschriftenforschung, sondern legte die großen Ausgaben zugrunde. Wenn TISCHENDORF, WESTCOTT-HORT und WEISS übereinstimmten, wurde dieser gleichlautende Text übernommen. Standen zwei gegen einen, so folgte er der Mehrheit. 1898 erschien erstmals das NT Graece von NESTLE. In späteren Ausgaben wurde vielfach auch v. SODEN herangezogen, vor allem in solchen Fällen, wo die drei anderen Editionen keine übereinstimmenden Ergebnisse boten. Der von NESTLE gedruckte Text gibt also nicht das Zeugnis einer Handschrift wieder, sondern eine Textgestalt, die aus den vorliegenden kritischen Ausgaben gewonnen wurde. In den späteren Auflagen, die EBERHARD NESTLE und dann sein Sohn ERWIN NESTLE herausbrachten, wurden in steigendem Umfang Lesarten wichtiger Handschriften im Apparat aufgeführt. Das alte Prinzip, einen aus den zugrundegelegten Ausgaben hergestellten Text zu bieten, ließ sich bei

Fortschreiten der Textkritik und Verfeinerung ihrer Methoden nicht mehr aufrechterhalten. K. ALAND, der nunmehr die Betreuung des NT Graece übernommen hat, hat daher dieses Verfahren aufgegeben und bringt einen kritisch erarbeiteten Text mit einem umfangreicher gestalteten Apparat, der die wichtigsten Varianten verzeichnet und dadurch dem Benutzer die Möglichkeit bietet, die vom Herausgeber getroffenen Entscheidungen nachzuprüfen und sich ein eigenes Urteil zu bilden. Die 26. Auflage des NESTLE-ALAND (1979) bietet Text und Apparat nach dem neuesten Stand der wissenschaftlichen Erkenntnis (= 3. Aufl. des Greek New Testament, 1975, jedoch wesentlich ausführlicher gelehrter Apparat in NESTLE-ALAND[26]).

§ 45   Der Stand der neutestamentlichen Textkritik

Literatur s. S. 145, ferner J. DUPLACY, Où en est la critique textuelle du Nouveau Testament?, 1959 – K. TH. SCHÄFER, Der Ertrag der textkritischen Arbeit am NT seit der Jahrhundertwende, BZ NF 4 (1960) 1–18 – B. ALAND, Neutestamentliche Textkritik heute, VF 21 (1976) 3–22 – K. und B. ALAND, der Text des NT, [2]1989.

a. Neuere Forschung hat gezeigt, daß man nur mit Vorsicht von sog. Textfamilien sprechen kann. Zwar lassen sich manche Handschriften zu Gruppen zusammenfassen, die weithin einen gemeinsamen Text vertreten. Doch dürfen diese nicht als starre Gruppen aufgefaßt werden, da nicht selten das eine oder andere Glied durchaus eigene Wege geht. Von folgenden Gruppen wird in der gegenwärtigen Forschung gesprochen:

1. *Der ägyptisch-alexandrinische Text.* Dieser Text wird von den meisten Papyri bezeugt, ferner den Majuskeln ℵ und B – A und C bieten einen Mischtext – sowie den Kirchenvätern Clemens von Alexandria und Origenes und der sahidischen und bohairischen Übersetzung. Durchweg ist der von diesen Zeugen vertretene Text sehr gut; aber er bietet dennoch weder einen neutralen Text, als den ihn WESTCOTT und HORT bezeichneten, noch kann er als Repräsentant des Urtextes selbst gelten.

2. *Der Caesarea-Text.* Diese Gruppe, die dem ägyptisch-alexandrinischen Text sehr nahesteht, läßt sich nur für das Mk.-Ev. mit einiger Wahrscheinlichkeit vermuten. Ihre Zeugen sind p[45], W, Θ, λ, φ. Den Namen Caesarea-Text hat man gewählt, weil möglicherweise Origenes diese Textfassung von Ägypten nach Caesarea in Palästina mitgenommen hat.

3. *Der »westliche« Text.* Diese Gruppe ist im Westen des Römischen Reiches vertreten, vor allem durch die beiden Handschriften D, die zum griechischen auch den lateinischen Text bringen; sie ist ferner durch die lateinischen Übersetzungen und die westlichen Kirchenväter bezeugt. Manchmal weicht dieser Text in auffallender Weise von den übrigen Überlieferungen ab, so vor allem in der Apg. (s. S. 102). Neuere Untersuchungen haben gezeigt, daß manche westliche Lesarten sich schon in früher Zeit in Ägypten nachweisen lassen. Die Bezeichnung »westlich« darf daher nicht zu eng gefaßt werden.

4. *Der Koine- oder Reichstext (Siglum: 𝔐).* Dieser sog. Mehrheitstext wird von den meisten Handschriften geboten. Seine weite Verbreitung hat er von Konstantinopel aus erfahren. Er stellt das Ergebnis einer längeren Entwicklung dar, die unter Einfluß des in Syrien gebräuchlichen Textes dazu geführt hat, daß man sprachliche Härten glättete und auf eine bessere Gestalt des Griechischen bedacht war. Der Reichstext ist daher für die Textkritik von geringerem Wert als die anderen Gruppen, wenngleich sich auch in dieser jüngeren Textgruppe Stellen finden, an denen

gegen das Zeugnis der anderen Familien die ursprüngliche Lesart festgehalten sein kann. Bezeugt wird der Reichstext von vielen Majuskeln (A und C: Mischtext, s. oben) und den allermeisten Minuskeln. Doch nicht die Zahl der Handschriften entscheidet über den Wert der von ihnen gebotenen Lesarten, sondern allein das sachliche Gewicht ihres Zeugnisses.

b. Wie ist nun bei der Arbeit der Textkritik vorzugehen? Zunächst ist die *äußere Kritik* vorzunehmen, d. h. Alter und Wert der Handschriften sind zu prüfen, und es ist zu bestimmen, zu welcher Textfamilie sie gehören. Doch auch die beste Handschrift hat nicht immer recht, wenn es um die Entscheidung zwischen verschiedenen Varianten geht. Denn keine einzige der vielen uns überlieferten Handschriften bietet den Urtext selbst. In jede Abschrift können sich Fehler eingeschlichen haben, bzw. es ist damit zu rechnen, daß der Schreiber hier und da von sich aus Änderungen vorgenommen hat. Daher muß zu der äußeren die *innere Kritik* treten. Hier gilt es zu prüfen, welche sachlichen Gründe für die eine und gegen die andere Lesart sprechen. Dabei bieten zwei Erfahrungsregeln, die sich in der Textkritik herausgebildet und vielfach bewährt haben, eine gewisse Hilfe.

Die erste Regel lautet: Lectio difficilior probabilior – ein schon von BENGEL aufgestellter Satz. Er besagt, daß die schwierigere Wendung mit hoher Wahrscheinlichkeit als die ursprüngliche zu gelten hat. Denn sie kann den Anstoß dazu gegeben haben, daß man eine Härte des Textes durch Änderungen zu glätten suchte. So liegt z. B. in dem oben (s. S. 147) genannten Beispiel aus 1. Thess. 3, 2 der Urtext sicherlich in den Worten vor, mit denen Paulus Timotheus als συνεργὸν τοῦ θεοῦ ἐν τῷ εὐαγγελίῳ τοῦ Χριστοῦ bezeichnet. Zwar sind sie nur von D* 33 b m* Ambst, also vorwiegend westlichen Zeugen, belegt. Aber alle anderen Lesarten können als spätere »Verbesserungen« des anstößig erscheinenden Ausdrucks erklärt werden, daß der Mensch Timotheus Mitarbeiter Gottes gewesen sein sollte. B streicht τοῦ θεοῦ und sagt lediglich συνεργόν; ℵ . A P lat co u. a. ersetzen συνεργόν durch das unproblematische διάκονον, so daß nun gesagt wird: διάκονον τοῦ θεοῦ; 𝔐 u. a. lassen beide Ausdrücke zusammenfließen: διάκονον τοῦ θεοῦ καὶ συνεργὸν ἡμῶν; F G stellen nur διάκονον voran, so daß die Formulierung lautet: διάκονον καὶ συνεργὸν τοῦ θεοῦ.

Die andere Regel lehrt: Lectio brevior potior. Hat man also zwischen zwei verschiedenen Lesarten zu entscheiden, so ist zu prüfen, ob nicht die kürzere Fassung die ursprüngliche ist, weil sie nach einer Erklärung oder Ergänzung zu verlangen schien, durch die ein etwaiges Mißverständnis ausgeschlossen werden sollte. So sind z. B. an den bereits angeführten Stellen (s. S. 147) Joh. 7, 39 und 1. Kor. 8, 6 die kürzeren Fassungen eindeutig als ursprünglich zu erkennen. Man vermißte in dem Satz οὔπω γὰρ ἦν πνεῦμα, den Jesus vor seiner Verherrlichung sprach (Joh. 7, 39), einen Hinweis darauf, von welchem Geist denn da die Rede war, und setzte ἅγιον hinzu (p⁶⁶*LW 𝔐 u. a.) bzw. erwartete eine Bemerkung über die göttliche Gabe des Geistes und ergänzte dann den Text entsprechend. Ausführlichere Wendungen bieten: D f: τὸ ἅγιον ἐπ᾽ αὐτούς, B e q: ἅγιον δεδομένον. Und wenn 1. Kor. 8, 6 von dem Bekenntnis zu dem einen Gott, dem Vater, die Rede ist, aus dem alles ist und wir auf ihn hin, und dem einen Herrn Jesus Christus, durch den alles ist und wir durch ihn, so meinten spätere Abschreiber, hier müsse etwas ausgefallen sein, weil doch das trinitarische Bekenntnis von den drei Personen sprechen müsse. Folglich formulierte man analog: καὶ ἓν πνεῦμα ἅγιον, ἐν ᾧ τὰ πάντα καὶ ἡμεῖς ἐν αὐτῷ (630 pc; Epiphᵖᵗ). Doch auch hier kann kein Zweifel darüber bestehen, daß die kürzere zweigliedrige Formulierung den Urtext bietet.

In den allermeisten Fällen kann durch äußere und innere Kritik ein sicheres Ergebnis gefunden werden, so daß der Text des griechischen NT feststeht. Unsicheren Boden betritt man dagegen, wenn man versucht, mit Hilfe von Konjekturen den Urtext wiederzugewinnen. Denn bei einer Konjektur kann man sich auf kein handschriftliches Zeugnis stützen, sondern äußert eine bloße Vermutung über die Frage, wie die ursprüngliche Formulierung gelautet haben könnte. Da sich oft bei Bekanntwerden besserer handschriftlicher Zeugnisse herausgestellt hat, daß solche Mutmaßungen falsch waren, wird man grundsätzlich gegenüber Konjekturen große Zurückhaltung üben.

Beim Vollzug textkritischer Entscheidungen ist nicht nur das Gewicht der jeweiligen handschriftlichen Bezeugung abzuwägen, sondern auch die Exegese des Textes zu berücksichtigen, die den Sprachgebrauch des Autors, seine Gedankenführung und Theologie in den Blick faßt. Hat man nach sorgfältiger Prüfung eine textkritische Entscheidung getroffen, so ist die Gegenprobe vorzunehmen: Die als Urtext anzusehende Lesart muß diejenige sein, von der her alle anderen Varianten als versehentliche oder aber beabsichtigte Veränderungen des Urtextes verständlich gemacht werden können.

Register

1. Bibelstellenregister *

Mt.	Seite	Mk.	Seite	Joh.	Seite
1,1—17	88	9,31	71	4,48	114
5,15 f.	82	9,33—50	70	4,54	107 f.
5,18 f.	89	10,11 f.	87	5,7	114
5,21—48	69	10,18	77	5,11	114
6,16	90	10,33 f.	71	5,19	107
6,19—34	67, 69	10,39	113	5,28 f.	109
6,34	69	10,45	70	6,1	106
7,6	69	11,1	86	6,51b—58	109
7,12	69	11,1—11	71	7,39	147, 153
7,24—27	89	12,1—12	70	7,53—8,1	106 f.
7,29	69	12,13—17	70	8,12	109
9,9	89 f.	13,14	96	8,57	114
10,3	90	14,1 f.	71	10,18	106
10,39	82	14,3—9	71	12,8	104
13,52	91	14,12—26	71	12,36	109
15,2	90	14,22—24	24	13,16	105
18,15—22	67, 69	14,51 f.	85	13,21	104
21,7	88	15,34	78	14,31	106
22,7	91	15,39	80	18,1	71
22,1—14	77	15,43	76	19,34b.35	109
23,5	90	16,7	84	20,23	105
23,37—39	82	16,8	84	20,30 f.	74
25,29	82	16,9—20	84	21,24	111
27,24 f.	89				
28,19	25	Lk.		Apg.	
28,19 f.	88 f., 91	1,1—4	94 f.	1,1	99
		2,14	25	1,8	99
Mk.		4,16—21	73	2,1	95
1,1	74	4,38	95	6,8	102
1,3	77, 90	5,12	95	10,37—40	74
1,22.27	69	6,20	69	11,28	96, 102
2,10 f.	76	8,43	95	12,2	113, 130
2,11	86	9,51	95	12,10	102
2,17	68, 70	10,23	69	14,4.14	99
2,23—28	68	11,33	82	15	101
3,4	71	13,22—30	82	15,20.29	101
3,9	72	13,33—35	82	16,1—3	61
4,1—34	72	14,15—24	77	16,10	97
4,3—9	68	15,11—32	96	16,12—40	50
4,10—12	85	17,33	82	16,13	50
4,13—20	68, 70	18,9—14	96	17,1—15	34
4,25	82	19,26	82	18,1—18	38
4,26—29	69 f.	19,43 f.	96	18,2	47
4,35—41	71 f.	21,20	96	18,11 f.	31
4,35—5,43	68	21,24	96	23,26—30	28
5,1—43	68, 71 f.	24,44	12	28,31	99
5,26	95				
6,1—6	77	Joh.		Röm.	
6,4	69	1,1	114	1,2	12
6,14	80	1,14	111, 114	1,3 f.	21, 73
6,14—16	72	2,11	107 f.	1,29	26
6,17—29	72	3,5	109	3,24—26	24 f.
8,29	80	3,19—21	109	3,30	20
8,31	71	3,27	114	3,31	12
8,35	82	3,29	107	4,25	21
8,38	69	3,32	114	5,3—5	129
9,2 ff.	68	3,35	114	8,34	20
9,9	84	4,34	107	9,5	25, 146

* Es sind nur Stellen verzeichnet, zu denen sich nähere Ausführungen finden.

2. Autorenregister

Adams, A. W. 145
Aland, B. 145, 147, 152
Aland, K. 30, 76, 145, 147 151 f.
Balz, H. R. 30
Barrett. C. K. 42 f., 103
Barth, F. 10
Barth, G. 87
Baur, F. Chr. 10, 43, 112
Becker, J. 103, 109
Behm, J. 10 f.
Bengel, J. A. 151, 153
Berger, K. 11, 18, 28, 66
Bergmeier, R. 120
Betz, H. D. 28, 35, 37, 42, 44
Boismard, M.-E. 131 f., 139, 141
Bornkamm, G. 22, 24, 41, 44 f.. 47, 49–51, 66, 69, 73, 87, 89, 120 f.
Borse, U. 45
Bousset, W. 139, 144
Braun, H. 53 f., 103, 110, 115 f., 123
Bretschneider, K. G. 112
Brown, R. E. 103
Brox, N. 30, 60, 131
Brun, L. 139, 142
Buiard, W. 54. 56
Bultmann, R. 34, 41, 43, 53 f., 66—68, 96—98, 103, 107—109, 115—117
Burchard, Ch. 97, 99
v. Camphausen, H. 12, 14, 60, 65
Conzelmann, H. 11, 19 f., 26, 38, 60, 66 72, 83, 91, 95, 97, 102, 115, 119
Cross, F. C. 131 f.
Cullmann, O. 19, 87, 103, 113
Deichgräber, R. 22 f., 25
Deißmann, A. 28, 31, 49, 51
Dibelius, M. 25 f., 54 f., 60, 62, 64, 66–68, 73, 84, 98, 102, 127 f.
v. Dobschütz, E. 115 f., 145
Dodd, C. H. 103, 105 f., 115, 119
Doty, W. 28
Dinkler, E. 38, 40
Duplacy, J. 152
Eckart, K.-G. 34 f.
Egger, W. 68
Eichhorn, J. G. 10
Farmer, W. 78
Fascher, E. 10
Feine, P. 10 f.
Ferrar, W. H. 148
Finegan, J. 31
Fischer, K. M. 11, 35, 40, 49, 57
Fitzmyer, J. 41, 44
Flender, H. 91

Friedrich, G. 19, 34 f., 41, 43, 45, 48–50
Georgi, D. 42 f.
Gerhadrsson, B. 69
Gnilka, J. 41, 44, 49 f., 52, 54 f., 57, 60, 83, 87
Goppelt, L. 131
Gräßer, E. 123, 127
Greeven, H. 25, 54 f., 76, 127, 145
Gregory, C. R. 151
Griesbach, J. J. 78, 151
Grobel, K. 83
Güttgemanns, E. 66, 68
Haenchen, E. 96 f., 102 f., 115, 117
Hahn, F. 24, 134
v. Harnack, A. 53, 57 f., 98, 123, 126
Harnisch, W. 137
Hausrath, A. 41, 44
Held, H. J. 87 f.
Herder, J. G. 78
Hirsch, E. 82, 103, 107
Hoffmann, P. 81
Hofius, O. 123
Holtz, T. 34
Holtzmann, H. J. 10, 79
Hort, F. J. A. 151
Huck, A. 76
Hummel, R. 87, 89
Hunzinger, C.-H. 25
Hurd, J. 38, 40
Jeremias, J. 20, 24, 32, 69, 81, 91, 93, 96, 98, 103
Jewett, R. 31, 33
Jülicher, A. 10, 121
Kähler, M. 74
Käsemann, E. 12, 22, 24, 26, 41, 43, 45, 49, 57, 59, 115 f., 120, 123 f., 134, 136
Kamlah, E. 26
Karrer, M. 139
Kenyon, F. G. 145
Kilpatrick, G. D. 87
Kittel, G. 127, 130
Klein, G. 45, 48, 91, 94, 96, 102, 115, 119
Knox, J. 52
Koch, K. 66
Köster H. 11, 13, 49 f., 81, 145
Kosmala, H. 123 f.
Kraft, H. 139
Kramer, W. 19, 21
Kümmel, W. G. 9 f., 12, 34 f., 41, 44, 49
Kürzinger, J. 87, 90
Kuhn, H.-W. 83 f.
Lachmann, K. 78, 151
Lähnemann, J. 54

157

3. Sachregister *

* Vgl. Inhaltsverzeichnis S. 5 f.